MÉMOIRES AUTHENTIQUES

DU

MARÉCHAL DE RICHELIEU

MACON, PROTAT FRÈRES, IMPRIMEURS.

MÉMOIRES AUTHENTIQUES

DU

MARÉCHAL DE RICHELIEU

(1725-1757)

PUBLIÉS

D'APRÈS LE MANUSCRIT ORIGINAL
POUR LA SOCIÉTÉ DE L'HISTOIRE DE FRANCE

PAR

A. DE BOISLISLE

MEMBRE DE L'INSTITUT

A PARIS

SOCIÉTÉ DE L'HISTOIRE DE FRANCE

46, RUE JACOB

MDCCCCXVIII

EXTRAIT DU RÈGLEMENT.

ART. 14. — Le Conseil désigne les ouvrages à publier, et choisit les personnes les plus capables d'en préparer et d'en suivre la publication.

Il nomme, pour chaque ouvrage à publier, un Commissaire responsable, chargé d'en surveiller l'exécution.

Le nom de l'éditeur sera placé en tête de chaque volume.

Aucun volume ne pourra paraître sous le nom de la Société sans l'autorisation du Conseil, et s'il n'est accompagné d'une déclaration du Commissaire responsable portant que le travail lui a paru mériter d'être publié.

Le Commissaire responsable soussigné déclare que l'édition des Mémoires authentiques du Maréchal de Richelieu, *préparée par* M. A. de Boislisle, *lui a paru digne d'être publiée par la* Société de l'Histoire de France.

Fait à Paris, le 1ᵉʳ février 1918.

Signé : L. DELAVAUD.

Certifié :

Le Secrétaire de la Société de l'Histoire de France,
R. DELACHENAL.

AVANT-PROPOS

———

Le manuscrit des fragments de Mémoires[1] *qui font l'objet du présent volume a été copié en 1868 dans les archives des héritiers du maréchal de Richelieu. M. A. de Boislisle eut dès lors l'intention de les publier. Il comptait en faire le premier élément d'un ensemble de publications historiques tirées des papiers du maréchal, et il voulait y joindre une étude complète sur la vie si diverse de leur auteur. Pour réaliser ce projet, il se mit à réunir les matériaux nécessaires ; mais, après la guerre de 1870, d'autres préoccupations vinrent, sinon l'en détourner complètement, du moins absorber pour des œuvres nouvelles la majeure partie de son activité. Faut-il citer la* Correspondance des contrôleurs généraux des finances avec les intendants des provinces (1874-1897), *le* Mémoire sur la généralité de Paris (1881), *et surtout l'édition des* Mémoires de Saint-Simon, *dont le premier volume est de 1879. Néanmoins il n'oublia ni*

---

1. On trouvera sur ce manuscrit les renseignements nécessaires dans les pages LXXXII et suivantes de l'Introduction qui suit.

n'abandonna jamais son projet d'édition des Mémoires authentiques du maréchal de Richelieu, et il ne cessait de recueillir les éléments du travail. Dans les dernières années de sa vie, il reprit en mains cette œuvre de sa jeunesse; l'annotation fut complétée par les soins de son dévoué collaborateur Pierre de Brotonne, et l'introduction, écrite dès 1873, fut revisée. En outre, poursuivant toujours son idée d'une étude d'ensemble sur la vie du maréchal, il commença à écrire l'histoire de ses premières années. La mort ne lui laissa le temps d'en rédiger qu'un fragment trop bref pour être autre chose que le témoin de son intention persistante.

En examinant cette copie des Mémoires, il nous sembla qu'elle était prête pour l'impression; que l'annotation, sans être aussi complète qu'on aurait pu le désirer, étant donné les nombreux travaux sur le règne de Louis XV qu'ont vu paraître les vingt dernières années, était suffisante; que l'introduction pouvait être imprimée presque sans modifications. Nous avons pensé qu'il serait regrettable de laisser inutilisé et inconnu un texte curieux et important, d'une authenticité indiscutable, dont on ne connaissait que des passages défigurés par les maquillages déloyaux de Soulavie et d'autres écrivains de sa sorte. Le conseil de la Société de l'histoire de France a bien voulu partager cette opinion et consentir à éditer cette œuvre posthume dans la collection de ses publications; qu'il trouve ici l'expression de notre gratitude.

Mais nos remerciements vont surtout à M. L. Delavaud, qui, assumant avec son habituel dévouement la tâche ingrate de commissaire responsable, a en maintes occasions mis au service des éditeurs, pour le plus grand profit de l'œuvre, sa compétence particulière et sa bienveillante coopération.

JEAN DE BOISLISLE.   LÉON LECESTRE.

INTRODUCTION

I.

L'avènement de Louis XVI, l'essor donné aux idées nouvelles et le patronage qu'elles trouvaient jusque sur les marches du trône favorisèrent l'apparition d'un certain nombre d'ouvrages historiques, ou soi-disant tels, inspirés par cet esprit de réaction qui avait inondé la France de pamphlets et de diatribes du vivant même de Louis XV. Parmi ces auteurs féconds, l'un de ceux qui s'acquirent et qui ont conservé jusque dans notre temps la plus étonnante notoriété, est l'abbé Soulavie, l'auteur des *Mémoires du maréchal de Richelieu* et de tant d'autres livres qui intéressent directement notre sujet.

Jean-Louis Soulavie, dit Giraud de Soulavie, né le 8 juillet 1752 à Largentière, en Vivarais, fils aîné d'un petit procureur [1], avait pris les ordres sacrés dans le diocèse de Nimes ; puis il était devenu vicaire à Antraigues, curé à Sevent, et vicaire

---

1. « L'an mil sept-cent-cinquante-deux et ce neufvième juillet, je soussigné, curé, ay solennellement baptisé Jean-Louis Soulavie, né hyer, fils de Sr Jean Soulavie, procureur, et de demoiselle Anne Faure, mariés, habitans de cette ville de Largentière ; son parain a été Louis Sauzède, m^e cordonnier ; sa maraine a été Anne Pugnère. Présent Sr François Deleuze, garde de S. A. S. Monseigneur le prince de Dombes, et Jean Tressaud. — Signé : Soulavie, Sauzède, Deleuze, Tressaud, et Defrance, curé. » (Registres paroissiaux de Largentière).

a

général de l'évêché de Châlons. De très bonne heure il s'était voué aux travaux littéraires, écrivant dès 1774 une *Histoire du cardinal de Viviers*[1], puis, dans un genre différent, l'*Histoire naturelle de la France méridionale*, ouvrage où, plus tard, il revendiquait l'honneur d'avoir proposé de substituer aux divisions *gothiques* du royaume par diocèses, généralités, ou gouvernements, un autre système de départements, basé sur le cours et le nom des fleuves. Les ouvrages scientifiques de l'abbé Soulavie eurent du succès[2] et lui valurent, de 1783 à 1786, les

[1]. Voici la nomenclature, par ordre de dates, des premiers ouvrages que fit paraître Soulavie : 1º *Histoire de Jean d'Alonzier Allarmel de Brognie, cardinal de Viviers*, Paris, 1774, in-12. Publié à un très petit nombre d'exemplaires. — 2º *Histoire naturelle de la France méridionale*, Paris, 1780 à 1784, 8 vol. in-8º. Plusieurs morceaux de cet ouvrage ont été publiés à part : on y trouve même le discours intitulé : *Des mœurs et de leur influence sur la prospérité et la décadence des empires*, que Soulavie ne put prononcer à l'ouverture des États du Languedoc en 1784. — 3º *OEuvres du chevalier Hamilton, avec des commentaires sur les... volcans...*, Paris, 1781, in-8. — 4º *Éléments d'histoire naturelle, ou les classes naturelles des minéraux*. A Pétersbourg, de l'imprimerie impériale de l'Académie des sciences (dont Soulavie fut nommé correspondant le 13 mars 1786). Un vol. in-4º, avec figures. — 5º *Tableaux des anciens Grecs et Romains et des nations contemporaines*, où l'on trouve le cérémonial, la vie privée..., avec des figures coloriées... Paris, Musier, 1785, deux cahiers in-4. Non achevé. — Parurent aussi en brochure : *Réflexions impartiales sur les progrès de l'art en France*, et *Traité de la composition et de l'étude de l'histoire*, — qui peu après furent insérés dans les *Mémoires de Richelieu*. (Article de M. Mazon dans l'*Écho de l'Ardèche*, 2 avril 1870.)

[2]. Dès 1779, Soulavie fit des lectures à l'Académie des sciences, et M. d'Archiac, dans son *Introduction à l'étude de la paléontologie stratigraphique*, t. Iᵉʳ, p. 348 et suiv., a rendu justice à la sagacité et au discernement qui signalaient ces travaux. C'est, dit-il, une des gloires méconnues de la France. Il avait tout découvert trente ans avant Cuvier, comme origine des fossiles et détermination des époques de la nature par l'étude des couches du globe et de leurs formations successives. Ce qui n'empêchait pas Buffon, sai-

titres d'associé de presque toutes les Académies de province, et de membre correspondant de l'Académie des Inscriptions et de celles de Hesse-Cassel et de Saint-Pétersbourg.

Ce fut vers 1775 ou 1778, lui-même le raconte[1], que le goût des travaux historiques se caractérisa chez Soulavie, et qu'il commença à étudier le règne de Louis XV, avec l'intention de combler la lacune qu'un ministre de la maison du roi avait produite en supprimant l'ouvrage officiel de Duclos.

Sans cesser de remplir ses fonctions ecclésiastiques, et sans rompre non plus ses relations avec le Languedoc, il alla chercher à Paris les documents dont il avait besoin pour baser un travail entrepris très consciencieusement, il faut le reconnaître. Ses titres et sa position lui procurèrent partout un accès facile. Reçu dans le salon des économistes les plus haut placés, tels que Turgot et Condorcet, ou lié avec les étrangers les plus illustres, comme Franklin, il eut entrée non seulement aux dépôts ministériels des Affaires étrangères et de la Guerre, mais aussi dans les archives particulières de certaines familles où se conservaient les papiers de plusieurs générations de ministres et qui s'ouvraient pour les historiens avec une facilité dont nous n'avons guère l'idée[2]. Les premières maisons qui lui firent cet

sissant quelques erreurs de détail, de s'écrier que « ce jeune vicaire n'était qu'un écolier, qui écrivait d'un ton de maître. » MM. Malinowski et Mazon nous font connaître dans le plus intéressant détail cette première phase, si pure et si honorable, des travaux de Soulavie, ses pérégrinations, ses relations avec les plus illustres savants, etc. (*Echo de l'Ardèche*, avril 1870.)

1. Dans la préface du tome IV des *Mémoires de Richelieu*.

2. C'est lui-même qui le raconte dans l'*Histoire de la décadence de la monarchie française*, t. Ier, p. 81. Il fréquenta tous les salons « philosophiques », se lia avec « des hommes remarquables dans le clergé et le gouvernement » et étudia de près les « écrivains remuants. » En effet, Mme d'Abrantés dit l'avoir vu, dès 1775, impatronisé dans plusieurs salons, et reçu comme un jeune homme

accueil furent celles du duc de Luynes et de M. de Choiseul ;
on lui communiqua encore les papiers du maréchal de Villars [1],
ceux de M. de Breteuil, l'introducteur des ambassadeurs, les
Mémoires de Saint-Simon et ceux de Dangeau, la correspondance de Madame, les Mémoires du duc de Luynes, et en un
mot, cet ensemble de précieux matériaux que nous nous van-
tons de posséder aujourd'hui, un siècle après Soulavie. Enfin,
le maréchal de Richelieu, qui, retiré de la cour, cherchait une
consolation et comme un reflet de sa jeunesse dans les souvenirs du temps passé, ouvrit à l'abbé, avec sa libéralité accoutu-
mée, la bibliothèque précieuse et les portefeuilles où il avait
entassé depuis plus de soixante ans les reliques d'une si longue
carrière [2].

d'esprit et d'avenir, à côté des membres de l'Académie ou des plus
illustres magistrats. Mme d'Abrantés prétend, ailleurs, que Napoléon Ier faisait le plus grand cas des *Mémoires sur le règne de
Louis XVI*, une des plus mauvaises actions, on le verra, de Soulavie.

1. Ils étaient venus aux Vogüé par une sœur du maréchal et
furent livrés à Anquetil, qui en tira quatre petits volumes de
Mémoires (1784), puis déposés à la bibliothèque des Génovéfains,
d'où les retira, en janvier 1792, le comte de Grimoard, pour
les remettre à M. de Sérent, héritier de la comtesse de Vezins,
arrière-nièce de Villars. Ils sont arrivés de nos jours aux mains
de M. le marquis de Vogüé, qui en a publié le texte intégral de
1884 à 1904 pour notre Société. En 1734 il y avait eu une publication partielle en un volume ; les tomes II et III, parus en 1736,
sont apocryphes.

2. Soulavie n'était pas le premier à y pénétrer. Dès 1758, le
Père Griffet avait emprunté à cette bibliothèque, qu'il qualifie de
« vrai trésor » des pièces d'une importance exceptionnelle pour
son *Histoire de Louis XIII* (Préface, VIII et IX), malgré le prélè-
vement fait en 1705 des papiers du cardinal au profit du dépôt des
Affaires étrangères.

Marmontel (*Mémoires*, p. 380 à 382) raconte également que pour
remplir dignement ses fonctions d'historiographe, il s'adressa aux

Débordé, et comme grisé par cette abondance de richesses,
Soulavie céda à un entraînement fatal, qui lui fit oublier son
point de départ et son but primitif. Dès lors, l'idée d'un travail
unique, complet et sérieux, est abandonnée ; aux préoccupations de l'érudit succèdent les procédés du spéculateur ; nous
assistons aux débuts de cette officine où Soulavie, caché sous le
nom de l'éditeur Buisson, va gaspiller, prostituer les trésors
confiés à ses mains infidèles.

En 1781, dans le tome Ier du recueil de la Place qui a le titre
de *Pièces intéressantes et peu connues pour servir à l'histoire*,
puis en 1784, dans le tome IV, paraissent deux séries d'anecdotes
et de morceaux détachés, sous cette rubrique singulière :
Extrait du mémorial ou du Recueil d'anecdotes de M. Duc...
S. P. de l'A. F. et H. de F. L'éditeur anonyme ne peut être
que Soulavie et l'assemblage informe qu'il offre au public, c'est
une première divulgation des *Mémoires de Saint-Simon*. Mais
dans quel état se présente l'immortel chef-d'œuvre [1].

Soulavie lui-même a raconté, dans la préface des *Mémoires*

personnages les plus considérables de la cour de Louis XV. « Je
fus moi-même étonné, dit-il, de la confiance qu'ils me marquèrent.
Le comte de Maillebois me livra tous les papiers de son père et
les siens. Le marquis de Castries m'ouvrit son cabinet, où étaient
les Mémoires du maréchal de Belle-Isle ; le comte de Broglio
m'initia dans les mystères de ses négociations secrètes ; le maréchal de Contades me traça de sa main le plan de sa campagne et
le désastre de Minden. J'avais besoin des confidences du maréchal de Richelieu ; mais j'étais en disgrâce auprès de lui, comme
tous les gens de lettres de l'Académie. Le hasard fit ma paix...
Ses portefeuilles furent à ma disposition. »

1. Devenus, comme l'a dit Sainte-Beuve, « des espèces de prisonniers d'État », les *Mémoires* n'étaient que très rarement
communiqués. Voltaire, Duclos et Marmontel avaient seuls pu
s'en servir.

Mme du Deffand aussi les avait lus, vers 1770 ; Anquetil venait
d'utiliser les extraits faits par l'abbé de Voisenon.

de Richelieu[1], les péripéties successives de cet enfantement. Il fallait lutter contre une censure ombrageuse, et ce ne fut que de concession en concession, d'édition en édition, qu'on permit de prononcer le nom de l'auteur des *Mémoires*. Quant aux *Mémoires* eux-mêmes, est-il nécessaire de compter combien de mutilations déshonorantes ils subirent successivement ? En 1784, ce ne sont que quelques anecdotes décousues, triées parmi les moins dangereuses. En 1786, il y a progrès ; le nouveau volume porte même un titre assez hardi : *La Galerie de l'ancienne cour*, mais le nom de Saint-Simon reste proscrit[2]. C'est seulement en 1788 qu'il paraît enfin, ce nom ; mais avec quelles précautions ! Le censeur, à qui Soulavie a présenté sept volumes cette fois, s'est adjoint quatre seigneurs de la cour, et les sept volumes sont réduits à trois ; il y a presque de l'ironie à intituler ces derniers lambeaux : *Mémoires de Saint-Simon ou l'Observateur véridique sur le règne de Louis XIV*[3]. Quoique ce soient toujours des anecdotes sans liaison, sans suite, et souvent sans exactitude, le public est mis en appétit par la saveur nouvelle qui s'y révèle, et les journaux payés par le libraire

---

1. T. I, p. 63. — Il faut ajouter ici que le biographe de Soulavie, M. Mazon (*Écho de l'Ardèche*, 2 avril 1870), conteste à son auteur la paternité des éditions antérieures à 1791. M. Mazon s'appuie sur le passage que je viens de citer de la Préface des *Mémoires de Richelieu* et sur l'avis publié en tête du *Saint-Simon* de 1791.

2. Le Catalogue imprimé de la Bibliothèque Impériale ne cite pas le volume de 1785 parmi les éditions des *Mémoires de Saint-Simon*.

3. La marquise de Créquy avait écrit à Sénac de Meilhan, le 7 février 1787 : « Les *Mémoires de Saint-Simon* sont entre les mains d'un censeur : de six volumes, on en fera à peine trois, et *c'est encore assez*. » Le 25 septembre 1788, elle dit : « Les *Mémoires* paroissent, mais très mutilés, si j'en juge par ce que j'ai vu, en trois tapons verts, et il y en avoit six. »

Tandis que Soulavie préparait son édition de l'*Observateur véri-*

Buisson lui font un succès [1]. Puis le mouvement des idées finit par l'emporter sur la censure, et, en 1789, délivré de cette entrave, « un nouvel éditeur », toujours Soulavie, « complète entièrement » le texte, en donnant quatre volumes de supplément, « qui ne sont pas tout à fait aussi amusants, mais qui peuvent être utiles aux historiens. » Cette rapsodie est tellement indigne, qu'on ose à peine la citer aujourd'hui ; elle produisit, dans ce temps-là, un grand effet sur l'opinion publique, si l'on en croit le *Journal de Paris* [2]. Les esprits, devenus avides de pénétrer dans les coulisses de l'histoire, firent dès lors bonne justice des phrases brillantes du *Siècle de Louis XIV* et des splendeurs que le peuple avaient payées si cher.

Pour ne point revenir plus tard sur ce sujet, disons tout de suite qu'une cinquième édition, ou plutôt une cinquième transformation des *Mémoires* fut produite au milieu de l'année 1791.

« On a publié à différentes reprises, dit le *Journal de Paris* [3],

dique, Anquetil écrivait les lignes qui suivent, dans la préface de son livre *Louis XIV, sa cour et le Régent*, qui ne parut qu'en 1789 : « Les *Mémoires de Saint-Simon* commencent à devenir communs. On en a tiré et on en tire journellement des copies. Il pourroit arriver que quelque libraire, voyant cet empressement, les fît imprimer. On en a même déjà donné des morceaux dans des recueils dont ces fragments font le princiqal mérite. C'est donc le moment de faire paraître un ouvrage (son *Louis XIV*) où on trouvera tout ce que ces Mémoires renferment de curieux et d'intéressant. »

1. Voy. *Journal de Paris*, 2 octobre 1788, p. 1181. — Peu auparavant, Buisson avait été poursuivi pour avoir édité, en contrefaçon et sans autorisation aucune, l'ouvrage du comte de Mirabeau sur la *Réforme politique des Juifs* ; il n'avait pu se justifier. Voy. le même *Journal*, 1788, p. 935 et 965.

2. Année 1789, p. 704. Le *Mercure de France* publia aussi un article, le 12 septembre 1789, p. 34 et suiv. ; mais on n'y trouve que des extraits des *Mémoires*, sans un mot sur l'éditeur ni l'édition.

3. Supplément au n° du 23 mai 1791.

sept volumes d'anecdotes et d'extraits, sans liaison ni ordre de dates, des *Mémoires de Saint-Simon*, que des censeurs sévères avaient mutilés ; la liberté permet enfin l'entière publication de ces précieux Mémoires, et l'on a tout lieu de penser qu'ils seront accueillis avec empressement. » Cette fois, « l'entière publication » des *Œuvres complètes de Louis de Saint-Simon* ne formait pas moins de treize volumes : six pour les Mémoires d'État et militaires du règne de Louis XIV ; deux pour les Mémoires de la minorité de Louis XV ; quatre de Mémoires pour servir à l'histoire des hommes illustres du temps, et enfin, un volume de Mémoires du droit public de la France, avec une suite de pièces curieuses extraites du portefeuille de l'auteur [1]. Cette édition, qui fut plus tard, vers 1818, refondue dans un meilleur ordre, et mise en six volumes, ne fut remplacée qu'en 1829 par la publication des *Mémoires* entiers, dans leur forme originelle et authentique [2].

En dehors de ce labeur littéraire, Soulavie venait de faire son entrée dans la carrière politique. Dès 1784, il avait préparé, pour l'ouverture de la session des États du Languedoc, un

---

1. Ce n'est plus chez Buisson que se fait cette publication, mais chez Treuttel, à Strasbourg, et à Paris, chez Onfroy, rue Saint-Victor, n° 11. — Le *Journal de Paris* du 4 juin 1792 en rendit compte très tardivement. Il dit que cette édition ne présente rien de nouveau en dehors des sept volumes déjà publiés, que les *Mémoires sur le droit public*, « ouvrage d'un aristocrate *accompli* », une classification des matières, et enfin la valeur d'un tiers de chaque volume en notes et additions tirées d'autres Mémoires, quelques-unes curieuses et instructives, et d'autres de pur remplissage.

2. Tout cet historique a été retracé par M. Armand Baschet, dans *le Duc de Saint-Simon, son cabinet*, etc., p. 265 et suiv. M. Baschet croit que Soulavie n'eut pas communication du manuscrit original de Saint-Simon, mais seulement des extraits pris officiellement, de 1760 à 1775, par l'abbé de Voisenon.

discours *Des Mœurs et de leur influence sur la prospérité et la décadence des empires*, dont le sujet et le titre trahissaient un penchant pour les idées nouvelles ; mais, n'ayant pu obtenir une approbation préalable, il se contenta d'en faire une brochure, qui fut insérée plus tard dans son *Histoire naturelle* [1]. Cet échec n'empêcha pas d'ailleurs qu'il n'obtint des États une mission importante. Conjointement avec un nommé Malherbe, il fut chargé de continuer l'histoire du Languedoc, que les Bénédictins avaient conduite jusqu'à l'année 1643. Les deux historiographes commencèrent leur travail, mais la Révolution devait bientôt le suspendre, et il n'en est resté d'autre trace que deux décrets qui leur accordent le remboursement des dépenses extraordinaires faites à ce sujet de 1789 à 1792 [2].

On était arrivé à la réunion des États généraux : l'abbé Soulavie se rendit à l'assemblée électorale du clergé, mais il « se refusa d'y dire un seul mot, parce qu'elle ne fut libre qu'une heure seulement ». C'est lui-même qui le dit dans une lettre curieuse au président de l'Assemblée nationale, en date du 3 mai 1789, et par laquelle nous connaissons plus d'un fait intéressant pour sa biographie [3].

Outre cette mise au jour des *Mémoires de Saint-Simon* dont il serait injuste de nier l'importance, Soulavie produisit dans le courant de l'année 1789, sous le couvert de l'anonyme, deux ouvrages d'actualité, pour lesquels il eut, dit-on, la collaboration d'un de ses principaux protecteurs, le duc de Luynes :

1. Voy. *Mémoires de Louis XVI*, t. VI, p. 226.
2. Décrets du 14 septembre 1792 et du 22 prairial an II.
3. C'est également dans cette lettre qu'il propose d'établir à Versailles, pendant les États, un dépôt d'ouvrages sur les affaires nationales, destiné surtout aux curés ignorants. Cette collection devrait contenir environ deux mille volumes, que Soulavie dit avoir presque tous, sur le droit public, sur l'histoire de la révolution, sur le règne de Louis XV, sur les finances, etc.

l'*Histoire, le cérémonial et les droits des États généraux* [1], immédiatement suivi de l'*Histoire de la convocation des États généraux de 1789*. Le caractère sérieux de ces deux livres, l'authenticité des documents et l'honorabilité du collaborateur de Soulavie ne font que rendre plus étonnante la publication que l'abbé fit, quelques mois plus tard, de prétendus *Mémoires de M. le duc de Choiseul* [2].

Ce nouveau livre, soi-disant imprimé à Chanteloup par les soins de l'ancien ministre, fut annoncé, vers la fin de l'année 1789, en de tels termes que la famille du duc de Choiseul dut réclamer contre une publication qu'elle regardait comme la suite d'une infidélité punissable [3]. Nous nous contenterons de l'indiquer comme l'origine de cette série d'ouvrages apocryphes

---

1. Cet ouvrage parut chez Buisson, sous le nom du Duc de*** Un article très favorable fut inséré dans le *Mercure de France* du 12 décembre 1789, p. 43 et suiv.

2. Toutes les bibliographies, celle de Quérard entre autres, attribuent la paternité de ces Mémoires à Soulavie. Il est du reste impossible d'amasser plus de noirceurs, plus d'accusations capitales que Soulavie n'en a mises au compte de M. de Choiseul, dans ses autres livres.

3. D'après les titres des pièces annoncées dans le Prospectus, la famille jugea que quelques-unes pouvaient être de M. de Choiseul, mais n'avaient point été destinées à voir le jour, et que tout le reste lui était absolument étranger. — La Harpe qui faisait les articles de critique littéraire dans le *Mercure*, s'associa hautement à ces justes protestations (*Mercure* du 9 janvier 1790, p. 62). Voir dans la *Revue historique*, 1884, t. XXV, p. 113, l'article d'E. Flammermont, les *Papiers de Soulavie*, et Em. Bourgeois, *Une nouvelle édition des Mémoires de Choiseul* (*ibidem*, 1905, t. LXXXVIII, p. 83). Tous deux contestent à Soulavie la publication des Mémoires de Choiseul en 1790, recueil qui semble composé de pièces authentiques. Mais Soulavie avait préparé la publication de ces pièces et d'autres moins sûres ; ce recueil, en deux tomes, appartiendrait aujourd'hui à MM. Plon et Nourrit, et a servi à la publication de M. Calmette en 1905.

et mensongers qui vont former désormais le bagage historique
de Soulavie ; la protestation de la famille de Choiseul ne fut
que le prélude d'une polémique analogue qui s'engagea peu
après au sujet des *Mémoires du maréchal de Richelieu* [1].

Soulavie avait été admis dans la bibliothèque de M. de
Richelieu vers 1782 ; nous avons déjà dit quel accueil il y
avait trouvé ; les documents qu'on lui communiqua avec la
plus complète libéralité lui inspirèrent l'idée, soit d'en faire une
publication spéciale, soit d'écouler, sous le couvert d'une personnalité aussi célèbre que celle du maréchal, les matériaux
précieux qu'il était à même de recueillir depuis son arrivée
à Paris. Ce fut en 1785 qu'il commença la rédaction [2], c'est-
à-dire peu après qu'il eut livré les premiers fragments des
Mémoires de Saint-Simon, mémoires dont il se servit presque
uniquement pour faire un premier volume.

En 1788, la mort du maréchal ayant changé la situation,
Soulavie jugea à propos de prendre rang pour la publication
dont il avait arrêté le plan et commencé la première partie,
sans savoir bien au juste où la suite le mènerait. Il adressa
une longue lettre au rédacteur du *Mercure* [3], pour s'inscrire
contre « une personne de nom inconnu, qui venoit de se présenter à quelques libraires et de leur offrir une *Vie* du maréchal de Richelieu. » Cet auteur inconnu était-il Linguet, qui
publia un article nécrologique dans les *Annales politiques*, où
l'éditeur qui publia l'année suivante la correspondance du
maréchal avec Paris Duverney [4], ou enfin l'auteur qui devait

1. Voyez un historique et une analyse de ces *Mémoires* dans les
Petites notes ardéchoises de M. Mazon, p. 131 et suiv.
2. Voy. *Mémoires*, t. I, p. 28.
3. N° du 29 novembre 1788, p. 195.
4. Cette correspondance, publiée, comme on le sait, par le général de Grimoard, fut éditée chez Buisson.

donner plus tard sa *Vie privée* ? Faut-il encore ne voir là qu'un
des procédés familiers à Soulavie ? Quoi qu'il en soit, la lettre
fort longue, et dont le contenu reparut plus tard dans la préface du tome IV des *Mémoires*, racontait comment l'abbé avait
eu, durant trois ans, communication pleine et entière des trente
portefeuilles dans lesquels le maréchal conservait tous les
documents relatifs à ses ambassades, à ses commissions, aux
guerres d'Italie et d'Allemagne, aux affaires publiques ; elle
annonçait que ces documents seraient la base d'une étude
authentique et d'une histoire fidèle, comme la France n'en avait
pas encore sur le règne de Louis XV, et qu'en outre, un ami
intime du maréchal publierait sa *Vie privée*, où le défunt l'avait
toujours sollicité de faire entrer les documents ou les épisodes
d'un genre moins sérieux. Chemin faisant, on réfutait une
partie des faits que M. L*** (Linguet) venait de publier sur la
jeunesse de M. de Richelieu. A l'appui de cette rectification,
toute apologétique, on invoquait l'autorité des *Mémoires* de
M. de Villars, et on produisait même, en originaux, trois
billets ou lettres de Mme de Maintenon au père et à la belle-
mère du futur maréchal [1]. La lettre était signée : « S... G...,
auteur des *Mémoires de M. de Richelieu*, composés d'après des
Mémoires de guerres, d'ambassades, de négociations, et autres
que feu M. le maréchal m'avoit confiés. »

Un an plus tard, à la fin de 1789, une annonce nouvelle,
insérée dans les *Annales politiques et littéraires*, attira l'attention des héritiers du maréchal, et valut au *Journal de Paris* [2]
la note suivante :

« Le duc de Richelieu a vu, avec la plus grande surprise,

---

1. Ces trois pièces, dont le texte est donné dans les *Mémoires*
ou dans la *Vie privée*, ne sont plus dans les archives du duc de
Richelieu, et on ignore ce qu'elles sont devenues.

2. Second semestre 1789, p. 1699.

qu'on alloit faire paroître des Mémoires contenant la vie de son père, *comme ayant été écrits sous ses yeux*, et que dans ce prospectus on présente son père *comme un intrigant*, puisqu'on annonce qu'on rapportera ses *intrigues* pendant la régence, ses galanteries et celles des princesses *qu'il a eu l'art de charmer*; enfin qu'il existe des *chroniques scandaleuses et politiques* de la régence et du règne de Louis XV, composées par le maréchal de Richelieu, dont on a tiré une partie des faits rapportés dans ces Mémoires. Le duc de Richelieu s'empresse de prévenir le public qu'il est à sa connoissance que l'auteur de ces Mémoires a eu, du vivant de son père, communication de quelques manuscrits de sa bibliothèque; que lui-même lui en a confié quelques-uns qui lui ont été rendus : que cette petite partie de matériaux ne peut former une histoire complète, et qu'il n'a, ainsi que personne de sa famille, aucune connoissance des chroniques scandaleuses et politiques. Le duc de Richelieu a remis entre les mains d'une personne pour qui M. le maréchal de Richelieu avoit de l'estime et de l'amitié, et en laquelle le duc de Richelieu a toute confiance, les correspondances politiques et particulières de son père et la totalité de ses manuscrits. Ces pièces rassemblées pourront servir seules à la composition des Mémoires authentiques dont on s'occupe. Le duc de Richelieu croit devoir à son père de prévenir le public contre la publication d'un ouvrage qui sembleroit avoué de lui, et qui peut contenir des faits hasardés ou défavorables à sa mémoire.

« Signé : LE DUC DE RICHELIEU. »

La réponse de Soulavie parut dans le même *Journal de Paris*, supplément du 13 janvier 1790 :

« Messieurs,

« Comme le public pourroit croire qu'il n'existe des *Mémoires du Maréchal de Richelieu* que ceux qu'on compose sous les auspices de M. le Duc de Richelieu, qui les annonce dans votre Journal, permettez-moi d'indiquer les sources d'où j'ai tirés ceux que j'ai annoncés chez Buisson, rue Hautefeuille, et de répondre aux reproches de M. le Duc.

« J'ai l'honneur d'être, etc.

« Monsieur le Duc,

« En publiant les Mémoires de M. le Maréchal votre père, j'aurois été bien satisfait d'obtenir votre aveu ; mais, lors même que vous le refusez d'une manière aussi publique, permettez-moi d'observer qu'il est toujours vrai que j'ai écrit ceux annoncés chez Buisson sous les yeux de M. votre père et dans sa bibliothèque, où j'ai travaillé, aidé quelquefois de cinq copistes connus, pendant trois ans.

« Ainsi, s'il vous est permis de remettre ce qui vous reste des papiers de M. le Maréchal à M. l'intendant de ***, pour composer ses Mémoires, vous ne pouvez lui remettre, ni l'ouvrage fait sous ses yeux, ni les faits qu'il m'a dictés, ni ses Mémoires particuliers et secrets, intitulés *Chronique scandaleuse et politique*, qu'il avoit confiés en original à un de ses amis, et qui, de votre aveu, ne vous sont point connus ; ni les manuscrits de son catalogue que j'ai fait acheter en partie dans sa vente, ni les Mémoires des seigneurs ses contemporains, que j'ai consultés. D'ailleurs, toujours fière, inexorable même, l'histoire ne doit connoître ni famille ni enfants. M. le Maréchal lui-même avoit désiré qu'ils fussent imprimés en Angleterre, et il avoit permis qu'ils fussent composés avec cette liberté dont on jouit à Londres cent ans après les événements ; mais, comme j'en ai le pouvoir et le droit en France ; comme, depuis l'accident arrivé à la Bastille, le temps d'écrire l'histoire est commencé, et que, depuis le jour de la mort de M. le Maréchal votre père, il m'est permis de publier les faits qu'il m'a fait

connoître, souffrez que j'en jouisse dans ma partie. Des flatteurs
académiciens, des historiographes pensionnés, nous ont assez
longtemps inondés de compliments, de contes, d'éloges et d'histoires flatteuses ; l'âge de ces bagatelles est passé en France, et
je me déshonorerois si je n'exposois dans les Mémoires de M.
le Maréchal les faits qu'il m'a fait connoître, et surtout les
outrages que le Visiriat avoit faits A LA MAJESTÉ DE LA NATION
ET DE NOS SOUVERAINS.

« J'ai l'honneur d'être, etc.

« L'AUTEUR DES MÉMOIRES DU MARÉCHAL DE RICHELIEU. »

Ainsi l'œuvre prochaine prenait les proportions d'une entreprise patriotique et les allures d'un manifeste ! On peut s'en
étonner aujourd'hui ; mais, en 1790, c'était sérieux, et, lorsque
parurent les quatre premiers volumes des *Mémoires*, la presse
fit fête au livre et à l'auteur. « Il n'y a point de tableau dans
l'histoire plus propre à dégoûter de toutes les grandeurs
humaines ! » s'écrie le *Journal de Paris*, qui dévoile l'anonyme.
« Ces *Mémoires* sont-ils véritablement du maréchal de Richelieu ?
C'est la question qu'on entend répéter sans cesse depuis la
publication de cet ouvrage. On y peut répondre affirmativement
et négativement à la fois. Le maréchal de Richelieu conservoit
dans ses portefeuilles de nombreux matériaux pour l'histoire
des évènemens dont il a été témoin, souvent très actif, pendant
soixante-dix années. Ils consistoient en renseignements et anecdotes écrits de sa main, et en une infinité de lettres, pièces
originales et autres manuscrits de toute espèce. Les *Mémoires*
qu'on vient de publier ont été rédigés en grande partie d'après
ces matériaux vraiment précieux ; mais, quoiqu'on l'y fasse
parler à la première personne, ce n'est pas lui qui les a rédigés.
(On sait qu'une telle besogne ne lui convenoit d'aucune façon).
C'est M. l'abbé Giraud de Soulavie, qui a employé trois ans

dans sa bibliothèque à faire le choix de tout ce qu'il a jugé utile à cette entreprise. Il assure que le maréchal a exigé que l'ouvrage portât son nom, et a voulu paroître y prendre la parole, « comme si, dit le rédacteur, il eût raconté lui-même « les événements. — Il venoit, poursuit-il, dans sa biblio-« thèque pendant mes travaux ; il m'aidoit dans la recherche « et le choix des matériaux ; il lioit les faits ; il me montroit « leur dépendance ; il ajoutoit des anecdotes ; il faisoit des por-« traits, et parloit des illustres morts comme s'ils eussent été « vivants et en place [1]. »

La rédaction du *Moniteur* fit aussi une réclame aux quatre volumes ; ils sont longuement analysés dans trois articles des 26 mai, 4 juin et 16 juin 1790 ; on reproduisait certaines pièces, les plus fausses, mais les plus propres à exciter la curiosité d'un public passionné. Cependant, quelque critique se mêlait à cette approbation [2]. Non point que l'authenticité des récits fut mise un instant en doute, mais on reprochait à Soulavie de faire débiter par le maréchal une suite décousue de passages emprun-tés à toutes sortes de mémoires, et d'avoir mis si peu d'ordre dans cet ensemble disparate, que la suite des faits, comme la vraisemblance, disparaissait sous des détails parfaitement étrangers au caractère du prétendu auteur, ou sous des disser-tations et des prédictions faites à l'aise, un siècle après les événements.

Du reste, Soulavie lui-même traitait ces questions dans une préface qu'il est bon de signaler. Le premier volume des

1. *Journal de Paris*, 1er semestre, 1790, p. 562. — Cette réclame pompeuse se termine par une tirade de deux colonnes sur la vieillesse de Louis XIV et de M.me de Maintenon.

2. Il en est de même dans les articles consacrés aux *Mémoires* par le *Mercure*, 17 et 24 avril 1790, p. 113, 135, 156. Le style en particulier est jugé trop hâtif ; mais : *historia quoquo modo scripta placet.*

Mémoires n'était précédé que d'une Dédicace au Peuple français, et d'une longue et curieuse dissertation sur la *Composition de l'histoire et des mémoires historiques* ; mais la véritable préface, celle que l'auteur disait être « nécessaire à l'intelligence de son ouvrage », se trouvait en tête du quatrième volume. C'est, ainsi qu'on peut facilement le constater, un fascicule ajouté après l'impression, pour reproduire les principaux arguments déjà présentés dans le *Mercure* ou dans les colonnes du *Journal de Paris*. Soulavie y raconte comment il fut introduit chez le maréchal de Richelieu, en qualité d'historien du règne de Louis XV ; comment le maréchal lui dit qu'on ne pouvait écrire une histoire complète sans avoir consulté ses portefeuilles, et, durant trois années, lui fit ouvrir avec la plus grande libéralité sa bibliothèque. Plocques, qui était chargé de ces manuscrits depuis vingt-cinq ans, assistait l'abbé dans son travail, outre plusieurs copistes autorisés à transcrire une partie des pièces. Jusqu'à son dernier jour, le maréchal sembla s'intéresser vivement à l'ouvrage que promettait Soulavie ; il lui rendait fréquemment visite dans la bibliothèque et lui transmettait, en longues conversations, les souvenirs dont son grand âge n'altérait encore ni le piquant ni la vivacité. Quant au but, au plan et au ton du livre qui devait sortir de cette collaboration, s'il faut en croire notre préface, tout cela avait été scrupuleusement concerté entre Soulavie et son hôte.

« Je lui dis un jour qu'on ne croiroit jamais à l'authenticité de ces *Mémoires*, quand on compareroit ses principes personnels à ceux de ses *Mémoires* ; que mon but étoit de dévoiler les déprédations ministérielles, les bassesses et l'avidité des courtisans, l'indolence du feu Roi, les ravages des intendants, la mobilité du ministère, l'impudence des commissions, l'administration et les travaux des conseillers d'état, des maitres des requêtes, et de tous ces ministres en sous-ordre qui faisoient le malheur de la France. Je lui dis que l'histoire, approfondie avec de tels principes, pourroit être utile, et que toutes ces images contrasteroient singulièrement avec ce qu'on pensoit de ses principes.

« M. le Maréchal me répondit qu'il avoit été lié toute sa vie avec un grand écrivain qui avoit bien maltraité son grand-oncle. Ce qu'il ajouta des ministres, des intendants, des maîtres des requêtes, me parut si beau, si vrai, si piquant, que je me trouvai encouragé, et je m'engageai à intituler l'ouvrage : MÉMOIRES DU MARÉCHAL DE RICHELIEU. « Parlez, me disoit-il, « à la première personne, comme dans les *Mémoires du* « *maréchal de Villars* ; voyez comme il raconte naïvement, et « dans le même ton, ses fautes et ses exploits. Il faudroit « écrire de cette sorte. J'entends qu'il soit parlé de moi avec « cette liberté dont on jouit à Londres cent ans après les évé- « nements. »

Une seule restriction fut faite, et par Soulavie lui-même. Il refusa de traiter les anecdotes galantes et tout ce qui ne tenait pas aux affaires publiques ; ce fut M. de la B***, ancien courtisan, ami intime du maréchal, qui se chargea d'écrire la *Vie privée.*

Les faits ainsi établis, tels à peu près qu'ils avaient été présentés dès 1788, dans le *Mercure*, il fallait pourtant indiquer la véritable origine des matériaux de ses quatre premiers volumes, puisque la plus grande partie des faits qu'ils contenaient s'étaient passés bien avant M. de Richelieu, ou en dehors de son action. Soulavie est donc amené à énumérer, comme pièces à l'appui, tous les précieux *Mémoires* qu'il avait trouvés dans les archives de certaines familles attachées depuis longtemps à la cour ou mêlées aux affaires publiques : le Journal de Dangeau ; les Mémoires du duc de Luynes, ou ceux de Saint-Simon ; les manuscrits du président d'Ormesson et des frères Pâris ; les

recueils de M. de Meynières ou de M. de Brunville ; les
Mémoires du président Hénault, de M. de Breteuil ; enfin,
beaucoup de correspondances dont l'authenticité ne saurait être
suspectée. Mais, à côté de ces autorités excellentes, Soulavie
cite encore des pièces dont nous devons, jusqu'à nouvel ordre,
contester la valeur ou l'existence, mélange qui suffit pour justifier la condamnation de son œuvre. Dans cette seconde caté-
gorie il faut ranger les Mémoires de Massillon, soi-disant
écrits par le prélat et pour le roi Louis XV ; les Mémoires de
Maurepas et le Recueil de pièces originales et d'anecdotes de son
premier ministère, en cinquante volumes, de 1715 à 1742, —
dont les archives des Maurepas n'ont gardé aucune trace et
dont la correspondance particulière du ministre ne parle point ;
enfin, deux manuscrits qu'il intitule :

I. *Chronique scandaleuse et politique de la Régence et du règne
de Louis XV, par M. le Maréchal de Richelieu.*

« La première partie, depuis 1715 jusqu'à la fin de la Régence,
est écrite de la main de M. le Maréchal, avec mille ratures de
sa main, qui prouvent qu'il est véritablement l'auteur de cet
ouvrage. »

II. *Seconde partie, depuis le commencement du Ministère de
M. le Duc, jusqu'à la fin de celui de M. de Choiseul.*

« C'est un recueil d'anecdotes ; c'est le récit de la cause
secrète de divers événements..... L'ouvrage est diffus, mal écrit,
mais curieux et piquant. Il semble avoir été fait pour amuser
le feu Roi dans sa vieillesse. Il est très différent d'un cahier que
M. le Maréchal eut l'honneur de remettre à Louis XVI, et que
cet auguste monarque peut avoir encore dans sa bibliothèque. »

On verra ailleurs ce qu'étaient en réalité ces deux chroniques
et le cahier cité dans les dernières lignes de la note. Actuellement, il nous suffit d'indiquer le caractère de cette préface,
spécimen assez exact de l'ouvrage et de l'esprit dans lequel il

était écrit. Car ce fut à la même époque que Soulavie commença à prendre rang parmi les révolutionnaires les plus exaltés. Ses opinions pouvaient dater d'avant 1789 ; mais elles avaient fait beaucoup de progrès depuis les temps où il écrivait son discours sur l'*Influence des mœurs* et collaborait avec le duc de Luynes. Lié intimement avec les membres les plus violents de la Montagne (il se vanta plus tard d'avoir suggéré l'idée de la république à Collot d'Herbois), il fut des premiers membres du clergé à faire une adhésion solennelle aux principes nouveaux et compta parmi les fondateurs de la Société des Amis de la Constitution (les Jacobins). En juillet 1790, il donnait au *Moniteur* deux articles violents, l'un contre le Roi, à qui il contestait le droit de paix et de guerre ; l'autre contre le clergé, en inventant sur le compte de l'abbé de Citeaux une odieuse histoire de séquestration [1]. Quelques mois plus tard, il rompait résolûment avec les doctrines et les vœux ecclésiastiques, en rédigeant et présentant à l'Assemblée nationale sa soumission et celle de huit autres prêtres de Saint-Sulpice [2], puis en faisant bénir par l'évêque Fauchet son union avec Mlle Maynaud (qu'il épousa trois autres fois). La Nation devait bientôt le récompenser de tant d'apostasies.

Quatre mois après l'apparition des volumes de Soulavie, le *Journal de Paris* [3], devenu l'organe ordinaire d'une curieuse concurrence, annonça que M. Sénac, maître des requêtes, ancien intendant de Hainaut, établi à Londres, allait publier par souscription des « Mémoires *sur la vie du maréchal duc de* Richelieu, pour servir à l'histoire du xviiie siècle ; avec cette épigraphe : *Cum tempus posceret, laboriosus, patiens, liberalis, splendidus, affabilis, blandus, temporibus callidissime interveniens.....,*

1. *Moniteur*, 1er et 4 juillet 1790.
2. Il l'inséra dans les *Mémoires de Maurepas*, t. II, p. 206.
3. Supplément au n° du 12 septembre 1790.

*amore, quoad licitum est, odiosa multa delicate jocoseque
fecit* [1]. »

Indiqué déjà dans la correspondance qui s'était échangée, en
1789, entre le duc de Richelieu et Soulavie, et présenté sous
les auspices de l'héritier du maréchal, ce nouveau livre se
recommandait du nom de l'auteur, qu'une publication récente,
d'un genre tout analogue, avait fait apprécier généralement.
Voici le prospectus qui suivait l'annonce.

« Les *Mémoires* qu'on donne au public ont été composés
d'après des lettres originales et des pièces authentiques confiées
à l'auteur par M. le duc de Richelieu, et contiennent tout ce
que la vie du maréchal de Richelieu offre d'intéressant, etc. On
le présente dans des circonstances éclatantes de sa carrière politique, militaire, et dans les moments où la faveur l'a initié dans
la confidence des secrets mouvements de la cour et l'a mis à
portée de connaitre les ressorts les plus déliés des intrigues, etc.
Des lettres particulières remplissent les intervalles où il n'est
point en scène ; ces lettres et différens traits de ces Mémoires
servent à faire connoître l'esprit et les mœurs d'un siècle qui
sera peut-être, pour les temps les plus reculés, l'époque la
plus mémorable, etc. La vie d'un homme célèbre n'intéresse
souvent que ceux qui ont suivi la même carrière et n'offre rien
qui puisse être instructif pour le philosophe et l'homme du
monde.

« Le Maréchal de Richelieu est intéressant dans tous les
rapports ; il a vécu sous trois règnes, et sa vie, liée à la plupart des événemens de son temps, devient dans plusieurs
époques une histoire générale. L'homme de guerre y trouvera
des faits importants sur la plupart des campagnes, pendant la
durée d'un long règne. Le politique y verra des négociations et
des détails curieux sur deux cours et sur l'état de l'Europe à

1. Cornelius Nepos, sur Alcibiade.

différentes époques. Le courtisan y découvrira les résolutions qui ont déterminé les révolutions de la cour, le secret des cabales ; enfin, les femmes liront avec intérêt différentes circonstances de la vie d'un homme que les agréments de la figure et de l'esprit, sa manière séduisante et sa politesse ont rendu longtemps cher à leur sexe, etc. Courtisan habile, homme aimable dans la société, défenseur de Gênes, général, politique, ami constant de l'homme le plus célèbre de son siècle pour les talents de l'esprit, — tels sont les traits qui caractérisent Richelieu, que ses agréments, sa valeur, son esprit ont fait justement nommer l'Alcibiade françois. »

Lettre de M. le Duc de Richelieu
à M. Sénac.

« J'ai lu, Monsieur, la Préface des *Mémoires* de mon père, que vous avez bien voulu me communiquer, et je vous en fais mes remerciements. Vous ne devez pas être inquiet de ce que quelques morceaux épars et isolés, tirés de ses portefeuilles seront peut-être imprimés. Ils ne pourront jamais faire un corps d'histoire et ne présenteront aucune liaison. Ces pièces sont également entre vos mains, et vous avez toutes les dépêches, tous les *Mémoires* de la main de mon père et toutes les lettres originales. Enfin, Monsieur, on sait quelle est ma confiance en vous, et celle de mon père l'avoit devancée. D'ailleurs, c'est le style de l'écrivain, c'est l'enchaînement qu'il donnera aux choses, la manière de présenter les faits, de peindre les personnages, qui contribuera beaucoup au succès de l'ouvrage. Celui des *Mémoires d'Anne de Gonzague* [1] est pour vous, comme pour

---

1. Les *Mémoires d'Anne de Gonzague*, composés par Sénac et publiés en 1786, donnèrent lieu à beaucoup de discussions, et

moi, un excellent présage. Je vous en fais mes remerciements
et vous prie de ne pas douter du parfait attachement avec lequel
j'ai l'honneur d'être, etc.

« LE DUC DE RICHELIEU. »

Outre cette lettre et celle qui a été reproduite plus haut, p. XII,
nous avons, d'autre part, retrouvé la preuve que le bibliothé-
caire de M. de Richelieu avait, du mois de mars 1789 au mois
de septembre, envoyé successivement à M. Sénac tous les cartons qui contenaient les papiers du maréchal. Mais, bien peu de
temps après cette communication, qui, d'ailleurs, s'était faite
avec trop de rapidité pour qu'elle pût être fructueuse, l'ancien
intendant de Hainaut avait pris le parti d'émigrer en
Angleterre ; soit que cet éloignement et les circonstances
qui survinrent l'empêchassent de mener à bonne fin le travail,
soit, comme l'annonça plus tard le *Journal de Paris* [1], que la
souscription, ouverte à la fois à Paris, à Bordeaux, Lyon,
Marseille, Rouen, Strasbourg, Maëstricht et Londres, n'eût
pas produit un résultat satisfaisant, l'auteur, qui s'était
engagé à livrer l'ouvrage complet, en neuf volumes, le 15 mars
1791, donna avis, le 21 avril, que les souscriptions seraient
remboursées et la publication remise à un autre temps. On sait
la vie aventureuse que M. Sénac, comme tous ses compagnons
d'émigration, mena depuis lors ; d'Angleterre il passa en
Allemagne, de là en Russie, et il oublia complètement les

l'auteur, en tête de la seconde édition de 1789, avait répondu à
une partie principale des objections, non pas en cherchant à
prouver l'authenticité des *Mémoires*, mais au contraire en démon-
trant que leur mérite unique et réel était de ne rien renfermer
qui ne fût scrupuleusement exact et qui n'eût pu être écrit ou dit
par la princesse palatine (Voy. *Journal de Paris*, 1789, p. 527).

1. Supplément au 21 avril 1791.

Mémoires, dont il n'est resté d'autres traces que le prospectus [1].

Ainsi échoua cette tentative de concurrence où l'histoire pouvait gagner tout autant qu'elle était assurée de perdre entre les mains de Soulavie. Celui-ci, du reste, ne semble point s'en être inquiété autrement que pour mêler à ses réclames de librairie quelques allusions politiques contre l'éditeur qu'on lui opposait; la tentative de Sénac, ancienne créature du duc de Choiseul, ne pouvait être qu'une manœuvre de l'Autriche [2].

Au commencement du mois de décembre 1790, et sur le ton que comportaient les circonstances, le *Journal de Paris* et le *Moniteur* [3] firent paraître l'annonce suivante :

« *Collection des Mémoires historiques relatifs au règne de Louis XV*, savoir : de Duclos, de Massillon, du Président Hénault, Maurepas, d'Aiguillon, Torcy, d'Argenson, etc., etc.

1. On verra plus loin que les papiers de Sénac et les dossiers Richelieu qu'il avait conservés revinrent en France sous l'Empire.

2. On trouve dans les *Mémoires*, t. VII, p. 189-190, cette note :

« La cour de Vienne, mieux connue, semble se tenir, en février 1792, époque de l'envoi à l'impression de ce chapitre, en état d'observation avec ses soixante mille hommes. Ce parti est très actif et très pénétrant : il a des serviteurs zélés en France, et très spirituels. C'est la crainte de la manifestation de ses allures, dont le feu maréchal de Richelieu avoit conservé toutes les anecdotes, qui suscita M. Sénac de Meilhan, la créature de Choiseul, pour opposer aux mémoires que nous publions l'ouvrage qu'il méditoit pour en empêcher la publication. Il a retiré son prospectus. Le public a refusé de souscrire pour cet ouvrage de M. de Sénac, parce qu'il attendoit de lui sans doute, non pas les *Mémoires du maréchal de Richelieu*, mais les *Mémoires de la maison d'Autriche*. M. Sénac est homme d'esprit ; il connoît à fond ce qui s'est passé à l'hôtel de Choiseul pour la maison d'Autriche ; il fut employé contre le duc d'Aiguillon ; mais, comme il est intéressé à travestir l'histoire, et qu'elle ne peut être écrite par un intendant, aucun parti, pas même celui de la cour, n'a paru curieux de ses *Mémoires*. »

3. *Journal de Paris*, suppl. du 5 décembre. — *Moniteur*, n° du 7 décembre.

« Il paroît de cette collection sept livraisons, savoir : trois des pièces curieuses du portefeuille du Maréchal de Richelieu, deux de sa vie privée, le commencement des *Mémoires du Ministère du duc d'Aiguillon*, le commencement des *Mémoires de Duclos*, secrétaire perpétuel de l'Académie Françoise, qui a laissé une histoire de Louis XV jusqu'en 1770. L'auteur des *Mémoires du maréchal de Richelieu*, qui est l'éditeur de ceux de Duclos [1], y a ajouté des préfaces, des notes, des anecdotes surtout fort curieuses et nécessaires à l'intelligence de Duclos, qui commence à la mort de Louis XIV et finit en 1770 sans lacunes ; ce qui doit prévenir le public contre toutes éditions mutilées, capables de décevoir le public, comme dans les prétendus *Mémoires de Saint-Simon*, publiés en sept volumes avec mille lacunes, et que l'un de nous va publier en treize volumes, chez Treutell. Les éditeurs de la Collection historique invitent les curieux à vérifier leurs manuscrits originaux aux bureaux, rue de Condé..... La totalité formera vingt-cinq volumes, publiés périodiquement, et dans l'espace de deux ans, afin de faciliter l'acquisition et la lecture d'un ouvrage où l'on voit l'ancien gouvernement préparer, par ses fautes ou ses folies, la révolution de 1789.....

« Les Mémoires du premier ministère du comte de Maurepas ont été écrits à Bourges sous ses yeux, par Salé, son commis de confiance.

« Ceux de Massillon, ouvrage classique d'une beauté achevée, ont été composés à la demande de Louis XV, curieux de connoître les évènements de sa minorité.

« Ceux du Président Hénault, dans le goût des précédents, développent les intrigues secrètes du ministère et de la magistrature.

---

1. J.-L. Soulavie, curé de Sevent, est nommé en toutes lettres dans l'annonce des 7e et 8e livraisons. (Suppl. du 31 décembre 1790).

« Dans les *Mémoires du duc d'Aiguillon* est un portrait bien vrai de la Cour de France, à la mort du Roi et à l'avènement de Louis XVI.

« Les *Mémoires de Louis XV* ont été composés sur ses propres correspondances, sur des pièces qu'il avoit choisies et sur les lettres des ministres, des favorites et des courtisans, mais surtout sur les notes périodiques que la police envoyoit au feu Roi, qui en fit dresser des journaux fort singuliers et très piquants par leurs anecdotes. »

A deux exceptions près, la *Vie privée du maréchal de Richelieu* et un fascicule de *Lettres du cardinal et de M*me *de Tencin*, dont nous parlerons en leur lieu [1], Soulavie doit être considéré comme le seul éditeur, on pourrait dire le seul auteur, de cette collection, qui s'éleva rapidement au chiffre de vingt-un volumes, et dont les nombreuses éditions durent être d'un beau profit [2]. On sait ce qu'ils valaient comme authenticité, et jusqu'à quel point nous devons accorder à Soulavie la reconnaissance qu'il prétendait mériter pour tant de volumes publiés avec « tant de peines, de soins et de frais [3] ». Les *Mémoires du ministère du duc d'Aiguillon* sont apocryphes, et il n'est guère probable que la rédaction en ait été faite, comme le pré-

1. Encore ce fascicule est-il souvent attribué à Soulavie, notamment par le Catalogue de la Bibl. nat. (II, 325).

2. En 1790, la séparation paraît s'être faite entre l'éditeur Buisson et Soulavie. Celui-ci fait paraître la suite des *Mémoires* rue de Condé, n° 7, tandis que Buisson fait les publications de ses concurrents : *Mémoires de Duclos, Vie privée*, etc. Mais en 1792, Buisson semble avoir repris la suite des affaires du bureau de la rue de Condé. C'est lui qui publie les troisièmes éditions des *Mémoires de M. d'Aiguillon* et de ceux *de Maurepas*.

3. Préface des *Pièces inédites*. — « A part les *Mémoires de* MM. de Ségur, de Besenval et de Marmontel, c'est à moi, dit Soulavie, qu'on doit tout ce que les hommes d'État du xviii° siècle ont laissé de souvenirs. »

tend Soulavie, par Mirabeau et sur les pièces fournies par le
maréchal de Richelieu [1]. Apocryphes aussi les *Mémoires de
M. de Maurepas* [2], qui eurent, ainsi que ceux de M. d'Aiguillon,

1. L'article que le *Journal de Paris* du 6 août 1792 consacre à
ces *Mémoires* n'est pas favorable. Ce livre, dit-il, contient des
pièces importantes et des particularités que M. d'Aiguillon seul
a pu faire connaître ; mais c'est « un ouvrage de parti », comme
les *Mémoires du duc de Choiseul*, et l'on voit clairement que l'auteur y a constamment un seul but, celui d'écraser la personnalité
de ce dernier ministre sous les accusations les plus invraisem-
blables, au profit de M. d'Aiguillon. « En lisant ces *Mémoires*,
(ceux de M. de Choiseul et ceux de M. d'Aiguillon), l'on sent
qu'on ne pourroit juger ces deux rivaux que sur le témoignage
motivé d'un homme impartial et instruit qui auroit suivi leurs
intrigues et leurs opérations sans y participer. » — La Harpe
avait rendu compte de cette publication dans le *Mercure* du 28 avril
précédent, et, quoiqu'il se déclarât indifférent à la personnalité
de Soulavie, il laissait voir tant de partialité contre M. de Choiseul,
qu'un ami de ce ministre releva ces tendances dans le *Journal de
Paris* (suppl. du 18 mai 1792, n° 71), réfutant, entre autres asser-
tions, celle qui attribuait le traité de Vienne à M. de Choiseul.
La Harpe avait étudié spécialement cette question et publié, peu
de mois auparavant, dans le *Mercure*, un article sur ce traité,
œuvre de Mme de Pompadour et de Bernis. Le critique avait tout
au moins le tort de proclamer son désintéressement à l'égard de
M. de Choiseul, après avoir été son protégé et avoir même reconnu
ses bontés dans plusieurs dédicaces. La Harpe répondit (n° 73,
supplément) que, loin de se joindre aux accusations calomnieuses
dont M. de Choiseul avait été l'objet, il s'était empressé, à l'apparition des *Mémoires de Choiseul*, de rendre justice aux mérites du
ministre, et que la famille lui en avait transmis ses remerciements par l'abbé Barthélemy.
2. Voici dans quels termes la Harpe, dans le *Mercure* du 23 juin
1792, p. 89, apprécie ces prétendus *Mémoires* : « Il n'est pas à
craindre que l'on conteste au comte de Maurepas ses *Mémoires* :
ils sont écrits avec une telle négligence et en si mauvais langage,
qu'il n'y a personne qui ait pu les faire... » — Dans trois autres
articles (30 juin, 7 et 14 juillet), tout en admettant l'origine et en
faisant ressortir l'importance de l'ouvrage, il le traite avec sévérité de « bigarrure grotesque », quant à l'auteur, il le qualifie

trois éditions en deux ans. Apocryphes encore les *Mémoires de
Mme de Pompadour* (en l'an X), soi-disant sortis du portefeuille
de la maréchale d'Estrées, et récemment réimprimés. Si les
Mémoires de Duclos étaient authentiques, il fut prouvé, immédiatement après l'annonce des premières livraisons, et par un

d' « abbé renégat qui crache sur la religion, ...obscur et inepte
compilateur, qui ne peut rien être dans les lettres. » — En réalité, rien de plus vide et de plus pitoyable que ces *Mémoires* ; tout
y est de seconde main et fort douteux, sauf quelques pièces sans
importance soustraites aux archives administratives du ministre.
Quant aux anecdotes qu'il contient, elles proviennent presque toutes
d'un manuscrit composé vers 1732 et signalé par Monmerqué, qui le
possédait dans sa bibliothèque. — Comme pour les précédentes
publications de Soulavie, les démentis ne tardèrent pas. Le 4 août
1792, le *Mercure français* reçut la lettre qui suit, publiée dans le
numéro du 31 août, p. 84 : « Étant assurée, Monsieur, que feu
M. de Maurepas n'a jamais écrit aucun mémoire des événements
qui se sont passés pendant son ministère, et qu'il n'a recueilli ni
fait recueillir aucune note par ses secrétaires, ce que les personnes
qui vivaient habituellement avec lui certifieraient comme moi, je
désavoue les *Mémoires* qui paraissent sous son nom, comme ne
lui appartenant point. Je vous prie, etc. LA VRILLIÈRE DE MAUREPAS. »
— Suivant son habitude, Soulavie se défendit insolemment :
« *Réponse du propriétaire des* Mémoires de Maurepas *à Mme de
Maurepas, sur sa réclamation insérée dans le n° 36 du* Mercure
Français, 1792. La maison de Choiseul a désavoué, il y a trois ans,
les *Mémoires* que le duc de Choiseul avait lui-même fait imprimer
à Chanteloup. Le feu duc de Richelieu désavouait aussi les
Mémoires qui portent le nom de son père (après avoir fourni lui-
même une partie des matériaux) ; c'est qu'il voulait en faire composer à sa manière et dans son sens. Quel fut l'effet de ces désa-
veux ? Ils excitèrent la curiosité du public.
« Il était de même dans l'ordre que Mme de Maurepas désavouât
ceux de son mari, écrits durant son exil par Salé, son secrétaire
et son ami. Je réponds à ce désaveu en déposant chez le citoyen
Buisson, libraire, rue Hautefeuille, n° 20, le tome Ier du manuscrit original dont il s'agit ; je déclare que je le tiens de M. de
Laborde, du Carrousel, et que je l'ai conféré avec un autre
manuscrit. Les rois et les grands n'aiment pas qu'on dise la

éditeur concurrent, que Soulavie en altérait complètement le
texte. Ce fut l'objet d'une polémique [1], dans laquelle « l'illustre
curé de Sevent » se défendit fort mal de l'accusation de « bri-

vérité ; leur intérêt est de n'en montrer que ce qu'ils veulent,
comme ils le veulent et quand ils le veulent : le temps des hon-
teuses révélations est arrivé.

« Nous profitons de cette occasion pour assurer que nous n'avons
rien ajouté ni retranché aux *Mémoires de Massillon, d'Aiguillon, de
Duclos*, etc., publiés chez Buisson. Nous en avons remis un exemplaire à la Bibliothèque Nationale, à Paris, rue de Richelieu, avec
un fragment du manuscrit original à côté de l'imprimé, pour
prouver l'authenticité de ces précieux matériaux, qui ont contribué à l'avilissement de la Royauté et de l'Aristocratie. J.-L.
SOULAVIE, éditeur des *Mémoires de Maurepas*. » (*Mercure français*,
27 octobre 1792, p. 107). — La 3e édition fut ainsi annoncée dans
le numéro du *Journal de Paris* du 18 juin 1792 : «..... plus
correcte que les précédentes, où les pièces du temps étaient défi-
gurées de la manière la plus étrange..... on l'a augmenté d'un
quatrième volume qui doit paraître sous peu de jours et que ceux
qui ont les premières éditions pourront acquérir séparément.....
Ce qu'on a toujours reproché au comte de Maurepas est la légèreté dont il faisoit profession au milieu des plus graves affaires.
On imagine aisément qu'il n'a pas mis plus d'importance à ses
Mémoires, qui ne concernent que ses premiers temps et qui ont
été rédigés par M. Salé son secrétaire. Ce sont moins des mémoires
en règle que des notes rédigées sans scrupule et sans soin. Il faut
donc les lire avec précaution. »

1. Voy. *Journal de Paris*, 9 décembre 1790 ; *Mercure de France*,
11 et 25 décembre, et un article inséré à la fin de la première
édition de la *Vie Privée*. — Chamfort (article du 11 décembre)
avait affirmé l'authenticité des deux volumes de *Mémoires secrets
de Duclos* parus chez Buisson, et Buisson lui-même avait sommé
Soulavie de déposer son manuscrit chez un notaire pour l'y comparer
avec le manuscrit corrigé et annoté par Duclos. Les éditeurs de la
Collection des Mémoires répliquèrent que leur première livraison était
parue depuis le 30 novembre et leur manuscrit déposé depuis quatre
mois aux bureaux de la rue de Condé ; ils indiquaient en même
temps des lacunes considérables dans l'édition de Buisson, « qui
n'est que lambeaux... Nous ne répondrons pas aux injures que

gandage littéraire » qu'on lui jeta à la face. Il ne put terminer la publication [1].

Quant aux *Mémoires de la minorité de Louis XV*, par J.-B. Massillon, évêque de Clermont, — qui parurent en 1792 [2], ils n'étaient écrits que pour faire de l'illustre prélat un des précurseurs et des facteurs de la Révolution. Alors même que leur fausseté ne serait pas prouvée, les notes dont Soulavie les a agrémentés (quelques-unes sont curieuses) suffiraient pour trahir l'auteur [3]. Marie-Joseph de Chénier (*Tableau de la littérature française depuis 1789*, p. 192) a montré à quel point le délit était flagrant. Mais, ajoutait-il, « ce qui est regrettable, c'est qu'un public aussi nombreux n'y regarde pas de si près,

Buisson se permet contre M. Soulavie, l'un de nous ; il nous suffit d'avoir prouvé au public l'authenticité de notre manuscrit ». — Le concurrent de Soulavie était Sautereau de Marsy ; son édition est estimée : le *Journal de Paris* en fit l'annonce, le 14 juin 1791, sous le titre de *Mémoires secrets sur les règnes de Louis XIV et de Louis XV*, par feu M. Duclos. — M. le Mandon (*De la valeur des mémoires secrets de Duclos*, 1872) a prouvé que, à part les digressions philosophiques et vingt pages du récit, ces prétendus *Mémoires* ne sont que la transcription de Saint-Simon, de même que l'*Histoire de Louis XI* n'est qu'un emprunt aux portefeuilles de l'abbé Legrand. — En même temps que les *Mémoires secrets*, paraissent les *Caractères et anecdotes de la Cour de Suède* ; et en janvier 1791, Buisson publia les *OEuvres de Law* (1er in-8º) que Barbier et les autres bibliographes attribuent au général de Sénovert.

1. En 1810, il réclamait encore les cinq dernières livraisons qu'il avait emportées à Genève, lorsqu'il y avait été nommé résident, et qui avaient été enlevées lors de la saisie de ses effets.

2. Voy. l'article du *Journal de Paris*, 13 juin 1792 : ce livre est « un des plus précieux qui aient paru depuis quelques années sous le titre de Mémoires..., en le lisant, on croit à son authenticité ». — Le *Mercure*, 2 juin, p. 21-36, feint d'accepter l'authenticité, et part de là pour sabrer l'éditeur et sa préface.

3. Voir particulièrement, dans les *Remarques préliminaires* de ce livre, un passage sur les Bibliothèques.

et que les simples se laissent tromper. Tous les jours, les prétendus Mémoires de Massillon sont cités avec complaisance, et dans les journaux et même dans les livres [1]. Ainsi, des faits hasardés, des opinions plus hasardées encore se fortifient d'une autorité qui n'existe pas ; et si, faute de réclamations suffisantes, l'ouvrage est une fois admis comme authentique, il finit par compromettre le nom même dont on a dérobé l'appui. La gloire des grands écrivains fait une partie essentielle de la gloire nationale, et doit être défendue contre toute espèce d'outrages. Les calomnies volontaires et directes ne sauraient leur nuire : beaucoup d'exemples le démontrent. C'est sans le vouloir, mais plus sûrement, qu'un entrepreneur les calomnie, en leur imputant ses ouvrages [2]. »

Concurremment avec cette collection, grâce à une activité de production qu'on devrait admirer, si elle avait réellement servi la cause de l'histoire, Soulavie reprit son travail des *Mémoires de Richelieu*. Un cinquième volume fut annoncé par le *Moniteur*, le 14 janvier 1791, et par le *Journal*, le 23 du même mois [3] ;

1. Ainsi Éd. Fournier (*L'Esprit dans l'histoire*, t. II, p. 302) acceptait encore l'authenticité des Mémoires.

2. Ailleurs (p. 198) : « Les Mémoires du duc de Choiseul, ceux du duc d'Aiguillon, ceux du comte de Maurepas, sont des spéculations de librairie, plutôt que des monuments historiques ; ils n'ont rien d'intéressant que leur titre, et rien n'y mérite l'attention, si ce n'est quelques lettres, quelques pièces déjà connues depuis longtemps. — D'après une note de Soulavie (*Mémoires de Richelieu*, t. IX, p. 357 à 359), Chénier, ce « poètereau journaliste, cette espèce d'académicien », aurait publié dans un journal de 1792 l'article que nous venons de citer, et qui fut plus tard reproduit dans le *Tableau de la littérature*.

3. Comme ce volume est introuvable il est bon de reproduire l'annonce insérée au *Journal de Paris*, 23 janvier 1791, supplément, p. ix: « *Suite des mémoires du maréchal de Richelieu, écrits sous ses yeux par J.-L. Soulavie*. — A Paris, rue de Condé, nº 7, et franc de port dans tout le royaume, en remettant aux directeurs

dix jours après ce dernier avis, la même feuille enregistrait l'apparition d'une *Vie privée du maréchal de Richelieu*, non point la *Vie* que devaient donner les éditeurs de la *Collection des Mémoires historiques*, mais celle qu'un auteur rival, plus prompt et plus avisé, publiait chez Buisson, l'ancien éditeur de Soulavie [1]. Aussitôt celui-ci protesta ; les termes de sa réclamation, adressée soi-disant au duc de Richelieu le 25 janvier, mais publiée seulement par le *Moniteur*, le 20 février, c'est-à-dire seize jours après la mort du duc, et en toute sécurité, doivent être étudiés avec attention. Voici ce texte :

« Monsieur,

« A la mort de M. votre père, je vous offris généreusement tout ce que j'avais de lui. Au lieu d'accepter, vous désirâtes que je continuasse mon ouvrage : vous m'appelâtes de Caen pour le hâter ; et parce qu'il s'y trouvait, disiez-vous, des véri-

de la poste 5 livres pour les quatre livraisons du 5ᵉ volume (de 400 pages), avec l'adresse bien écrite et la lettre d'avis affranchie. On est assuré par là de l'édition originale, et de recevoir gratis, en s'adressant au bureau, les sept chapitres avec les cartes que les contrefacteurs ont enlevées de nos Mémoires, ce qui leur permet de les vendre à vil prix dans les provinces. » Ce volume est introuvable, disons-nous ; et pourtant il est certain qu'il a existé, puisque, dans le tome VIᵉ, qui ne parut qu'en 1793, avec la fin des Mémoires, Soulavie lui-même fait un renvoi aux pages 103, 108, etc., de la *première édition du tome Vᵉ*, et que ce renvoi ne concorde pas avec le seul tome Vᵉ que nous ayons, qui est daté de 1792. Voy. tome VI, p. 53.

1. *Vie privée du maréchal de Richelieu*, contenant ses amours et intrigues, et tout ce qui a rapport aux divers rôles qu'a joués cet homme célèbre pendant plus de 80 ans. — 3 vol. in-8°, formant 1400 pages, imprimées sur caractères de M. Didot. A Paris, chez Buisson, libraire, rue Hautefeuille, n° 20 (*Journal de Paris*, 3 février 1791, p. 140). — Le *Moniteur* (15 mars, 3 et 23 avril 1791) donna trois très longs articles, qui ne renferment d'ailleurs aucune allusion à l'auteur du livre, ou à l'origine des documents.

tés fort déplaisantes à la cour, vous publiâtes dans les papiers publics que vous en aviez chargé M. Sénac, sans vous arrêter par l'idée qu'on recherche fort les mémoires désavoués, et qu'on n'a jamais aimé les histoires de commande. Il paraît à présent, Monsieur, une prétendue *Vie* de M. votre père, en trois volumes, chez M. Buisson, libraire ; la vérité y est bien étrangement défigurée ; les lecteurs avouent déjà que ce n'est qu'un plagiat désordonné de mes quatre volumes, rempli jusqu'en 1788 d'anecdotes souvent fausses, et fournies par quelques valets bien mécontents. J'y trouve, Monsieur, *avec mes apostilles*, les lettres originales que je vous ai rendues, en retirant un récépissé en 1789, et qui ne devraient pas s'y trouver ; car, tenant ces pièces de M. le maréchal, vous les ayant offertes, et engagé par vous à continuer mes travaux, vous avez sanctionné ma propriété. Et parce que le public, à cause de votre désaveu, à cause de M. Sénac, à cause de cette *Vie privée*, peut être trompé, et qu'il n'entre point dans mes principes de le tromper, mais, dans mes devoirs d'historien de dévoiler ceux qui le trompent, je me vois obligé, après tous les égards respectueux que j'ai eus pour vous, de publier deux de vos lettres, en attendant les autres. Vous dites dans une : « Vous pouvez aller, Monsieur, quand il vous plaira, à la bibliothèque pour continuer votre travail ; vous y trouverez mon secrétaire qui vous donnera communication de ce que vous désirez. Je ne doute pas qu'il ne sorte de votre plume des choses intéressantes, etc. » — Vous dites dans une autre, lorsque je vous demandais des détails sur les affaires étrangères : « Si M. Montmorin me parle de vos travaux, je me ferai un devoir de rendre justice à la vérité, puisque j'ai appris que vous aviez eu effectivement connaissance des manuscrits de mon père, etc. » — Au reste, malgré M. Sénac, malgré sa *Vie privée*, malgré l'avidité de la librairie, je publierai bientôt et en totalité, sous le même titre de *Mémoires de*

Richelieu, l'histoire scandaleuse d'un gouvernement que ses excès et ses folies ont conduit à la révolution de 1789, avec les pièces justificatives en tête de tout ce qu'on a fait pour en empêcher la publication. Je ne sais pas écrire l'histoire autrement. Enfin, Monsieur, vous m'opposez M. Sénac, comme un inconnu a opposé aux *Mémoires de Duclos*, qu'on vend rue de Condé, n° 7, deux volumes de brouillon ou des fragments de Duclos, édition anonyme et si désordonnée que le libraire est réduit à prôner complet le livre même où M. Duclos affecte de citer, page 140, tome 2, des articles délicats que l'éditeur anonyme en a enlevés. »

Pour ce qui concerne les documents publiés dans la *Vie privée*, on a déjà vu Soulavie lui-même en raconter la destination spéciale et la prise de possession par B. de la Borde. Si la mort du duc de Richelieu et l'absence de M. de Chinon son fils, n'étaient venues à point nommé pour laisser le champ libre à toutes les allégations les plus fantaisistes, Soulavie eût-il osé oublier ces détails et attribuer la paternité du nouveau livre à M. Sénac, qu'il savait chargé d'un travail tout différent, et qui d'ailleurs, nous l'avons déjà dit, ne fit jamais paraître qu'un prospectus ? Nous aurons lieu ailleurs d'étudier l'origine et la composition de la *Vie privée* ; mais ici il fallait relever au passage cet épisode de la publication des *Mémoires*, et constater une fois de plus quels moyens Soulavie employait pour rendre un semblant d'authenticité à son ouvrage, et pour s'assurer de par lui-même le monopole de la vérité.

Avant que la fin des *Mémoires de Richelieu* [1] fût livrée au

---

1. Avant de terminer la publication des *Mémoires de Richelieu*, Buisson fit une réédition dans le format in-12, de la *Vie privée*, avec des corrections et des augmentations. L'ouvrage avait eu « une vogue prodigieuse » et l'honneur de plusieurs contrefaçons. Une de ces contrefaçons, imprimée à Liège en 1790, mais annon-

public, les événements de 1792 [1] s'étaient écoulés. Ce fut seulement au mois de janvier 1793, que Soulavie donna les derniers volumes, et cette date doit être précisément constatée parce qu'elle permet d'établir comment il se procura certains documents relatifs à Louis XV et à son ministère secret, qui

cée par le *Journal de Paris* comme seconde édition, avait amené une protestation indignée de Soulavie et de son ex-propriétaire Buisson (Supplément au *Journal*, 12 juin 1792). Le *Journal de Paris*, qui n'en avait pas plus parlé, en 1791, que de l'édition des *Mémoires de Saint-Simon*, rendit compte de cette seconde édition, dans le numéro du 8 juin 1792. L'article voit avec faveur que les auteurs aient rendu justice au maréchal dans tout ce qu'il avait fait de louable, avec une impartialité que n'ont pu altérer les instructions particulières mises entre leurs mains. Il est plus difficile, ajoute le critique, de prouver s'ils ont dit vrai sur le chapitre des amours, mais du moins il paraît évident que leurs renseignements sont très précis et très exacts sur les trente dernières années de la vie du maréchal. Après avoir signalé certains passages importants, tels que le récit de la liaison avec Mme de Châteauroux, du siège de Port-Mahon, de l'affaire de Mme de Saint-Vincent, l'article ajoute :

« Ce qu'il y a peut-être de plus précieux dans cette *Vie privée*, ce sont les pièces justificatives placées à la fin de chaque volume et dont personne ne conteste l'authenticité. Elles consistent dans les lettres du maréchal de Richelieu, de Louis XV, de Mme de Châteauroux, de Mme de Pompadour, de MM^mes de Lauraguais, de Tencin et du Châtelet, etc. »

1. S'il faut en croire Soulavie (*Mémoires de Louis XVI*, t. VI), il aurait joué un certain rôle dans ces événements. C'est ainsi que son compatriote Chambonas, le ministre des affaires étrangères, aurait voulu se servir de lui pour gagner à prix d'or Brissot et suspendre l'exécution du plan de déchéance ; l'ex-abbé refusa, et ce fut Lacroix qui conclut l'affaire. Soulavie prétend encore avoir presque forcé Collot d'Herbois, au refus de plusieurs autres députés, à réclamer la république, cette idée lui aurait été suggérée par une conversation avec M. de Montmorin, un jour que ce ministre était traduit devant le comité de surveillance aux Feuillants, où l'abbé continuait le dépouillement des papiers d'État. —
— Il est à peine besoin de rappeler que les faits ne se passèrent point du tout comme le raconte Soulavie : sur la séance où la

forment les chapitres xxii et xxiv du tome IX. La divulgation des papiers de ce ministère secret, que maintenant on connaît à fond grâce au précieux travail de M. Boutaric, mais dont l'existence et l'action avaient toujours été dissimulées soigneusement, cette divulgation, si informe qu'elle fût, ne pouvait passer inaperçue, et Soulavie fut accusé d'avoir acquis ces papiers à la suite du sac des Tuileries. Voici comment il s'en défendait, beaucoup plus tard, en 1809 [1] :

« ..... La publication de ces *Mémoires* originaux (Duclos, Massillon, Maurepas, Saint-Simon, Pompadour, d'Aiguillon) et celle des *Mémoires de Richelieu* a pris dans les papiers publics de 1789 et 1790, et surtout dans le *Moniteur* du 7 décembre 1790, des dates certaines auxquelles je suis forcé d'avoir recours. D'un autre côté, les *Mémoires de Richelieu* citent les documents de la correspondance secrète de Louis XV, comme pièces justificatives d'où proviennent diverses anecdotes relatées dans cet ouvrage. Je constate donc que ces papiers étoient notoirement ma propriété dans le temps que je composois les ouvrages où ils sont cités. Et, me croyant obligé de me présenter irréprochable sur la possession des papiers du secret du roi et des mémoires historiques de son règne dont je réclame le retour, je cite toutes les dates authentiques qui constatent la jouissance paisible de mes collections historiques et diplomatiques en 1789 et 1790. Je détruis, par les journaux de 1790, les diffamations des journaux de l'an III, qui répandoient que ces documents provenoient des dévastations du 10 août. Je démontre que mes études historiques dans les papiers de Louis XVI n'ont pu me procurer en 1792 des documents politiques et historiques, cités, possédés ou publiés en 1790..... »

royauté fut abolie (on ne parla pas de République), il faut voir le récit d'Edmond Biré, *Journal d'un bourgeois de Paris pendant la Terreur*, p. 20.

1. Second Mémoire à l'Empereur.

La démonstration de Soulavie pèche en ce premier point :
que les volumes de 1789-90 dont il invoque le témoignage ne
contiennent et ne peuvent contenir la moindre allusion au
ministère secret installé sous l'inspiration de Mme de Châteauroux
et du duc de Richelieu, vers 1743. Si, au contraire, le tome IX
des *Mémoires* contient deux chapitres sur ce ministère, c'est que
le volume a été rédigé, ainsi que le tome VIII, après le 18 août
1792 ; que l'*achevé d'imprimer* est daté du 18 décembre 1792,
et que toute cette dernière partie de l'ouvrage parut seulement
à la fin de janvier 1793 [1]. Mais du reste Soulavie lui-même
ne songea alors qu'à faire bruit de la communication qu'il avait
obtenue [2] du Comité de surveillance. Il annonça, dans le même

1. Il convient d'observer qu'on trouve deux éditions des tomes V
à VIII, l'une datée de 1792, l'autre de 1793, avec la même fin
d'impression pour l'une et pour l'autre : 18 décembre 1792. Entre
les volumes de 1792 et ceux de 1793, il n'y a, outre la date, d'autre
différence que le titre. Le tome V, déjà imprimé en 1791, est qualifié, en 92 : « seconde édition », et en 93 : « seconde édition,
avec des corrections considérables et des augmentations. » — Le
tome VIII de 1792 porte en tête un prospectus : « Dernière livraison des *Mémoires du maréchal de Richelieu* », que Soulavie termine en énumérant tous les *Mémoires* authentiques, mais ceux-là
seulement, dont il s'est servi : Torcy, Luynes, Breteuil, Asfeld,
Dangeau ; lettres de MM^mes de Châteauroux, de Tencin, d'Egmont,
et de Maintenon ; de MM. de Villars, Silly, d'Armenonville,
d'Argenson, Belle-Isle, Polignac, Bernis, et des envoyés secrets
de la cour de France à Rome, Vienne, Madrid, Londres et Turin.
Dans les deux semblants d'édition que nous venons de signaler,
le tome IX porte la même date de 1793 et le même « achevé
d'imprimer ». Quant à l'époque de la rédaction, ou du remaniement du texte (car il ne faut pas oublier que le fond de l'ouvrage
est toujours un travail préparé beaucoup plus anciennement et
accru par des additions successives), elle est prouvée par certaines
citations telles que : M. de Machault « vivant en juillet 1792 ».
(T. VIII, p. 275.)
2. Sous la forme d'une conversation avec Chabot, son ami
d'enfance, Soulavie a raconté dans la préface des *Mémoires de*

tome IX (p. 437 et 438), qu'il avait en main les papiers saisis dans le cabinet du roi, et qu'il s'occuperait sans retard de l'impression des *Mémoires du règne de Louis XVI* ; il répéta encore la même chose dans la préface des *Mémoires*, lorsqu'ils

Louis XVI, comment il parvint à obtenir communication des papiers secrets remis au comité de surveillance par les vainqueurs du 10 août 1792. Fauchet, Rovère et Bazire y consentaient déjà. Mais Chabot craignait que son collègue rénégat ne fit « comme ce membre du comité pleurant comme une bête sur une lettre d'Élisabeth à son frère Capet ». Cependant il se fia au patriotisme du « bonhomme », et le comité laissa Soulavie copier, analyser et faire des extraits, mais à condition qu'il mettrait à la fin du t. IX des Mémoires de Richelieu, alors en cours d'impression, un *erratum* justifiant la qualité d'*honnête homme* donnée par lui à Louis XVI.

Soulavie put continuer son travail non seulement au Comité, mais aux Tuileries même et à Versailles. En 1793, il fut chargé, avec Verninac, comme commissaires du pouvoir exécutif, de faire des recherches au château de Versailles, « pour des travaux relatifs aux missions diplomatiques qui leur étaient confiées », et ce furent eux qui, assistés des administrateurs du département de Seine-et-Oise, découvrirent et transmirent à la Convention les trois *Livres rouges* qui contenaient l'enregistrement des dépenses secrètes de Louis XV et de Louis XVI.

On sait qu'une partie seulement du dernier de ces trois volumes avait été publiée antérieurement par l'Assemblée nationale. Les premières feuilles, relatives au règne de Louis XV, avaient été dissimulées par Necker, et les deux volumes qui se rapportaient aux années 1750 et suivantes, furent découverts dans le courant du mois de février, et Soulavie en donna avis le 24 mars suivant, dans le *Journal de Paris* (p. 358). Veut-on un échantillon du style patriotique qu'il aimait à déployer en ces occasions ? « Ils reviendront, dit-il en terminant, les âges de docilité publique, malgré Pitt, malgré le Vatican, malgré les inquisiteurs espagnols, malgré même la politique autrichienne ; mais ils reviendront au profit de la république, et nous verrons en France les beaux siècles des Suisses et des Américains. Encore peut-être quelques revers, encore quelques combats contre la royauté, contre l'hypocrisie sacerdotale, contre l'esprit et les mœurs aristocratiques, contre

parurent, en 1801 [1]. On sait aussi qu'il composa, « en partie sur les papiers du roi apportés, après le 10 août, au comité de surveillance » une *Histoire de la Révolution française, depuis la seconde assemblée des notables jusqu'en l'an IX*, qui est restée manuscrite. Au cours du même Mémoire à l'Empereur que nous avons déjà cité, il nous apprend qu'il fut aidé dans ses découvertes et ses acquisitions par certains savants de l'Académie des Inscriptions, dont il avait été membre correspondant, Joly, Capperonnier, Van-Praet, Ameilhon, etc., qui eurent l'honneur de soustraire au vandalisme révolutionnaire une partie des monuments précieux de notre histoire publique ou privée.

Ainsi, malgré ces dénégations datées d'un temps où les circonstances avaient changé et où le jacobin de 1793 était devenu

l'ambition personnelle. contre les restes enfin de nos anciennes mœurs monarchiques. Quand le vice sera exterminé, la République et ses vertus seront la récompense de nos combats. »

Soulavie fut probablement chargé par la Convention de publier immédiatement les trois registres ; du moins il est le premier signataire, et bien certainement le rédacteur du discours placé en tête du volume.

1. Voici des faits relatés par Soulavie lui-même (*Second mémoire*, p. 5), qui ne peuvent s'appliquer qu'aux papiers en question. « J'adressai, dit-il, au conseil exécutif provisoire, *après le 10 août*, le résultat de la doctrine du ministère secret sur chaque puissance européenne, applicable à ce moment-là ; — au comité de salut public, le même travail, avec le plan de l'organisation d'une correspondance secrète, pour l'opposer aux projets de Pilnitz, que ce comité demanda ; — au chef d'une grande puissance, par ordre particulier d'un comité, et par la voie du président d'une académie qui avoit des communications immédiates avec lui, l'avis que, le jour de sa déclaration de guerre à la France, on répondroit par la publication des dépêches diplomatiques relatives aux trois époques importantes de son règne. Le premier rapport au Comité de salut public fut imprimé à un très petit nombre d'exemplaires, sous le titre de : *Tableau des alliances naturelles et convenables à la république de France dans les conjonctures actuelles*.

impérialiste et solliciteur, il n'est pas douteux que ses relations avec les principaux membres du gouvernement révolutionnaire lui permirent d'accaparer pour son usage personnel une partie des papiers pillés aux Tuileries et d'en utiliser quelques documents pour les *Mémoires de Richelieu*, qu'il terminait à la même époque, ou pour les publications qui suivirent [1]. Quant à avoir acquis ces archives, antérieurement à la Révolution, des « officiers du prince de Conti », le chef du ministère secret, ceci est inadmissible, et il ne paraît pas plus probable, par tout ce que l'on connaît des papiers du maréchal de Richelieu, que Soulavie y ait pu trouver aucune trace de la politique secrète dont ce duc avait été le premier instigateur.

La publication des *Mémoires du maréchal de Richelieu* ne se termina donc que dans les derniers jours du mois de décembre 1792. Non seulement le cinquième volume, dont nous avons indiqué la publication au commencement de l'année 1791, corrigé et remanié, reparut avec les quatre volumes suivants ; mais même la première partie de l'ouvrage, celle qui datait de 1790, en raison « d'un épuisement prématuré de la première édition », fut rééditée aussi, ce qui permit à l'auteur de faire droit à la plus juste des réclamations et de « mettre à l'aise sa propre philosophie et son patriotisme révolutionnaire », en retirant la parole au maréchal et supprimant le caractère d'autobiographie qui, selon lui, avait été stipulé jadis [2]. Au milieu de l'engoue-

---

1. C'est de la même façon que les Mémoires diplomatiques du comte de Broglie, trouvés dans le cabinet même du roi, virent le jour.

2. Voy. *Moniteur*, 1er février, et *Journal de Paris*, 11 mars 1793. — L'article de ce dernier journal, assez insignifiant, bien que fort louangeur pour Soulavie, fut suivi de plusieurs extraits pris parmi les anecdotes ou les chapitres *à sensation*. Voy. p. 365, 370, 629 et 630. Dans le numéro du 6 juin 1793, p. 629, Soulavie y est qualifié ministre de la république en Danemark, ce qui ajoute à l'importance de ses points de vue politiques contre le système « autri-

ment dont un pareil ouvrage pouvait alors être l'objet, il s'était trouvé une plume honnête pour flétrir publiquement, au nom des Richelieu, des Choiseul ou des Maurepas, les procédés historiques, ridicules et odieux de Soulavie. Celui-ci, en substituant la troisième personne à la première, ne pouvait prétendre que l'amendement fût suffisant ; mais il s'écria dans un bel accès d'indignation : « Je consens qu'on déchire les frontispices de mon livre et qu'on ôte le titre de *Mémoires de Richelieu* ; il restera malgré eux celui de *Mémoires d'un honnête homme*: Et que m'importe qu'un plat académicien dise que l'auteur de cet ouvrage n'a ni goût, ni connoissances, ni jugement, ni style, si son livre est du goût des amis de la vérité, et si les amateurs de l'histoire ont épuisé les éditions des quatre premiers volumes imprimés à Paris, à Liège, à Maëstricht, à Lyon et à Bordeaux [1]... » Il est vrai que le succès ne fit point défaut aux

chien ». Cet article doit être de Soulavie lui-même ; mais au moins il n'est plus question ni de Mémoires ni d'authenticité. Peu après, le 4 juillet 1793, il fit insérer dans le journal l'extrait de son Histoire inédite de la Révolution, relatif à l'exécution du roi. C'est là qu'après avoir montré la fin tragique des différents rois, il s'écrie : « Si ce tableau effrayant ne peut désarmer Cobourg, Dumouriez, d'Orléans fils, etc., etc., etc., qu'ils approchent : il y a en France dix millions de Jacobins dont Brutus est le patron. Les royalistes aiment les têtes couronnées ; eh bien ! tous les mois, ils en auront une nouvelle qui fera l'objet de leur culte (p. 745). — Cette apologie du régicide est intitulée : « J.-L. Soulavie aux puissances étrangères belligérantes contre nous ; aux grands de l'armée de la Vendée ; aux armées contre-révolutionnaires et royalistes et à tous les républicains hypocrites amateurs de la royauté. » — L'article de Castera sur les cinq derniers volumes des *Mémoires de Richelieu*, dans le *Mercure français* (11 juin 1793, p. 81 et 82), ne dit rien : c'est une tirade contre le régime déchu, suivi d'une épigramme faite à la mort du maréchal, et qui ne gagnerait pas à être reproduite.

1. *Mémoires*, t. IX, p. 359. — Item, p. 503 et 504, et dernière : « En terminant ces Mémoires, je proteste que j'ai été sans cesse

Mémoires de Richelieu, ni à leur auteur ; mais il est douteux aussi que ce succès-là puisse jamais passer pour un brevet d'honnêteté.

En juillet 1793, Buisson publia deux nouveaux volumes, à la publication desquels Soulavie ne saurait avoir été étranger :

« *Politique de tous les cabinets de l'Europe* pendant les règnes de Louis XV et de Louis XVI, contenant : des pièces authentiques sur la correspondance secrète du comte de Broglie, un ouvrage dirigé par lui et exécuté par M. Favier, plusieurs mémoires du comte de Vergennes, ministre des affaires étrangères, et de M. Turgot ; manuscrits trouvés dans le cabinet de Louis XVI. »

C'est, dit l'annonce (*Journal de Paris,* p. 790), la première preuve authentique de cette organisation secrète à la tête de laquelle brillaient M. de Broglie, et surtout Favier, « l'homme de l'Europe le plus versé dans les affaires politiques, etc. ». La partie principale de l'ouvrage est précisément le grand mémoire dressé par Favier en 1773, et les éditeurs le donnent comme propre à régénérer la politique française [1].

conduit par l'amour de la vérité. Ce qui me permet d'assurer que je ne me suis pas trompé, c'est que les historiens des âges futurs trouveront, dans les *Mémoires* encore manuscrits qui viennent de nous être communiqués pendant l'impression de ceux-ci, les mêmes vues, la même manière de juger les événements et les personnes. »

1. Selon Barbier, cette publication fut faite par l'avocat Roussel (Pierre-Joseph-Alexis), d'Épinal, qui imprima aussi en 1802, le curieux récit d'une visite faite au château des Tuileries, après le 10 août 1792 (le *Château des Tuileries*) ; et donna enfin, un peu plus tard, sous des pseudonymes ou des anagrammes transparents, la correspondance secrète de plusieurs grands personnages de la cour de Louis XVI. Roussel s'était procuré tous ces documents en qualité de secrétaire de la commission chargée de trier les papiers de l'Armoire de fer et autres ; lorsque, sous l'Empire ou peu avant, la police lui fit subir une détention arbi-

On a déjà dit que Soulavie était entré très avant dans le mouvement révolutionnaire ; ses liaisons, son apostasie, son mariage civil, et ses déclamations historiques lui valurent une récompense : au mois de juillet 1793, le gouvernement républicain l'envoya en qualité de chargé d'affaires à Genève [1] ; il n'y resta pas longtemps : dès le mois de novembre, Chaumette le dénonçait aux Jacobins et demandait son rappel [2] ; et le 6 décembre, Robespierre décréta sa révocation et ordonna son

traire pour avoir annoncé trop bruyamment les *Mémoires de Louis XVI* de son ancien collègue Soulavie, on trouva en sa possession une malle pleine de lettres qui venaient des Tuileries ou de Versailles. (Voy. Saint-Edme, *Biographie de la police.*)

Mentionnons encore quatre volumes parus chez Buisson à la fin du 1er semestre 1793, sous le titre de *Nouveau siècle de Louis XIV, ou poésies-anecdotes du règne et de la cour de ce prince*, recueil de poésies et surtout de chansons du temps avec des notes historiques (*Journal de Paris*, p. 734). L'auteur de cette compilation, puisée sans doute dans le chansonnier Maurepas, était, selon Barbier, Sautereau de Marsy, l'éditeur des *Mémoires de Duclos* ; Sautereau était aussi avec Corancez le principal rédacteur de la partie littéraire du *Journal de Paris* et publiait en même temps cet *Almanach des Muses* qu'on voit se maintenir au plus fort de la terreur.

1. *Moniteur*, 8 juillet et 5 août 1793. Soulavie retrouva à Genève son compatriote l'ex-jésuite Barruel qui le traite fort mal dans ses *Mémoires pour servir à l'histoire du jacobinisme*, II, 112 : « Il était réservé à Clavière et ensuite à Robespierre de prendre part à toutes intrigues à Genève, et d'envoyer l'apostat Soulavie les couronner par les proscriptions, l'exil et par tous les moyens de la philosophie passée du château de Ferney à l'antre des Jacobins.

2. Séance du 18 brumaire : « Chaumette dénonce notre agent de Suisse, l'abbé Soulavie ; il demande son rappel et désire que la Société mette à son grand ordre du jour s'il est convenable que la Nation française entretienne près des autres puissances des ambassadeurs. » (*Moniteur* du 12 novembre 1793). — La cause de la dénonciation était le concours apporté par Soulavie à la fuite de son compatriote Gamon, décrété d'accusation comme partisan des Girondins.

arrestation. Mais Barère, qui appréciait la possibilité de trouver un asile auprès de Soulavie, sut empêcher le départ de son successeur Rivals. D'ailleurs Soulavie s'était hâté d'envoyer à Robespierre une longue et emphatique justification, qui n'était qu'une apologie du dictateur, et à laquelle il avait joint une magnifique truite destinée à la table de « l'incorruptible ». Cette pièce, tombée après thermidor, entre les mains des vainqueurs, devait décider la chute de Soulavie; momentanément, il lui dut son poste, qu'il garda jusqu'en août 1794. Pendant ce temps, tout en correspondant [1] avec ses amis de France, il publia plusieurs brochures politiques sur l'état de la Suisse. Mais, après le 9 thermidor, il partagea le sort de ses amis. Un membre de la Convention l'accuse de « ne point se conduire dans sa mission avec la dignité qui devait caractériser le député

---

1. Il écrivait au président de la Convention (Arch. nat., F 4385) : « Citoyen président, à la requête de la famille de Marat domiciliée à Genève, j'ai l'honneur de présenter à la Convention des actes et une lettre remis en cette légation relativement à la mort de ce représentant du peuple français. J'ajouterai, citoyen Président, que les bons patriotes genevois se sont écriés en apprenant cette cruelle mort : *On voit maintenant de quel côté étaient les désorganisateurs, les assassins, les ennemis de la République et les agents des Autrichiens et des Anglais.* — Vous apprendrez avec plaisir, citoyen président, que l'assemblée nationale genevoise continue ses travaux constitutionnels dans les principes de l'égalité et de la liberté, et que, si l'ancienne aristocratie de ce pays persécuta jadis Jean-Jacques Rousseau, le peuple victorieux a établi maintenant à son honneur des fêtes annuelles. — Recevez, citoyen président, mon adhésion à la Constitution, en qualité de citoyen français et ma promesse de la faire aimer et de la défendre jusqu'à mon dernier soupir. — SOULAVIE, résident de la République une et indivisible près celle de Genève. A Genève, le 19 juillet 1793, l'an 2ᵉ de la République. » — Une autre lettre aux représentants du peuple à Commune-Affranchie, prouve qu'il avait pour tous les Marat une affection particulière. (Catalogue des autographes de M. B. Fillon, série IV, pièce 77.)

d'un peuple libre, et sur le rapport que fournit le Comité de Salut public, la révocation fut prononcée [1]. Arrêté à Genève, le 3e jour complémentaire de l'an II, et transféré immédiatement à Paris, Soulavie se vit incarcérer dans la prison qu'habitaient déjà les anciens représentants du peuple. Aussitôt après son départ, les clubs insurgés de Genève se portèrent sur sa demeure et la pillèrent [2]. Il perdit là les papiers qui lui servaient à la continuation de ses travaux historiques : « Une partie des archives du ministère secret de Louis XV ; les six dernières livraisons des *Mémoires de Duclos*, dont il avait publié la première avant son départ pour Genève ; la première composition inédite des Mémoires de Louis XVI ; la première composition de ceux de la Révolution, vendus en 1792 au libraire Buisson, par lui rétrocédés en 1794, et revendus depuis à une autre société [3]. »

Après une prison assez longue [4], Soulavie fut rendu à la liberté, guéri pour toujours du goût de la politique active. Son nom figura pourtant, le 19 brumaire, sur une des listes de déportation ; mais le Premier consul s'opposa à l'exécution de l'arrêté. D'ailleurs, ce n'était plus le révolutionnaire ardent,

---

1. *Moniteur* du 7 fructidor (24 août 1794).

2. Soulavie a raconté « l'insurrection » et la « fusillade » du club genevois dans plusieurs factums datés de ventôse an III.

3. Premier Mémoire à l'Empereur, passim. — Plus tard, Soulavie obtint du gouvernement genevois une promesse de satisfaction ; mais les réclamations du Directoire n'eurent point d'autre succès, et ce fut sur de nouveaux frais que Soulavie adressa à l'Empereur, en 1810, les deux Mémoires dont nous avons déjà cité plusieurs passages. Ces pièces, extrêmement rares, nous ont été communiquées par M. Rathery. Le second Mémoire a été publié en 1870 par M. Mazon, dans l'*Écho de l'Ardèche* : voy. ci-après, p. L, note 1.

4. Il n'en sortit qu'en 1796, et intenta à Treilhard, qui l'avait fait arrêter, un procès en dommages-intérêts. L'affaire fut arrêtée par décret du Directoire.

que nous avons connu, et qui, au nom de « la cause du genre humain », avait applaudi, sinon participé, à tant d'excès. Revenu, en politique comme en religion, de toutes ses erreurs, il se rallia complètement, dès le commencement du siècle, à l'empire prochain, et profita du séjour de Pie VII en France [1] pour obtenir l'absolution de son apostasie et rentrer dans la vie régulière.

Nous devons regretter, pour notre part, que, continuant ses travaux historiques, il n'ait pas également abjuré les procédés qui caractérisent son œuvre. Tout au contraire.

L'un des livres les plus apocryphes qui soient sortis de sa plume est sans contredit celui qu'il vendit, en 1799, comme *Mémoires de Barthélemy*, rédigés à Sinamary par l'ex-directeur. Cette nouvelle spéculation de librairie réussit comme les précédentes, mais sans que cette audace dont Soulavie avait pris l'habitude, ait pu jamais donner le change aux lecteurs [2].

---

1. Ce fut le P. Barruel qui poussa Soulavie à demander l'absolution du Pape et la confirmation de son mariage. Il remit à l'ancien jésuite, le 20 février 1813, cette déclaration qui fut plus tard communiquée aux rédacteurs de la *Biographie universelle :*

« Monsieur, voulant vivre et mourir dans le sein de l'Église catholique, apostolique et romaine, je vous prie de constater, par l'insertion de ma présente déclaration dans vos ouvrages, mon repentir d'avoir publié dans les miens des erreurs contre la religion. Je les condamne. N'est-il pas notoire que les malheurs de notre patrie et les crimes de la Révolution proviennent de l'oubli de la religion ? Quel est donc le chrétien qui ne gémisse des erreurs de cette nature, quand il en voit les résultats ? »

2. Dans la préface de son ouvrage suivant, les *Mémoires de Louis XVI* (1801), Soulavie dit, à propos des *Mémoires de Barthélemy* : « Cet ouvrage, publié pendant la détention de Barthélemy, dans l'intention d'adoucir un traitement arbitraire et cruel, ordonné par des tyrans, a paru, en France, trois jours avant le retour de Bonaparte de l'Égypte. *L'auteur n'avoue pas quelques altérations qui ont eu lieu dans le manuscrit, en son absence, pendant l'impression.* » — Quérard dit qu'il y eut un supplément en 1800.

Puis vinrent les *Mémoires historiques et politiques du règne de Louis XVI*, qu'il promettait depuis le 10 août 1792, et qui parurent en l'année 1801 [1].

L'empereur Napoléon Ier, dit-on, faisait grand cas des *Mémoires de Louis XVI* ; ils furent pourtant, dès 1802, l'objet d'une réfutation, trop emphatique peut-être, sous son titre de : *Les illustres victimes vengées des injustices de leurs contemporains, et réfutation des paradoxes de M. Soulavie* [2], mais où l'indignation n'exclut pas la justesse des condamnations. Depuis ce temps-là, les connaissances historiques du public ont fait un progrès trop général, pour qu'il soit nécessaire de revenir sur cette œuvre de calomnie, dédaignée et rejetée de tous.

Il y avait longtemps que le nom de Mme de Pompadour figurait parmi les enseignes affichées à la porte de l'officine de Soulavie. En l'an X, il fit donc paraître un volume de *Mémoires historiques et anecdotes de la cour de France pendant la faveur de la marquise de Pompadour*, mémoires sortis, disait l'éditeur, « des portefeuilles de Mme la maréchale d'*** (d'Estrées) [3]. » Plutôt érotique que galant, ce livre ne contient, pour ainsi dire, pas un mot qui ne se retrouve dans les mémoires publiés antérieurement par Soulavie. Quant à la partie historique, elle se compose uniquement de deux pièces : le testament de la marquise, et une étude sur les gravures qu'elle se plaisait à exécuter, avec une reproduction des principaux sujets.

Il faut pourtant signaler, dans ces *Mémoires*, la note où Soulavie répondait aux accusations déjà anciennes que M. Bertin, l'ancien secrétaire du duc de Choiseul, Laharpe,

---

1. Paris, 6 vol. in-8°.
2. Les bibliographes attribuent ce livre à M. Montigny.
3. Ailleurs (*Mémoires de Richelieu*, t. I, p. 33), Soulavie avait prétendu que ces Mémoires avaient été données par la marquise de Pompadour elle-même à M. de Richelieu.

Lacretelle et Mersan avaient formulées contre lui en plus d'une occasion [1]. Je n'ai fait autre chose, dit notre historien, que reproduire au sujet de M. de Choiseul les dires de Mercier, de Mirabeau, de Laffrey, de M. d'Aiguillon, du maréchal de Richelieu, des Noëls de la cour, etc., etc., et je n'ai jamais certifié que la chose dut être vraie. « Du reste, ajoute-t-il, les articles publiés par Mersan, Lacretelle, Laharpe et Bertin, au lieu d'avoir nui à la distribution des *Mémoires de Louis XVI*, ont excité la curiosité, multiplié les acquéreurs, et accéléré la traduction allemande et l'anglaise. C'est l'effet nécessaire des poursuites littéraires du genre de celles que ces Mémoires ont essuyées. »

On attribue à Soulavie un ouvrage qui parut aussi en 1803 [2] : *Histoire de la décadence de la monarchie française et des progrès de l'autorité royale à Copenhague, Madrid.....* depuis l'époque où Louis XIV fut surnommé *le Grand*, jusqu'à la mort de Louis XVI (3 vol. in-8°) ; pour faire suite au : *Tableau de la décadence de la monarchie française* (un vol. in-4° avec figures et tableaux).

Ce fut en 1809 seulement que parut la dernière publication sur laquelle nous ayons à nous arrêter, les *Pièces inédites sur les règnes de Louis XIV et de Louis XV*, qui sembleraient, au premier abord, devoir être comprises dans la liste des ouvrages justement suspects, et qui renferment cependant une portion de documents importants dont l'authenticité peut être aujourd'hui encore vérifiée. On voit d'ailleurs, par tout ce que nous avons

---

1. Notamment dans le *Journal des Débats*.

2. « C'est, dit M. Mazon, l'œuvre la plus remarquable de Soulavie : étude large et puissante, où abondent l'érudition, les vues élevées, les pensées profondes ; malheureusement le défaut de concision, les incorrections et la trivialité du style sont aussi choquants que dans les autres productions de l'auteur. » (*Petites notes ardéchoises* p. 153 et suiv.).

dit jusqu'ici, qu'une grande partie des pièces dont Soulavie a noyé le texte dans les faussetés et les erreurs volontaires de son récit, méritent une confiance réelle. Il en est ainsi des lettres de Louis XIV et de celles du maréchal de Villars, qui, selon Soulavie, lui avaient été communiquées par MM. de Vogüé [1]. La correspondance de Villars avec le ministre Chamillart est actuellement conservée au Dépôt de la guerre, et, en confrontant avec les originaux le texte donné dans les *Pièces inédites*, on constate qu'il pèche seulement par quelques omissions ou inexactitudes [2]. Nous n'en dirons pas autant de la Chronique scandaleuse qui forme le second volume de cet ouvrage, et qui serait, dit l'auteur, un fragment de la *Vie privée* du maréchal de Richelieu.

Soulavie, on l'a déjà vu, s'était rallié de bonne heure à la cause impériale [3] ; deux Mémoires adressés par lui à l'Empereur, en janvier 1810, renferment en effet l'expression d'un complet dévouement et ne se ressentent guère des opinions qui, quinze

---

1. Dans les *Mémoires de Richelieu*, en 1792 (tome V, p. 324, note), Soulavie avait dit ceci : « Villars a laissé les manuscrits de ses ouvrages à la maison de Castries et à celle de Vogüé. Le feu marquis de Vogüé, lieutenant-général, en a communiqué les originaux à l'auteur de ces Mémoires, de même que six volumes grand in-folio de correspondances fort précieuses. »

2. Ainsi, la lettre du 7 juin 1703 n'est pas du 7, mais du 17, et la dernière page a été omise tout entière par Soulavie (Dépôt de la guerre, vol. 1676, n° 123). Les deux lettres du 8 septembre 1703 et du 14 novembre 1704 sont conservées sous les cotes : vol. 1677, n° 2, et vol. 1797, n° 170 ; etc.

3. M. Marc Vernolt, dans le *Monde illustré*, n° du 30 avril 1870, a publié le programme d'une société qui se forma, en 1804, sous la direction de : « M. l'abbé de Soulavie ex-ministre plénipotentiaire », et qui proposa à l'Empereur d'entreprendre une série d'embellissements de sa *bonne ville* de Paris, parmi lesquels figurait la réunion de l'île Saint-Louis à l'île Louviers par un pont d'une seule arche.

d

ou vingt ans auparavant, l'avaient jeté au plus épais de la
cohue révolutionnaire. Ces deux pièces ont été complètement
inconnues des biographes et des bibliographes ; la seconde seule
a été, en partie, publiée dans un journal de province [1]. La
première a trait au pillage et à la dispersion des papiers laissés
par Soulavie à Genève, en 1794, réclamés vainement par le
Directoire ou par l'administration française ; l'autre renferme
l'historique et la description des papiers du ministère secret
dont nous avons parlé plus haut, et de toutes les collections
qui y avaient été jointes, ou que Soulavie y avait ajoutées,
depuis que ces papiers étaient tombés en sa possession.
C'était, outre quelques manuscrits à lui, une partie minime
de ses collections et de la correspondance secrète que les clubs
genevois avaient enlevée et dont il poursuivait la restitution
depuis plus de quinze ans [2].

1. Par M. Mazon, qui a donné, dans l'*Écho de l'Ardèche*, 15, 19,
24, 26 mars et 2 avril 1870, une série d'articles sur les collections
de son compatriote et la nomenclature de ses ouvrages M. Mazon a
eu connaissance du second Mémoire, si rare que les bibliothèques
ne le possèdent point, par Mme de Susini, fille de Soulavie, et il
en a reproduit une partie. Les articles ont été réunis d'abord en
1871 sous le titre de *Petites notes ardéchoises*. Puis le même érudit
a publié en 1893 en deux volumes in-8° une *Histoire de Soulavie*,
très documentée. Dans le second volume, M. Mazon a consacré
trois chapitres très importants à la bibliothèque de Soulavie, à
ses papiers et collections, enfin à l'examen des ouvrages historiques qu'il a publiés. Nous en avons parlé ci-dessus à diverses
reprises. »
2. Ces requêtes eurent cependant un résultat auquel Soulavie
était loin de s'attendre : le gouvernement impérial, dont il avait
attiré l'attention sur ses papiers, fit saisir par la police, en 1811,
tous ceux qui parurent avoir de l'intérêt. Baudard, chef de
bureau aux Archives du ministère des Affaires étrangères, fut
chargé de les examiner ; il en réclama la plus grande partie pour
le département ; et plus d'un an après, ils furent livrés au comte
d'Hauterive, qui en donna, les 23 mars et 5 mai 1813, deux reçus

Les deux Mémoires ne paraissent pas avoir été mieux accueillis que ne l'avaient été les réclamations précédentes ; mais Soulavie revint à la charge, et, cette fois, il proposa au gouvernement impérial d'acquérir toutes ses collections diplomatiques, auxquelles les circonstances semblaient donner un prix considérable [1]. Il offrit même à l'Empereur la portion de ses recueils qui avait trait aux anciens projets de descente en Angleterre. Au milieu de cette négociation, la mort surprit Soulavie. Agé de soixante-deux ans, il succomba à Paris le 11 mars 1813.

Par son testament il avait légué à l'Empereur les documents dont nous venons de parler en dernier lieu, et le legs fut accepté ; mais pour le reste des papiers du ministère secret, le duc de Bassano, ministre des affaires étrangères, qui avait été, sous la République, le collègue en diplomatie du défunt, fit intervenir les droits tout puissants de l'administration, et réclama la totalité du fonds, quarante et un volumes in-folio et douze volumes in-quarto, mémoires et dépêches de Favier, de M. d'Argenson, ou de Tercier, correspondance originale du comte de Broglie avec le roi Louis XV, mémoires diplomatiques, etc. [2]. Une ordonnance du tribunal de la Seine prescrivit, conformément à cette réclamation, la remise, qui fut effectuée le 2 avril 1813. Ajoutons que M. de Bassano avait promis aux héritiers de Soulavie une indemnité de vingt mille francs ; mais

(Arch. nat., F 6572). Cf. Flammermont, *les Papiers de Soulavie aux Affaires étrangères*, dans la *Revue historique*, mai-juin 1884, p. 107.

1. Il avait fait des démarches pour que l'Académie des Inscriptions, dont il avait été jadis le correspondant, vérifiât l'authenticité et la valeur des papiers ; mais on ne donna pas suite à cette requête.

2. La description de ce fonds est donnée par Soulavie dans son Second Mémoire à l'Empereur.

le gouvernement impérial n'eut pas le temps de s'acquitter, et celui de la Restauration réduisit la somme à quatre mille [1].

Quant aux autres collections que laissait Soulavie, voici ce que l'on sait de leur sort. La bibliothèque de trois mille volumes fut immédiatement mise à l'encan et dispersée par la veuve. En août 1815, une nouvelle suite de sept cent vingt-sept numéros concernant l'histoire de France, surtout l'époque de la Révolution, se vendit en bloc, au prix de douze cents francs ; une partie de ce lot est arrivée à M. Deschiens ; le reste s'est perdu.

La collection d'estampes historiques ou de dessins relatifs à l'histoire de France, commencée par les agents du ministère secret, et continuée jusque sous l'Empire par Soulavie, ne comprenait pas moins de cent cinquante-deux volumes in-folio, avec des tables manuscrites [2]. Elle fut acquise, en 1818, au prix de dix-huit mille francs, par le prince Eugène de Beauharnais, et portée au palais de Leuchtenberg, à Munich, où elle est tout entière.

On vendit à part une collection de sept cent quarante-cinq pièces originales, chartes, autographes, etc. C'est sans doute celle que M. Feuillet de Conches a acquise, et dont il parle en ces termes : « Beaucoup d'autographes, surtout du temps de Louis XV et de Louis XVI, fruits de ses relations ou bien épaves révolutionnaires, étaient réunies dans les mains de Soulavie, et j'en ai acquis de sa veuve les derniers débris [3]. »

1. L'amas énorme des papiers provenant de la saisie de 1811 et de celle de 1813 nous est mal connu : les deux reçus dont nous avons parlé plus haut sont sommaires, et l'inventaire détaillé qu'avait fait Baudard du produit de la saisie faite après la mort de Soulavie ne se retrouve plus (Flammermont, *loco citato*).

2. Voy. la description dans le Second Mémoire.

3. Il est permis de croire, d'après quelques indices, que cette collection renfermait une quantité de pièces provenant des archives du maréchal de Richelieu, ou bien des cabinets des Tuileries et de Versailles.

Enfin, Soulavie devait laisser de nombreux ouvrages manuscrits ; mais, à une exception près, on ignore ce qu'ils sont devenus, et on n'en connaît que les titres, par la liste donnée dans la Préface des *Mémoires de Louis XVI* [1].

Si longue que puisse sembler cette étude préliminaire, nous croyons qu'elle était indispensable pour caractériser l'esprit, les tendances et les procédés de l'auteur dont nous allons maintenant analyser l'œuvre principale. Avant d'aborder ce point, il convient encore d'ajouter que, en dehors de la politique et de tout ce qui s'y rattache, les biographes s'accordent pour louer la vie privée de Soulavie, bon père de famille, ami serviable, honnête citoyen. Relevé de son abjuration par le pape Pie VII, il tint encore à se réconcilier, peu de temps avant sa mort, avec l'Église, dont il avait outragé si profondément les lois, et il mourut, dit-on, dans de grands sentiments de piété [2].

Sa fécondité littéraire lui avait procuré une belle fortune, qui s'était accrue par des spéculations de terrains ; l'héritage, en

1. Dans une lettre du 25 janvier 1809, Soulavie proposait au libraire Bertrand la publication de ses œuvres complètes (Catal. Charavay, 9 décembre 1875, n° 323).

2. Il est certain, comme le prouve M. Mazon, que Soulavie, dans ses derniers ouvrages, chercha volontiers l'occasion de faire amende honorable à la religion, et même à l'ultramontanisme, aux dépens des philosophes du xviiie siècle ou des économistes. Pour lui Bonaparte personnifiait l'esprit nouveau de conservation et de rétablissement, et l'avènement du régime impérial précipita ce retour vers les croyances du jeune âge. Pendant les derniers mois de son existence, il ne s'occupa que de soulager sa conscience et finit par faire une confession générale de dix-sept heures, en cinq jours consécutifs. Il reçut deux fois le viatique, et décéda « avec calme, après avoir montré constamment pendant cinquante-deux jours la foi la plus vive et les vertus qui constituent le chrétien mourant. » Ce fut en présence de son frère, l'abbé Soulavie le cadet, et entre les mains de son ancien rival de 1782, l'abbé Barruel, que Soulavie fit sa réconciliation avec Dieu (*Mazon*, p. 164).

raison du quadruple mariage qu'il avait contracté avec Mlle Maynaud, fut l'occasion d'un procès curieux, que M. Dupin plaida en 1824.

Mme Soulavie se remaria, après un court veuvage, avec un ingénieur nommé Brunel. Elle n'avait eu qu'une fille, Mme de Susini.

II.

SOULAVIE ET LES MÉMOIRES DU MARÉCHAL DE RICHELIEU

Les Mémoires du maréchal de Richelieu sont, dans le bagage pseudo-historique de Soulavie, l'œuvre la plus connue, la plus citée ; quoique personne n'ait jamais osé leur décerner publiquement un brevet d'authenticité et de valeur, il est certain qu'on retrouve des traces de leur influence dans tous les livres qui ont été écrits, depuis la Révolution, sur le xviiie siècle, et, si certains critiques contemporains ont tenté de réagir contre une faveur aussi mal placée, il semblerait, comme l'a dit Soulavie lui-même, qu'ils n'aient fait que soutenir le succès et la vogue du livre. Fait assez ordinaire d'ailleurs : le roman historique n'est plus de notre temps, mais nous en avons connu au moins une variété, et nous savons par expérience quel crédit ces livres peuvent avoir devant les masses. Il n'est point à la portée du premier venu d'aborder le métier d'arrangeur ou de fabricateur de documents historiques. « Quelques-unes des qualités du poète dramatique ou du romancier sont de rigueur dans ce genre littéraire : il importe de se mettre à la place des personnages qu'on fait parler, de connaître le temps où ils ont vécu, mieux encore le temps où l'on vit soi-même, car ce n'est point du passé qu'on se préoccupe, ni de la vérité historique ; c'est aux

contemporains que l'on veut plaire, afin de les duper [1]. » Les
noms illustres sous le couvert desquels se faufile l'erreur en
augmentent le danger en ajoutant au succès, et, lorsque cette
erreur est patronnée par des Voltaire ou des la Beaumelle, des
Saint-Réal, des Vertot, des Michelet, il est bien explicable que
tant de générations successives aient si longtemps admis un
mensonge habile et savant comme étant l'histoire et la vérité.

Aujourd'hui l'histoire et la vérité sont deux compagnes insé-
parables, et le public qui lit n'admet plus le roman historique
que comme un jeu, amusant parfois, mais indigne de tout crédit.
C'est une erreur interdite à tout écrivain sérieux, une faute dont
il serait impossible de se relever, un délit public pour lequel
on n'accorde plus de circonstances atténuantes.

Si, depuis des Courtilz de Sandras, qu'on peut regarder
comme le créateur, habile et fécond, de ce genre funeste, l'école
a eu tant d'adeptes, et si ses produits se sont tellement multipliés, maintenant que la lumière se fait presque complète, que
les sources fermées autrefois s'ouvrent presque partout et
donnent passage à tant de vérités nouvelles et imprévues, c'est
un devoir de combattre sans relâche ces tendances dangereuses,
de miner un à un ces ouvrages avancés de l'erreur, et de montrer à la foule intelligente, avide de connaître, étudiants, lecteurs ou amateurs, de quel côté ils peuvent trouver la vérité et
sa philosophie.

Gardons-nous cependant d'un autre danger, celui de la
réaction. Un maître l'a dit très excellemment et ses paroles
méritent d'être citées :

« Notre siècle, un peu revenu depuis quelque temps du goût
des révolutions en politique, a reporté cette passion assez inno-
cemment dans l'histoire littéraire : il n'aime rien tant en ce

1. M. Geffroy, sur la Beaumelle.

genre que de défaire et de refaire, de détruire ou de créer ; il a un goût décidé pour déterrer ou réhabiliter des inconnus de la veille, et pour renverser de grands noms, des noms consacrés. Parce qu'on a réussi dans quelques exemples notables à ce jeu d'élévation et de rabaissement, voilà qu'il prend à chacun les idées et les fantaisies les plus singulières à propos des personnages célèbres du passé : ceux-ci, on se contente de les diminuer, de les amoindrir ; ceux-là, on veut les dégrader à tout prix, les abîmer et les abattre ; quelques autres, au contraire, en petit nombre, on n'est occupé qu'à les grandir et à les transfigurer, c'est-à-dire encore à défigurer leur caractère. A la moindre découverte d'un papier, d'un document nouveau, on se récrie, on est transporté : il semble que jusqu'ici on n'y avait rien entendu et que c'est d'à présent que la lumière se fait. Au lieu d'introduire, en l'interprétant, le renseignement nouveau, de le combiner avec les anciens et de rectifier les erreurs, s'il y a lieu, de réparer ou de combler les lacunes, on aime mieux jeter à bas et reprendre à neuf dès la base la statue ou le monument... Je crois cette méthode fort hasardée et injuste pour le passé... Dans la plupart des cas, à mon sens, il y a mieux à faire : c'est de profiter de l'accroissement de connaissance et des nouvelles lumières en chaque chose, sans mettre à néant ce qui nous a été transmis de longue main et qui a ses raisons de subsister, ses racines cachées et qu'on ne sait plus bien toujours... Si votre nouveauté vient me faire brèche dans la tradition et me trouer la muraille, la faire sauter par place, j'examine, je fais la part de la nécessité, de la vérité neuve : et quand vous croyez avoir tout gagné et n'avoir plus qu'à raser le reste, holà ! j'ai rebâti une nouvelle muraille derrière la première, et je tâche que cette seconde soit plus solide et inattaquable [1]. »

1. Sainte-Beuve, sur Catinat. *Nouveaux lundis*, t. VIII, p. 389.

On connaît déjà, par la première partie de cette préface, dans quelles conditions Soulavie composa et fit paraître, de 1790 à 1793, les *Mémoires du maréchal de Richelieu*, sous quelles enseignes il les présenta au public, et l'accueil favorable que, grâce aux circonstances, ils obtinrent presque généralement. Il serait donc superflu de refaire le procès quant au fond du livre, et d'énumérer à nouveau les sources où Soulavie avait puisé ses matériaux hétérogènes, bien avant de connaître le maréchal de Richelieu et ses papiers ; les seuls points sur lesquels nous ayons besoin d'insister maintenant sont ceux-ci : le rôle secondaire et même insignifiant, concédé au héros dont on prenait le nom, pour servir d'enseigne et de réclame, l'origine ou la valeur des documents dont la présence était destinée à rehausser par quelques semblants d'authenticité un récit fabriqué en dehors de ces documents, puis adapté tel quel au titre définitif. En suivant pas à pas chaque volume, nous aurons l'avantage de faire ressortir les divers changements que Soulavie fut obligé de faire à ses procédés primitifs, et ce sera la démonstration la plus naturelle du système de faussetés sur lequel reposait tout son travail.

C'est à peine si le duc de Richelieu paraît en scène dans les trois premiers volumes des *Mémoires* ; la raison fort naturelle de cette invisibilité presque complète est que le jeune duc n'avait pu prendre une part importante aux événements de la fin du règne de Louis XIV ou à ceux de la Régence, ni en conserver le souvenir ou la trace dans ses papiers particuliers. Mais néanmoins Soulavie voulait utiliser les matériaux qu'il avait réunis de partout, puisant tour à tour dans les *Mémoires de Saint-Simon*, dans le *Journal de Dangeau* [1], ou dans les pré-

---

1. Dangeau est cité textuellement au sujet de la mort du Dauphin en 1711 (t. I, p. 162 et 163.) — Rappelons, à ce propos, que Voltaire avait eu plus anciennement connaissance du manuscrit

tendus *Mémoires de M. de Maurepas* [1], plus loin transcrivant
d'après les *Mémoires de M. de Breteuil*, introducteur des ambassadeurs, le récit de la réception du fameux Riza-beg [2] ;
empruntant aux précieuses archives du duc de Luynes les
Mémoires de son père, ou les pièces les plus importantes d'une
correspondance de Colbert avec Louis XIV [3] ; puis, présentant
au lecteur les *Mémoires de Mme de Pompadour*, que la marquise
elle-même avait, dit-il, donnés à M. de Richelieu ; citant, mais

de Dangeau, par le président Hénault, qui aidait M. de Luynes à
continuer le *Journal* ; qu'il s'en était servi pour l'*Essai sur les
mœurs* et pour le *Siècle de Louis XIV* ; que même en 1770, il avait
publié, « avec des notes intéressantes », des fragments du *Journal*,
sous le titre de *Journal de la cour de Louis XIV* ; et que cependant
il n'avait jamais prononcé le nom de Dangeau que pour tourner
son Journal en ridicule ou bien en nier l'authenticité. Après
Voltaire, Mmes de Sartory et de Genlis, puis Lémontey ont donné
successivement quelques fragments de ces précieux Mémoires ;
mais c'est seulement en 1843 que M. Feuillet de Conches proposa
de publier dans la *Collection des documents inédits* le texte entier
du *Journal*, avec les notes de Saint-Simon, tel que nous le possé-
dons aujourd'hui. Ce projet ne fut pas alors suivi d'exécution ;
mais il fut réalisé une dizaine d'années plus tard par la maison
Firmin Didot.

1. Voy. *Mémoires de Richelieu*, t. I, p. 164. — Ces mémoires
manuscrits de M. de Maurepas ont été, dit-il, « rédigés dans son
exil. Ils ressentent trop bien leur auteur, et ne sont curieux que
pour diverses anecdotes qu'on ne trouve que là, et pour quelques
pièces de vers satiriques ou plaisants, attachés à des anecdotes
scandaleuses. » — Dans la préface du tome IV, il en parle sur un
autre ton (p. XI et XII).

2. T. I, p. 186. — Des extraits de ces Mémoires, dont le manuscrit est à la bibliothèque de l'Arsenal, ont été donnés dans le
Magasin de librairie, tome I.

3. T. I, chap. XII, p. 275 à 309. — Ces pièces, dont les originaux existent aux archives de Dampierre, et qui sont des plus
curieuses, ont été plus complètement publiées par M. P. Clément,
dans les *Lettres de Colbert*. — Sur les Mémoires du duc de Luynes,
voy. t. V, p. 17-20.

à sa façon, les *Mémoires*, plus authentiques, de Villars [1] ou de la Fare [2] ; fouillant dans la correspondance de Madame, duchesse d'Orléans, dans les papiers de la Bastille, ou même dans les archives des Affaires étrangères (sur ce terrain il a devancé Lémontey) ; mais répétant toujours des maximes telles que celle-ci : « Un auteur de *Mémoires* historiques doit être d'une exactitude si sévère, que c'est en lui un vrai crime de renforcer ou d'affoiblir les couleurs, de taire des vérités importantes ou de les altérer, de prendre le ton moqueur et de se permettre les satires [3]. »

Quant à M. de Richelieu, disons-nous, il ne sert que très incidemment de prétexte à certains chapitres dont l'impudence est caractéristique. Faut-il en citer quelques-uns : ceux de la duchesse de Bourgogne, du Masque de fer, de la conspiration de Cellamare, du duc d'Orléans ?

Après avoir indiqué, sans trop de réticences, la nature de la liaison qu'il suppose avoir existé entre la duchesse de Bourgogne et le jeune duc, son filleul [4], Soulavie juge bon d'ajouter à ses premiers dires par une note insérée à la fin du volume [5], et là, il fait renouveler par le maréchal lui-même un demi-aveu de son bonheur précoce et de la première et la plus illustre de ses conquêtes [6]. Bien qu'un moderne rééditeur des *Mémoires* et de

1. T. V, p. 324, note.
2. T. II, p. 254.
3. T. I, p. 30.
4. T. I, p. 17 et 18.
5. *Ibidem*, p. 317.
6. Cette conversation rétrospective aurait eu lieu, dit Soulavie, au cours de l'impression du volume. Pour ce qui est de la date, la chose serait possible, puisque l'on voit, par diverses notes (p. 219, 252, 296) et par la préface, que ce volume ne fut achevé qu'à la fin de 1789 ; mais comment admettre que, si près du dernier jour, le maréchal se fût trouvé d'humeur à livrer ces souvenirs intimes et à noircir, pour le plaisir du lecteur, la mémoire

la *Vie privée* ait reproduit, comme des *documents neufs et précis*, les allégations de Soulavie, est-il besoin aujourd'hui de faire justice de ces contes, où son goût pour les récits obscènes et son besoin de calomnie se donnaient libre carrière ?

Enhardi par la facilité qu'il trouvait à mettre ce récit au compte de M. de Richelieu, Soulavie ne craignit pas d'emprunter aux pamphlétaires certains détails des chapitres intitulés : *De l'ambition du Régent et de son parti : considération sur les vues qu'on lui a attribuées*, et *Éclaircissements ultérieurs sur le chapitre précédent, par l'auteur des Mémoires du maréchal de Richelieu* [1]. Philippe d'Orléans visant à la couronne de France et méditant avec ses familiers les voies et moyens pour arriver au but ! Bien qu'elle ne fût pas nouvelle, cette imputation était si calomnieuse que Soulavie dut l'envelopper dans mille réticences, arrachant ou rendant tour à tour un prétendu aveu à M. de Richelieu, commentant une lettre écrite en 1725 au cardinal de Polignac et conservée, dit-il, « dans le troisième portefeuille des pièces relatives à l'ambassade de Vienne [2]. » Il est bien inutile, encore une fois, de faire remarquer que cette lettre, à supposer qu'elle ait existé, ne dit point ce que Soulavie veut y trouver, et, s'il reste quelque chose de ces accusations dont l'histoire n'a guère à se préoccuper, c'est au compte de Soulavie qu'il faut les porter, et non à celui de M. de Richelieu.

Voici maintenant une question sur laquelle la curiosité publique, longtemps surexcitée et tenue en haleine, s'est abattue

d'une princesse généralement estimée ? Puisque nous donnons dans le présent volume les Mémoires que M. de Richelieu dictait et écrivait lui-même, on verra si leur ton a le moindre rapport avec celui que lui prête son historien.

1. T. III, p. 344 à 360.

2. T. III, p. 349. — On possède, outre les minutes de cette correspondance, le registre à secret où M. de Richelieu la faisait mettre au net, et la lettre du 22 décembre 1725 ne s'y trouve point.

de nouveau il y a quelques années. Soulavie a consacré un
fort long chapitre au Masque de fer [1]. Passe encore s'il se fût
simplement permis de rapprocher les textes des différents historiens ou chroniqueurs qui avaient parlé du mystérieux prisonnier, depuis les *Mémoires secrets de la cour de Perse* jusqu'à
Voltaire, Fréron et Linguet, ou au *Journal de Paris* ; mais on
sait comment il fait revenir à cette occasion le nom de M. de
Richelieu, que le lecteur des *Mémoires* avait pu oublier depuis
longtemps ; c'est pour produire les lettres amoureuses de
Mlle de Valois et le prétendu mémoire arraché au Régent par
une complaisance incestueuse ; c'est aussi pour faire endosser
au duc la responsabilité du récit romanesque de Voltaire.
Aujourd'hui que nous savons, à peu près, à quoi nous en
tenir sur l'importance bien secondaire du prisonnier de M. de
Saint-Mars, on voit que c'est encore là une des inventions cri-
minelles de Soulavie. Mais en 1790, le public n'avait point
à sa disposition des documents aussi précis, il était même
disposé à accueillir tout ce qu'on voudrait lui présenter [2] ; et
cependant ce chapitre du Masque de fer fut un de ceux que les
critiques relevèrent le plus vivement [3]. Par un procédé habituel
aux auteurs de son espèce, Soulavie justifia plus tard ses
mensonges en les répétant dans la préface qu'il mit dans son
VIe volume [4] (écrit après la prise de la Bastille), et en protes-

1. T. III, ch. ix, p. 71-113.
2. Le journal *les Loisirs d'un patriote français* avait tout récemment, le 13 août 1789, annoncé qu'une carte mystérieuse, portant cette indication : « Fouquet arrivant des îles Sainte-Margue-
rite avec un masque de fer », s'était trouvée dans les papiers de
la Bastille.
3. Toutefois Chamfort, en rendant compte de l'ouvrage nouveau
dans le *Mercure*, signala triomphalement cet éclaircissement d'un
mystère à la mode.
4. *Nouvelles considérations sur l'homme au masque de fer.* Cet
article a plus de cinquante pages.

tant que les pièces dont nous parlons étaient encore entre ses mains, qu'il en avait fait constater l'authenticité par un révolutionnaire et par un royaliste ; maintenant par conséquent que le prisonnier était un frère jumeau de Louis XIV, supprimé par l'odieuse raison d'État. Ce n'est pas, bien entendu, cette version que nous voulons reprocher à Soulavie, puisqu'il l'empruntait à Voltaire, mais bien la supposition des documents sur lesquels il osait l'appuyer [1].

Il serait trop long de suivre ainsi, chapitre par chapitre, la fabrication des *Mémoires* et d'en démontrer la fausseté flagrante. Aussi nous nous contenterons de signaler encore, au tome troisième [2], la note qui a pour objet de justifier l'insertion dans les prétendus Papiers de M. de Richelieu du mémoire du cardinal Dubois sur les États généraux (publié en 1788), et nous arriverons immédiatement au passage où Soulavie fait enfin apparaître ce qu'il appelle les *Mémoires de M. le Maréchal* [3]. Voici les paroles qu'il met dans la bouche de son prête-nom :

« A ma mort, on pourra peut-être découvrir des *Mémoires* que j'ai écrits autrefois ; c'est l'histoire scandaleuse de tous les plaisirs de la cour, c'est le détail des intrigues politiques, c'est le récit des événements de ce temps-là et des négociations dans les cours étrangères. Je me ressouviens d'avoir écrit contre le duc d'Orléans, d'avoir conservé l'histoire des orgies de ce prince et de ses filles surtout ; j'ai rapporté le détail de ses parties de plaisir ; il faudroit peut-être désavouer le scandale. Voltaire travailla à ces *Mémoires secrets* avec moi, et le roi Louis XV, qui aimoit d'entendre raconter ces anecdotes plaisantes, en conserva longtemps un exemplaire. Vous pren-

---

1. M. Marius Topin, dans son livre sur *l'Homme au masque de fer* (p. 12 et suiv.)

2. T. III, p. 219.

3. T. III, p. 351.

drez de cet ouvrage ce qu'il y aura de bon, s'il vous parvenoit ;
vous laisserez le reste. »

Et Soulavie ajoute : « Cet ouvrage effectivement existe encore
aujourd'hui, et non seulement les orgies, les anecdotes scandaleuses, sont des faits trop vrais ; mais je dois ajouter qu'à la
mort de M. le Maréchal, les pièces justificatives m'ont été
communiquées par diverses personnes. Je déclare d'en avoir
extrait ce que l'histoire ne permet pas de taire, etc. »

Le but de Soulavie, en s'inscrivant comme premier et seul
dépositaire d'un manuscrit dont nous nions l'origine et l'existence réelle, était de répondre à l'annonce que M. Sénac de
Meilhan avait récemment insérée dans les journaux et de con-
damner par avance tout ce qui pourrait sortir de la plume de
l'ancien intendant de Hainaut, devenu son concurrent [1]. « Vous
annoncez des *Mémoires*, dit-il ; moi je vous donne la preuve que
ces *Mémoires* sont à moi, que M. de Richelieu a dicté lui-même
la plupart des faits que je raconte sous son nom ; et tout ce que
que vous pouvez avoir obtenu de son fils se réduit à quelques
pièces sans importance. »

Mais on connait cette « Chronique scandaleuse » dont il est ici
question, puisque Soulavie en a lui-même publié plus tard une
partie [2]. Le titre n'exagère point la valeur du morceau. Quant
au fond du récit, c'est la reproduction presque textuelle des
Mémoires de 1790, et Soulavie n'y a guère ajouté que des traits
de la lubricité la plus relevée. Seulement, par un scrupule plaisant, il se refuse, dit-il [3], à livrer la seconde partie, et il pro-

---

1. Voy. plus haut, p. xx et suivantes.
2. *Pièces inédites sur les règnes de Louis XIV et de Louis XV*, t. II.
Chronique scandaleuse de la cour de Philippe duc d'Orléans,
composée en 1721, par le duc de Richelieu, à sa sortie de la Bastille
3. *Pièces inédites*, t. II, p. 371, note.

mot même de la détruire, pour le repos des personnages qui y figurent. Première et seconde partie ne pouvaient être qu'apocryphes l'une et l'autre, et le mépris public a fait justice de la Chronique scandaleuse.

C'est seulement dans le tome IV des *Mémoires* que Soulavie, revenant, comme malgré lui, à l'histoire, aborde le récit de l'ambassade en Autriche qui fut le début du duc de Richelieu dans la carrière politique [1]. Pour la première fois, il est visible que le texte s'appuie sur des documents authentiques [2]. Citons, parmi les pièces les plus importantes : les secondes instructions envoyées au duc le 28 mars et le 13 mai 1725 ; la curieuse correspondance de M. de Silly, qui rendait religieusement compte à son ami de toutes les intrigues de la cour [3]. Pour la

1. T. IV, p. 54. — A peine a-t-il annoncé l'ambassade de M. de Richelieu, qu'il quitte ce sujet pour retourner à la lutte de Monsieur le Duc et du cardinal de Fleury ; puis, deux cents pages plus loin (t. IV, 2e partie, p. 68 à 126), entre deux chapitres d'anecdotes sur la cour et le ministère, vient une longue dissertation sur les instructions que le jeune ambassadeur emportait à Vienne. Tels sont, d'un bout à l'autre du livre, le décousu et le sans-gêne qui en sont le moindre défaut.

2. M. de Richelieu conserva avec soin, pour son usage ou pour celui du ministère, tout ce qui concernait cette mission, dont il était très fier. Outre toutes les dépêches et les minutes de ses réponses, autographes pour la plupart, qui subsistent encore, il fit transcrire le tout, en trois volumes in-folio, dont le premier a seul été conservé. Toutefois Soulavie parle de « vingt cartons » où le maréchal aurait recueilli les pièces relatives aux affaires de l'Europe du temps qu'il était à Vienne, et ces vingt cartons ne paraissent pas avoir jamais existé dans la bibliothèque de M. de Richelieu. La vérification de cette partie des *Mémoires* est donc très facile à faire. C'est précisément dans cette même partie que M. Barrière, en réduisant les neuf volumes de Soulavie, a pratiqué les plus larges amputations.

3. Soulavie a amplement utilisé cette correspondance, dont le ton était tout à fait en harmonie avec le reste de son récit. C'est

correspondance du cardinal de Polignac, que l'auteur appelle
« un beau génie », les moyens de vérification nous manquent ;
elle n'existe plus dans les papiers de l'ambassade, et, même en
supposant qu'elle soit réellement adressée à M. de Richelieu,
on peut croire que Soulavie l'a tirée des archives des Affaires
étrangères, ou des papiers particuliers du cardinal, puisqu'on
y trouve à la fois les lettres de M. de Richelieu, les réponses
du cardinal, et la correspondance de celui-ci avec le ministre des
affaires étrangères. Certaines lettres du cardinal de Fleury et
celles de Mme de Prye, qui sont imprimées soit dans les
Mémoires, soit dans la *Vie privée* [1], ont également disparu des
portefeuilles du maréchal ; mais leur authenticité peut s'affir-
mer, en rapprochant le texte de celui des pièces analogues qui
nous sont restées. Enfin, on va voir que Soulavie eut connais-

d'ailleurs une figure curieuse que celle de Silly. Il s'appelait de
son nom Vipart, et, de petit gentilhomme normand, il avait su
devenir fort vite brigadier, puis lieutenant général, porté à la fois
par son mérite réel, par son adresse et par le hasard. Saint-Simon
qui en a fait le sujet d'une *Addition* à Dangeau (X, 110) est encore
revenu sur lui dans ses Mémoires (éditions des Grands écrivains,
tome XII, p. 189 et suiv.). A la mort du Roi, Silly, tout en faisant figure sans être d'aucun Conseil, s'occupa de s'enrichir en
pénétrant à la suite de Lassay dans la maison de Condé où Law
versait tant de millions. Devenu en même temps favori de second
ordre, il « attrapa » un cordon à la promotion de 1724, puis une
place de conseiller d'État d'épée, et prit sur M. de Morville aux
Affaires étrangères une telle influence qu'il allait obtenir l'ambassade de Madrid, sans la chute de Monsieur le Duc. Il ne put,
malgré ses efforts, rentrer en faveur sous Fleury, et après un
dernier dégoût plaisamment raconté par Saint-Simon, il se retira
chez lui, où peu après on le retrouva noyé dans un fossé, sans
qu'on ait pu savoir si c'était accident ou suicide. C'était, au dire
de Mme de Staal, dont il était courtisan assidu, un esprit et un
cœur peu estimables.

1. L'auteur de la *Vie privée* a eu communication des mêmes
documents que Soulavie, et, comme Soulavie, il a sans doute
conservé une partie des pièces mises entre ses mains.

sance d'un récit dicté par le maréchal lui-même, sous forme de Mémoires, et qu'il put l'utiliser, sinon dans le tome IV dont il est ici question, du moins pour le volume suivant, où il trouva un prétexte quelconque pour revenir sur l'ambassade de Vienne.

Le tome IV finissait par une suite de dissertations vides, lourdes, fatigantes et fausses sur l'état du clergé en 1732. Là s'arrêta la première partie de la publication, on pourrait dire la *première manière* de l'auteur, puisqu'il donna les cinq derniers volumes en 1792, et même réédita les premiers, sous une forme entièrement différente, concession bien médiocre à de justes critiques.

Rédigé en 1790, livré au public dans les premiers jours de l'année 1791, puis réédité en 1792 avec la première et la dernière partie des Mémoires, le cinquième volume témoigne, par le désordre des matières, qu'il a été l'objet d'un remaniement, pour y faire entrer après coup des documents dont Soulavie n'avait pas eu connaissance en 1789. Ces documents sont à peu près authentiques ; ils proviennent très certainement des archives du maréchal de Richelieu ; toutefois Soulavie leur a fait subir quelques altérations. La pièce qui nous intéresse le plus directement est le fragment relatif à l'ambassade de Vienne [1], et c'est sans doute à cause de son authenticité que l'auteur des Mémoires, après avoir consacré un demi-volume à l'étude d'événements ou de personnages plus récents, s'avisa de revenir à un épisode plus ancien de la vie du maréchal, qu'il semblait avoir épuisé dans le tome IV. Mais, en comparant

----

1. T. V, chap. xxxi, p. 215-229. — « Voici, dit Soulavie, comment le duc de Richelieu raconte le détail de ses négociations, dans un mémoire qu'il a composé dans une extrême vieillesse. Ce mémoire renferme des erreurs de dates et de faits ; mais il a le mérite d'être la récapitulation de la vie politique du maréchal de Richelieu. »

cette pièce avec les textes originaux [1] que nous donnons plus loin, on verra que, selon sa constante habitude, Soulavie a ajouté une foule de détails incidents, à côté d'un certain nombre de phrases conservées plus fidèlement [2]. Ces détails, du reste, ainsi qu'une notable partie de ceux qui forment le chapitre suivant, il les empruntait aux papiers diplomatiques que le maréchal de Richelieu avait rapportés de son ambassade [3]. Mais, jetés au hasard, dans le milieu d'un volume qui ne renferme que des dissertations sur la politique générale de l'Europe, les deux chapitres dont nous venons de parler perdent tout le mérite de leur authenticité, sans d'ailleurs faire connaître autre chose que des détails presque futiles sur la mission importante qui fut le début politique de M. de Richelieu [4].

Ce qui vient d'être dit du tome V, est exactement applicable aux quatre volumes qui terminèrent, en 1792-1793, la publication des *Mémoires de Richelieu* : même confusion des époques et des matières, même mélange informe de détails authentiques et d'amplifications diplomatiques. Ainsi qu'il en a été pour l'ambassade de Vienne, l'histoire de la faveur de Mmes de Mailly et de Châteauroux apparaît alternativement dans un volume ou dans l'autre [5], encadrée entre un nouveau chapitre

---

1. Il y a deux rédactions différentes de cette première partie des Mémoires, et on les trouvera plus loin à la suite l'une de l'autre.

2. Il est curieux de constater que ce premier fragment est précisément une des pièces que M. Barrière n'a pas conservées.

3. Cf. les lettres citées dans le chap. XXXII avec les documents que nous donnons sur les mêmes faits.

4. Les trois pièces qui terminent le volume, p. 363, 367 et 402, et que Soulavie dit avoir extraites des portefeuilles du maréchal, semblent être en effet du nombre de celles qui ont disparu de ces portefeuilles.

5. T. VI, p. 53-136 ; t. VII, p. 1-84.

de l'Homme au masque de fer, une excursion dans la Vie privée de M. de Richelieu, ou un tableau de la politique européenne, qui mène le lecteur jusqu'à la révolution de Gênes et l'année 1747 [1], pour le faire revenir plus loin à la campagne de 1744 et au célèbre voyage de Metz. Dans les différentes parties de ce récit entrecoupé, le Journal du duc de Luynes sert de guide à Soulavie, qui le commente à sa façon [2]. Quant aux papiers précieux que M. de Richelieu avait conservés, comme directeur principal de presque toutes ces intrigues ; quant aux correspondances complètes qui existent encore, il est évident que Soulavie les connaissait, il est même probable qu'il avait compté s'en servir [3] ; mais c'est tout au plus s'il peut citer une note du roi Louis XV [4], et une seule lettre de Mme de Châteauroux à M. de Richelieu [5], lettre qui avait déjà été publiée, dès 1790, dans la *Vie privée* [6], et c'est précisément la seule dont l'authenticité puisse être contestée. En un mot, cet épisode si important, se trouve ici défiguré, le sens politique en est éga-

1. Cette partie des *Mémoires* semble avoir été faite d'après les pièces conservées au dépôt des Affaires étrangères.

2. Cf. t. VI, p. 99, la description du départ de M. de Richelieu et de sa voiture de voyage, avec celle que donne M. de Luynes, à la date du 13 décembre 1742 (t. IV, p. 299). Le récit du départ du Roi, en 1744 (t. VII, p. 7 et suiv.) est textuellement copié sur le Journal, tandis que les épisodes du séjour à Metz sont constamment travestis (t. VII, p. 30 et suiv.)

3. T. VI, p. 71, note, il annonce, comme preuve de la participation que Richelieu avait à l'affaire Châteauroux, un n° 1er de Pièces justificatives qui ne se retrouvent nullement à la fin du volume.

4. T. VI, p. 155.

5. T. VII, p. 50.

6. T. III, p. 335. — De même, le fragment de lettre reproduit dans les *Mémoires*, t. VII, p. 113, comme lettre de M. de Tencin, n'est qu'un passage altéré et inintelligible pris dans la Correspondance de Mme de Tencin, *Vie privée*, t. II, p. 435.

lement altéré, et on ne peut voir là qu'un effet des procédés
ordinaires et de la mauvaise foi de Soulavie, puisqu'il avait sous
les yeux les documents de la *Vie privée* publiée dès 1790 et
réédité en 1792, documents authentiques, extraits des archives
de M. de Richelieu, où Soulavie avait pu jadis en prendre connaissance. Quel embarras d'avoir laissé prendre les devants à
un ancien collaborateur, devenu un concurrent sérieux ! Maintenant que les trois volumes de la *Vie privée* ont livré au public
la meilleure partie des dépouilles récoltées avant 1788, et que
le public est initié à l'antagonisme des deux ennemis, Soulavie
ne sera plus qu'un plagiaire s'il reproduit pour son compte ces
documents qu'il avait à l'avance présentés comme sa propriété
personnelle et exclusive. Tout au plus lui restera-t-il, dans les
épisodes où la *Vie privée* a laissé des lacunes, la faculté d'inter-
caler les pièces négligées par son devancier [1].

Le tome VIII des Mémoires fait successivement passer devant
les yeux du lecteur la cour de Lorraine, la cour de France et
la querelle des pairs, conduits par Richelieu, contre les princes
légitimés, puis le Roi et son entourage, le Dauphin et les deux
Dauphines, le jésuitisme et Mme de Pompadour, à propos de
laquelle Soulavie résume presque tout ce qui a été dit depuis
lors, vrai ou faux, y compris le théâtre des petits cabinets.
Quant à M. de Richelieu, il en est à peine question dans ces

---

1. C'est ainsi que Soulavie reproduit (t. VII, p. 136-140) le
récit de la bataille de Fontenoy, d'après le mémoire présenté en
1873 au Roi par M. de Richelieu. le récit des Mémoires authentiques qu'on trouvera plus loin, n° VI. A propos du Dauphin et
des deux Dauphines (t. VII, p. 133), Soulavie transcrit un fragment de la lettre écrite par le Roi à Richelieu, et reproduite
dans la *Vie privée*. Ailleurs encore (t. VIII, p. 289), à côté d'une
autre lettre du Roi empruntée à la *Vie privée*, il reproduit une note
du prince dont il met, dit-il, l'original à la disposition du public,
chez l'éditeur Buisson.

premiers chapitres et dans ceux qui sont relatifs au ministère
de M. de Machault et à la lutte du clergé contre l'édit du ving-
tième. Passant aux affaires du Parlement, Soulavie commence
à utiliser des séries nouvelles de documents originaux, les
papiers du président de Meynières, ceux du président Rolland,
ceux du ministère secret. Il dit aussi avoir consulté les correspondances secrètes du maréchal, chargé de négocier la paix
entre le Roi et la magistrature, et ajoute modestement : « M. de
Voltaire savoit tout cela ; mais le temps d'écrire l'histoire
n'étoit pas arrivé [1] ». Et en effet, quelques pages plus loin [2],
il cite des documents relatifs à ces négociations, une lettre de
Louis XV, etc. ; c'est à la *Vie privée* [3] qu'il a emprunté ces
quelques pièces, bien supérieures comme valeur à tout ce qui
précède ou aux dialogues entre le président de Meynières et
Mme de Pompadour qui terminent le volume.

L'œuvre approchait de sa fin, et quels que fussent l'audace
et le cynisme du contrefacteur, il était moralement impossible
que le remords ne vint pas tourmenter cet homme qui avait
pu, en des temps meilleurs, connaître l'histoire vraie et apprécier la valeur des documents authentiques. Des voix autorisées
et respectées le rappelaient, depuis trois ans, à la conscience de
son indignité : il répond par la plus singulière apostrophe à
tous les « corrupteurs de l'opinion publique, plats académiciens » et autres, qui préfèrent les insignifiantes narrations de
l'abbé Millot aux *Mémoires de Richelieu*, ce fruit savoureux du
nouveau régime. Soit ! ce n'est pas l'histoire, ce ne sont pas
les Mémoires du maréchal, et son héros primitif ne figure dans

1. *Mémoires*, t. VIII, p. 273, note.
2. Ibid., p. 284, 289 et 293.
3. *Vie privée*, t. III, p. 328. — Plus loin (p. 298), il prétend que
le Roi avait remis entre les mains du maréchal les papiers qui
prouvaient la trahison du premier président de Maupeou.

le livre que comme le plus ordinaire des courtisans. « Le titre de *Mémoires de Richelieu* invitoit à lire cet ouvrage, et permettoit aux inquisiteurs d'Espagne, de Rome, de Turin et de Pétersbourg de le laisser parvenir jusque dans des contrées asservies à leurs opinions religieuses ou politiques. » Mais les neuf volumes n'en sont pas moins l'histoire vraie, puisée aux sources les plus pures. Et le plaisant de cette protestation, où l'ineptie le dispute à l'outrecuidance, c'est que Soulavie prend de préférence à témoin les Mémoires apocryphes de tout genre dont il vient récemment d'inonder le public ! Cette manière de se justifier a trouvé des imitateurs à d'autres époques ; peut-être réussissait-elle mieux en l'an de grâce 1792. On se sent humilié de ce voisinage scandaleux pour les *Mémoires du duc de Luynes* [1], dont l'ancien hôte de Dampierre invoque complaisamment l'autorité ; mais au moins n'est-on pas obligé de le croire lorsqu'il proteste que presque toutes ses anecdotes des « petits appartements » lui ont été transmises par les survivants de l'ancienne cour et par des gens aussi honorables que le cardinal de Luynes. C'est à grand'peine que le lecteur, ainsi ballotté entre l'histoire et l'imposture, arrivera aux documents plus importants qui terminent ce dernier volume [2] : le mémoire du Dauphin contre les parlements, l'histoire de ce ministère secret dont l'auteur a dit un mot dans le volume précédent et qui lui a fourni, dit-il, une partie de ses anecdotes [3], etc. Les papiers du maréchal de Richelieu sont représentés ici par sa

1. Dans le t. V, p. 17, il avait déjà parlé des manuscrits de M. de Luynes et reconnu l'importance, la sincérité, la minutie du *Journal*, mais sans avouer qu'il lui avait fait les seuls emprunts presque dont on puisse le féliciter.

2. T. IX, p. 407-412. Soulavie dit le reproduire d'après l'original, qui est aujourd'hui conservé aux Archives nationales : voy. le *Musée des Archives nationales*, p. 601, n° 990.

3. T. IX, p. 391, 397, 419.

correspondance avec le grand Frédéric, à propos de la capitulation de Closter-Seven, par les deux mémoires justificatifs du maréchal et par quatre lettres de M. de Stainville [1]. Ces pièces sont bien connues, et leur authenticité n'est pas douteuse ; mais nous verrons que Soulavie, un peu plus loin, est en complet désaccord avec les souvenirs du maréchal lui-même, lorsqu'il l'accuse d'avoir organisé dans les moindres détails la présentation de Mme du Barry, destinée à renverser M. de Choiseul [2].

Les *Mémoires*, achevés d'imprimer le 18 décembre 1792, eurent un grand débit ; l'époque était favorable pour un homme tel que Soulavie, et il sut en tirer parti. Toutefois les critiques ne manquèrent point. Je ne parle pas seulement de la rectification que deux commissaires de la Convention le forcèrent à insérer dans sa seconde édition, au nom du diocèse de Sens et de l'archevêque qu'il avait injustement attaqué, mais des protestations que la littérature et l'histoire eurent, une fois de plus, le courage de faire entendre contre l'ami et la créature des Jacobins. L'histoire a été vengée. Soulavie, par le concours des plus heureuses circonstances, avait rencontré une mine inépuisable dans ces archives et ces recueils de tout genre que le dix-huitième siècle avait fait éclore partout. Un écrivain consciencieux n'eût pas manqué, dans ce butin, de faire la part de l'esprit de parti et du libertinage historique : le biographe du maréchal de Richelieu, alliant résolument le vrai et le faux, cherchant de préférence l'imposture et le scandale, la diffama-

---

1. On doit signaler comme un spécimen de la perfidie des inventions de Soulavie la note de la page 240, où il met en scène l'infante de Parme et fait accuser, par une *personne de probité*, M. de Choiseul d'avoir *supprimé* cette princesse. C'est d'ailleurs le prélude d'une suite de chapitres violents dirigés spécialement contre le ministre.

2. T. IX, p. 404.

tion et la calomnie, a fait un livre que la curiosité peut encore rechercher comme on recherche, ou à peu près, les *Chroniques de l'Œil-de-Bœuf*. Mais combien de ses lecteurs ignorent et ignoreront toujours que ce même Soulavie a été, en réalité, le premier éditeur, le divulgateur de Saint-Simon, de Dangeau, de Luynes, du président Hénault, en un mot de la fleur des Mémoires où nous cherchons chaque jour la physionomie si complexe et si variable des derniers temps de la monarchie ! Cette obscurité où se dérobent les seuls titres que Soulavie eût pu faire valoir à notre reconnaissance, est à la fois la conséquence et le châtiment de son système historique.

III.

LA « VIE PRIVÉE DU MARÉCHAL DE RICHELIEU ».

Peut-être semblera-t-il singulier de chercher des pièces authentiques dans un livre encore plus suspect que les *Mémoires*, dans la *Vie privée du maréchal de Richelieu* ; ce ne sera pourtant que justice de reconnaître une réelle valeur historique à cette publication, dont nous avons vu la concurrence avec celle de l'abbé Soulavie.

L'auteur était Jean-Benjamin de Laborde, premier valet de chambre et favori de Louis XV, devenu fermier général à la mort de son maître, sans renoncer à son double goût pour la musique et les belles-lettres. Son intimité avec le maréchal qui lui laissait la libre disposition de ses papiers et qui même lui en donna une partie, est attestée soit par diverses publications, notamment celle de la *Correspondance du cardinal et de Mme de*

Tencin avec M. de Richelieu (1790, 2 vol. in-8) [1], soit par le témoignage de Soulavie lui-même, qui avait été son compagnon de travail, presque son collaborateur, avant de devenir son rival et de dénigrer ses productions. Cependant Barbier et Quérard attribuent la rédaction des deux premiers volumes de la *Vie privée* à Faur, ancien secrétaire du duc de Fronsac, et croient que le troisième volume, uniquement consacré aux aventures galantes, est de son invention [2]. A ce compte, Laborde n'aurait été que le compilateur ou l'éditeur. Quoi qu'il en soit, voici comment la *Vie privée* elle-même établit l'origine des documents authentiques qui font le prix du livre et la valeur respective de tous les travaux entrepris ou exécutés sur le même sujet.

« Depuis longtemps, on prioit le maréchal de dicter quelques détails sur sa vie et de permettre qu'on les rédigeât sous ses yeux ; plusieurs personnes s'offroient à tenir la plume ; mais c'étoient toujours de nouvelles difficultés de sa part. Il a confié des matériaux à plusieurs particuliers, qui en ont fait peu d'usage. Toutes les recherches faites dans ses papiers ont eu très peu de suite, parce que le maréchal n'en mettoit à rien. A dire la vérité, ses papiers furent dispersés, et ce fut à qui en réuniroit le plus ; mais nous assurons le public que nous sommes seuls possesseurs des manuscrits connus du maréchal. »

Parmi les aspirants à ce poste d'historiographe, le maréchal, continue la *Vie privée*, avait distingué l'abbé de Voisenon, celui que Voltaire appelait *l'évêque de Montrouge*. « Un jour, lui « disait-il, je me confesserai à vous, et je vous permets de « révéler ma confession. Vous l'écrirez, petit abbé, et mes

---

1. En 1806, on publia neuf autres lettres.
2. Faur avait fait des comédies, des opéras ou des mélodrames, soit en vers, soit en prose.

« péchés, embellis du charme de votre style, deviendront
« agréables au public. » — L'abbé accepta cet emploi avec
plaisir, et se rendit plusieurs fois chez M. de Richelieu, qui,
toujours occupé de choses différentes, négligea de tenir sa promesse [1]. »

Venu après Voisenon, mais plus habile que lui, B. de Laborde
se fit communiquer les pièces mêmes, en conserva une partie
entre ses mains [2], et continua, après la mort du maréchal, à
jouir de ses entrées dans la bibliothèque. Ce fut ainsi qu'il put
faire paraître en 1790, dans la collection des *Mémoires histo-*
riques, un fascicule de 104 pages contenant un certain nombre
de lettres du cardinal de Tencin et de sa sœur au duc de
Richelieu, au maréchal de Noailles, au Roi, etc. ; lettres authentiques qui existent encore aujourd'hui dans les papiers de
Richelieu, mais dont la publication reste incomplète puisqu'elle
s'arrête brusquement au milieu d'une lettre du 20 juillet 1743,
et que les originaux vont jusqu'à l'année 1757 [3]. Une autre
partie du dossier devait trouver place dans la *Vie privée*.

Ce nouveau travail semble réellement avoir eu pour but de
rétablir la vérité trop odieusement altérée dans les premiers
volumes des *Mémoires* que Soulavie venait de faire paraître à
cette époque. Soulavie seul put voir dans cette publication une
concurrence de librairie ; elle lui était d'autant plus sensible
que son éditeur ordinaire, Buisson, la prenait sous son patro-

1. *Vie privée*, t. II, p. 401.

2. Soulavie, dans ses *Pièces inédites*, dit que quatre lettres écrites
par Louis XV entre 1732 et 1734, ont été données en original par
le maréchal à M. de Laborde, et que celui-ci lui a communiqué
les copies dont il se sert.

3. Le volume devait avoir 400 pages. Suivant l'avis imprimé
sur le faux titre, il « étoit imprimé depuis longtemps : des circonstances, et la demande des souscripteurs, ont exigé de donner la
collection sur un format ordinaire, »

nage. Mais pourquoi les auteurs de la *Vie privée* jugèrent-ils à propos de présenter leur livre sous le couvert d'une espèce de légende ? Le maréchal, disent-ils, avait, dans les derniers temps de sa vie, confié à un ami, M. de***, ses recueils d'anecdotes galantes, de lettres, de manuscrits, pour faire connaître plus tard « ses folies ». M. de*** mourut quelque temps avant le maréchal, et ses héritiers, de bonne ou de mauvaise foi, vendirent au plus offrant les papiers qui n'avaient été confiés qu'en dépôt ; la trace en était déjà perdue, quand l'éditeur (en 1790) rencontra leur détenteur dans une société où l'on parlait du livre à la mode, les *Mémoires* du maréchal. Cet homme, dont le nom ne nous est pas donné, s'offrit obligeamment à communiquer ce qu'il possédait, dans l'espérance qu'on restituerait les faits trop souvent altérés et les détails dont Soulavie était si mal instruit. Il finit même par abandonner la propriété des originaux aux amis du maréchal, qui s'associèrent pour en exécuter la publication. Une première édition parut tout aussitôt, en 1791, chez Buisson [1] dans le format in-8° ; une seconde,

---

1. Voyez le *Journal de Paris*, 13 août 1791 qui contient l'énumération détaillée des livraisons parues chez Buisson du 8 septembre 1790 au 10 juin 1791. — Des extraits de la *Vie privée* avaient été donnés dans le *Mercure* des 2, 9 et 16 avril, accompagnés d'articles de C...[Chamfort]. Il commence par rappeler l'engouement qui avait accueilli les quatre volumes de Soulavie, et qui venait de ce que ces volumes contenaient tout autre chose que les Mémoires de Richelieu, et surtout des hors d'œuvre absolument opposés à l'esprit et aux principes du maréchal. « Ce ridicule fut senti, mais pardonné en faveur de l'intention, le texte du sermon plaisait, et on fit grâce à l'inconvenance de le faire prêcher par M. de Richelieu. » Au contraire, la *Vie privée* ne donne que ce qu'elle avait promis. Partout, C... affecte de croire qu'elle est écrite par Richelieu lui-même, pour mieux insister sur « les côtés immoraux, sur les opprobres et les horreurs » auxquels 1789 avait mis fin (p. 26 et suivantes). C... termine en faisant ressortir la valeur des pièces mises en appendice (p. 100).

de format in-12, fut mise au jour l'année suivante, avec de larges retouches, des additions, etc. [1].

La *Vie privée* représente bien plus fidèlement le maréchal que ne le font les *Mémoires*, où il est à peine question de lui. Pourquoi faut-il que le mélange d'obscénités fort inutiles, fort superflues, et que l'allure de roman licencieux affectée par certaines parties de ces trois volumes leur aient fait une si triste réputation et aient, par une juste conséquence, enlevé toute autorité aux documents placés en pièces justificatives? Quoique beaucoup de ces derniers aient été dispersés en sortant des mains des éditeurs, on peut retrouver un certain nombre des originaux, et la confrontation avec les textes de la *Vie privée*, de même que l'examen critique des autres pièces, ne permettent pas de mettre en doute leur authenticité et leur exactitude. Récit ou roman à part, il faut considérer comme pièces historiques les lettres de Mme d'Averne, où l'on voit Voltaire jouer un si singulier rôle, et empiéter, pour l'amour de son jeune patron, sur le domaine de Mercure ; le pis est que l'affaire serait aujourd'hui du ressort de la cour d'assises. Historiques aussi et non moins authentiques les lettres de la fameuse duchesse de***, de Mlle de Charolais [2], de la marquise de Villeroy et de Mme de Goësbriand. Et par suite, l'authenticité indubitable des lettres de la duchesse de*** nous force à ranger parmi les faits historiques et réels la triste aventure de Mme Michelin et de son amie, avec tous les épisodes, ou presque tous, qui forment le fond galant de la *Vie privée*. Dans la liste des maîtresses que nos auteurs énumèrent si complaisamment, non sans en passer un bon nombre et des meilleures, Mme de

1. Voyez le *Mercure* des 21 avril et 5 mai.
2. Sur le mariage prétendu du duc de Richelieu avec cette princesse (juillet 1720), voir le *Journal de Math. Marais*, t. Ier, p. 324 et s., 350, 361, 363, 403.

Parabère ne pouvait manquer de tenir sa place, et ils nous révèlent que le Régent et Richelieu eurent des droits égaux à réclamer la paternité d'un enfant qui naquit après la mort du Régent. On trouve, dans un catalogue d'autographes [1], une lettre de cette favorite au jeune Richelieu, qui prouve en effet le plus fol amour. On peut chercher encore un autre contrôle dans la *Correspondance de Madame* [2].

Dans un ordre d'idées plus sérieux, il faut signaler l'extrait d'un mémoire sur le mariage de Louis XV, remis au duc de Richelieu par Mme de Gontaut ; les lettres relatives à l'ambassade de Vienne, celles de l'évêque de Fréjus et la description de l'entrée solennelle de l'ambassadeur, qui sont conformes, ainsi que cet incident des *Mémoires* de Soulavie, aux papiers diplomatiques parvenus jusqu'à nous. Dans le second volume, la scène de Metz est racontée de la même façon et avec les mêmes expressions que par M. de Richelieu lui-même, dans ses *Mémoires authentiques* ; la note du duc, apostillée par le Roi, à propos de la mission en Saxe, le discours au sénat de Gênes, la lettre du cardinal de Fleury sur le premier séjour du duc en Languedoc [3], les extraits de la correspondance du président de Gascq et de M. Niquet avec le maréchal, la note du Roi au sujet des distinctions que la maison de Lorraine se fit accorder lorsque le Dauphin épousa l'archiduchesse Marie-Antoinette, la réplique de la noblesse française, le mémoire si remarquable donné au Roi par M. de Richelieu pour prévenir le retour des

1. Catalogue L***, n° 441, avril 1844.
2. Recueil Brunet, voy. t. Ier, p. 221, l'histoire si plaisante des bijoux, et p. 301, le récit de cette entrevue que le jeune duc et son ami, le chevalier de Guémené, réussirent à se procurer avec deux jeunes duchesses dans un couvent des environs de Paris.
3. Ici (t. II, p. 131) la *Vie privée* se trompe de date en rattachant cette lettre à la session de États de 1748-49, puisque le cardinal était mort en 1743.

dragonnades, — toutes ces pièces capitales ont été empruntées
aux dossiers du maréchal. Leur authenticité ne doit-elle pas
entraîner celle des pièces voisines, alors même qu'on n'en
connaît point précisément l'origine, comme ces trois lettres de
Voltaire au maréchal [1] qui cependant n'ont point été reproduites dans sa Correspondance générale ?

Le morceau principal du troisième volume de la *Vie privée* a
eu les honneurs de la reproduction : Fr. Barrière, après avoir
intercalé dans son texte de Soulavie « tous les faits intéressants
et neufs » des deux premiers volumes, a fait un appendice spé-
cial pour les « Détails des premières aventures de M. le maréchal de Richelieu, faits et écrits par lui-même, pendant son
séjour au Languedoc, à Mme la marquise de M***, etc. »
Barrière ajoute : « Ce très curieux et fort original morceau
passe, avec assez de vraisemblance, pour être écrit, sinon de la
main, du moins sous la dictée du duc de Richelieu. Il règne
dans le récit de ces désordres, qu'on pourrait signaler par un
mot plus sévère, un air d'aisance, un amour-propre d'auteur,
et surtout une perversité de bon ton, qui ne pouvaient appartenir à nul autre qu'au maréchal. »

Nous n'avons aucune raison pour confirmer cette apprécia-
tion, ni pour la combattre ; mais les bibliographes modernes
attribuent à Faur toute l'invention du morceau dont il s'agit.
Quoique le public le connaisse beaucoup mieux que les parties
plus sérieuses de la *Vie privée*, il n'intéresse aucunement
l'histoire ; laissons-le donc aux romanciers ou aux dramaturges,
si tant est que leurs prédécesseurs n'aient pas fait table rase.

Mais ce dernier volume se termine par une série de pièces
plus intéressantes les unes que les autres. Là se trouvent des
lettres de Louis XV si reconnaissables à leur style lourd, même

1. Elles sont datées : Lyon, 29 novembre ; Monrion, 26 mai
1757, et le 2 décembre 1775.

lorsqu'il veut badiner, et à un usage fatigant des réticences, des
sous-entendus et des termes de convention. On y sent bien la
défiance générale, le mépris, et d'autre part l'indolence, la passi-
vité impardonnable qui feront à jamais la honte d'un prince
mieux doué pour mener la vie d'un libertin de second ordre
que pour occuper le trône de France durant une des plus difficiles périodes de notre histoire ! Ce ton-là, il s'en sert aussi
bien en écrivant à ses ministres ou à ses agents politiques que
pour causer avec ses meilleurs favoris, ses maîtresses ou sa
famille. Il n'y a qu'un point sur lequel il se livre volontiers,
c'est la plaisanterie grivoise mais lourde ; avec M. de Richelieu,
il se trouve tout à l'aise, et les idées libertines semblent parfois secouer l'engourdissement où le plonge la seule idée d'une
séance du Conseil et d'une affaire d'État. Certaines des lettres
données par la *Vie privée* sont des pièces capitales ; mais, pour
connaître le personnage, il faut lire cette épître du 4 janvier
1747 [1], où il entretient M. de Richelieu de sa future belle-fille,
la seconde Dauphine. Impossible d'outrager plus complètement
les convenances les plus élémentaires, celle que respecte avant
tout le père de famille, et que le royal libertin prend, au contraire, pour texte de ses grossières plaisanteries. Tout autre est la
lettre datée du 11 juillet 1753, ou celle du 4 avril 1771. Louis XV
s'y exprime hardiment, franchement, une fois n'est pas coutume ! sur les parlements et leur opposition. Il se montre
presque roi ; on l'accepterait tyran pour le voir sortir d'une
torpeur si honteuse ; mais il ne trouvera aucun accent généreux
pour blâmer le vaincu de Rosbach ou demander une revanche !

Parmi les autres pièces justificatives qui composent cet
appendice, se trouve la correspondance du maréchal avec M. de
Paulmy et M. de Bernis, ministres de la guerre et des affaires

1. *Vie privée*, t. II, p. 348.

étrangères, à propos des opérations qui amenèrent la capitulation de Closter-Seven. Il est probable que ces documents ont été copiés soit sur les originaux conservés dans chaque ministère, soit sur les minutes. Enfin viennent les pièces relatives aux difficultés que le maréchal éprouva en 1774 pour conserver son cher gouvernement de Guyenne, et à son remplacement par le lieutenant-général, qui était le duc de Noailles-Mouchy, son neveu par alliance. La lettre du maréchal au Roi est fort curieuse, et quelques détails de celles de M. de Noailles sont intéressants en ce qui concerne l'installation de vrai souverain que M. de Richelieu s'était faite à Bordeaux.

La *Vie privée* n'a pas le seul mérite de renfermer des textes précieux ou de rétablir une biographie authentique : ce livre diffère tout aussi essentiellement de celui de Soulavie par un ton d'impartialité et de respectabilité, que n'altère jamais une tentation de polémique ou de scandale. Dans les affaires délicates, comme celle de Mme de Saint-Vincent, les auteurs ne cherchent la réhabilitation que preuves en mains, et il est bien rare qu'ils ne concordent pas alors avec les récits du maréchal [1]. Un dernier mot. On a justement ridiculisé chez Soulavie sa manie de faire débiter à son soi-disant héros des prophéties rétrospectives. Mais la *Vie privée* a réellement prophétisé [2] en prédisant au jeune comte de Chinon, au futur ministre de Louis XVIII, les vertus du citoyen et du sage [3].

---

1. Ils ne sont pourtant pas d'accord avec lui quand ils font entendre (t. II, p. 272 et s.) qu'il avait connu longtemps d'avance Mme du Barry.

2. *Vie privée*, t. II, p. 424, note.

3. Mentionnons encore, avant de finir, deux publications, à prétentions plus ou moins biographiques, sur le héros des *Mémoires* et de la *Vie privée* : l'une vendue chez Barba, comme étant du chevalier de Rulhières sous le titre d'*Anecdotes sur Richelieu*, et dont le *Mercure* du 17 mars 1792, trop indulgent de

IV

LES PAPIERS DU MARÉCHAL DE RICHELIEU
ET LE MANUSCRIT DES MÉMOIRES AUTHENTIQUES.

Il était peu de chartriers aussi riches en pièces historiques que la bibliothèque du maréchal de Richelieu, et peu aussi qui fussent plus propres à exciter la convoitise. Aussi avons-nous vu que le maréchal, et après lui son héritier, furent assiégés, circonvenus, et souvent dépouillés par différents hommes de lettres. En dernier lieu, Sénac de Meilhan avait obtenu communication de presque tous les dossiers qui pouvaient servir à écrire de vrais Mémoires, lorsque mourut à Paris, le 4 février 1791, le fils du maréchal, l'ancien duc de Fronsac, Louis-Sophie-Antoine, duc de Richelieu. Au lieu de rendre ce dépôt à la succession, Sénac le laissa chez lui en se retirant à l'étranger, et le reste des papiers, par suite de l'émigration du nouveau duc de Richelieu, Armand-Emmanuel-Sophie-Septimanie, anciennement connu sous le titre de comte de Chinon, furent saisis et séquestrés en l'an II. L'inventaire, daté du 11 frimaire, comprend, (outre les anciens titres de la

moitié, disait que les *Anecdotes* pouvaient être authentiques, mais mal écrites et encore plus mal imprimées. — L'autre, de quarante ans plus récente, par la Motte-Langon, est en six volumes, sous le titre : *Mémoires historiques et anecdotiques sur le maréchal de Richelieu*. Accueillis par l'indifférence la plus complète, ces volumes renferment pourtant des morceaux intéressants et authentiques, mais dont le tort est d'être empruntés à Saint-Simon, à la *Vie privée*, etc. — Enfin M. de Lescure a publié en 1869 en quatre volumes in-12 des *Nouveaux mémoires du maréchal de Richelieu*, pastiche romanesque sans valeur historique, dont les sources principales sont aussi les publications de Soulavie, la *Vie privée* et les Mémoires, authentiques ou non, des contemporains.

famille et les papiers de la succession du cardinal de Richelieu, ainsi que les titres de la Sorbonne et du Palais-Royal), cinquante-huit cartons en forme de livres, contenant des lettres, mémoires et notes relatifs à différentes affaires politiques traitées du temps du cardinal, — plusieurs gros volumes ou liasses de comptes et états de l'Épargne, — onze cartons de lettres missives, papiers de procédure et pièces diverses, — et enfin un « buste en bronze et cuivre, adapté sur un piédestal de marbre tourné, représentant le ci-devant cardinal. »

Le dossier joint à cet inventaire [1] nous fournit encore d'autres renseignements instructifs. On y voit par exemple que les titres féodaux et nobiliaires furent réunis par les commissaires chargés du triage, pour être détruits par le feu [2] ; au contraire, les « manuscrits historiques », rangés sous la rubrique *Arts et sciences*, furent conservés soigneusement ; on peut juger de leur importance par l'énoncé de quelques cotes [3]. Quant aux

1. Arch. Nationales, série T 184, papiers Richelieu.

2. Titres de noblesse, féodalité, dignités : « 1° Un grand livre in-folio, relié en maroquin rouge, et qui contient toute la généalogie de la maison de France depuis Hugues Capet jusqu'à Louis XIII, avec la peinture des armoiries de chaque branche et génération ; 2° une grosse liasse de parchemins et de titres anciens et nouveaux, purement relatifs à la noblesse et à la féodalité, et que nous avons réunis, pour être brûlés conformément à l'arrêté du département. »

3. Cote 89. Sept liasses de lettres originales écrites au cardinal de 1621 à 1628. — Cotes 90 et 91. Neuf liasses *item* de 1629 à 1638. — Cote 92. Deux liasses de lettres écrites à différentes époques, et notamment par le duc et la duchesse de Savoie, l'ambassadeur de Savoie, Gaston de France, la reine-mère, etc. — Cote 93. Quatre liasses *item* : 1° Procès de M. de Chalais, contenant des lettres, et, entre autres, celles du maréchal d'Ornano ; 2° lettres de M. de Montbazon et de Henri de Rohan ; 3° 16 lettres de Mme de Chevreuse ; 4° lettres au cardinal et autres personnes de la Cour. — Cote 94. Quatre liasses relatives à l'affaire du chevalier de Jars et de M. de Châteauneuf. La 3e comprend les

papiers qui se trouvaient chez Sénac de Meilhan, on les mit
également sous les scellés ; mais ils ne furent inventoriés qu'en
l'an VII, par les membres du Bureau du triage des titres et
les commissaires du Bureau des domaines. « Nous avons vu,
dit le procès-verbal du 4 frimaire, que la majeure partie de ces
papiers consistoit en une correspondance militaire ou politique
entre le ci-devant maréchal de Richelieu, les ministres, généraux,
ambassadeurs et inférieurs, embrassant le temps de ses ambassades, des guerres d'Italie et d'Hanovre, de son gouvernement
de Languedoc, *tous papiers parfaitement inutiles aujourd'huy*,
que nous avons néanmoins laissé au Bureau du triage des titres
pour satisfaire en cela à l'arrêté du Directoire exécutif du sept
messidor de l'an deux..... *signé* : BLONDET. JOURDAIN. M.-E.
DE VILLIERS [1]. » Les commissaires ayant mis à part et envoyé
au Bureau des archives des Domaines nationaux onze cartons
où ils avaient entassé les titres de la famille Sénac de Meilhan
ainsi que « beaucoup de papiers d'intendance *sans utilité quelconque* », et laissé au Bureau du triage, avec les papiers du
maréchal, « quelques pièces intéressantes dans la partie historique et diplomatique, comme étant de son attribution », il est

lettres de M. de Châteauneuf en 1632, et la 4ᵉ les lettres de Mᵐᵉ de
Chevreuse à Châteauneuf. (Cf. la Préface de l'*Histoire de Louis XIII*,
pour laquelle le P. Griffet eut communication de ces documents).
— Cotes 95 et 96. Huit liasses de lettres et pièces relatives au traité
conclu à Bade entre l'Empire et la France le 7 septembre 1714. —
Cote 97. Six petites liasses de lettres écrites au maréchal de
Richelieu, « avec l'indication de leur couverture écrite de sa propre
main » : 1º du cardinal de Tencin ; 2º de M. de Mirepoix, commandant à Nice ; 3º de M. d'Argenson ; 4º du marquis d'Ahumada ;
5º de l'ambassadeur de France en Espagne ; 6º de l'infante. Plus
une lettre en chiffres, avec traduction, de M. de Duras, en date
du 30 avril 1753. — Cote 98. Deux fortes liasses de papiers relatifs à l'ambassade du maréchal à Vienne, 1725-1728 ; etc.

1. Procès-verbal original ; Arch. Nat., M 714.

étonnant que cette portion du butin ne soit pas allée rejoindre les papiers du maréchal dont ils faisaient partie intégrante. Dès l'an IV, les cohéritières du duc de Richelieu[1] obtinrent la remise d'une partie des titres confisqués après le départ de leur frère. Celui-ci, établi en Russie, fit un voyage à Paris, après la paix de 1801, pour régler les dettes de son père et de son aïeul ; on sait qu'alors il abandonna aux créanciers tous ses droits, sans rien conserver de l'héritage immense du cardinal de Richelieu, et, réduit à une indigence qui devait plus tard faire un de ses titres de gloire, il regagna Odessa, au commencement de 1803. Son attention s'était portée sur les papiers du maréchal : le 21 prairial an XI, il avait obtenu la restitution immédiate de tous les titres et documents autres que ceux qui constituaient la propriété des bois et forêts ; en 1804, son mandataire reçut effectivement cinquante-trois dossiers ou cotes, sur les cent que comprenait l'inventaire de 1791, et dans ce lot figuraient ceux des papiers du cardinal de Richelieu et du maréchal dont l'énumération a été donnée plus haut[2]. Mais cette rentrée en possession n'était point complète, et les Archives nationales, héritières du Bureau du triage, détenaient encore une grande partie des papiers de famille, que les deux sœurs du duc de Richelieu réclamèrent après la mort de leur illustre frère. Les Archives rendirent, en 1827, les pièces relatives à la fortune territoriale, avec l'exception ordinaire des « titres relatifs à des biens entachés de féodalité[3], » et conservèrent un

1. Armande-Marie-Antoinette du Plessis de Richelieu, mariée à Louis-Pierre-Marie-Paulin-Hippolyte-Dieudonné, marquis de Montcalm-Gozon, maréchal de camp, et Simplicie-Gabrielle-Armande, mariée à Antoine-Pierre-Joseph Chapelle, marquis de Jumilhac, lieutenant général.

2. Voy. ci-dessus, p. LXXXIII, note 3. On rendit les cotes 12 à 17, 44, 48, 54 à 59, 61 à 65, 66 à 87, 89 à 100 et dernière.

3. Ces titres, en très petit nombre, sont conservés dans le carton T 184.

certain nombre de documents historiques qui, séparés antérieurement de l'ensemble, furent peut-être oubliés et restèrent dans diverses séries, où ils sont encore [1].

Les papiers saisis chez Sénac de Meilhan furent-ils compris dans ces restitutions successives, ou furent-ils l'objet d'une remise particulière aux ayants droit de l'ancien intendant de Hainaut ? Il serait difficile de fixer ce point, puisque la saisie n'avait pas été accompagnée d'un inventaire suffisant. Ce qui est plus certain, c'est que plusieurs des dossiers qui avaient été communiqués à Sénac, à diverses reprises, entre le 17 mars et le 7 septembre 1789 [2], ne semblent pas être jamais revenus à leur place légitime, et de là viennent les curieux documents qui sont entrés soit dans les cabinets d'amateurs, soit dans le commerce [3]. Il paraît qu'après la mort de Sénac de Meilhan, un abbé Kinsingen rapporta de Vienne à Paris une partie des portefeuilles qui étaient restés entre ses mains ; ils passèrent ensuite aux Laborde, et des Laborde à M. Lecouteulx de Canteleu ; sous la Restauration, celui-ci en céda la majeure partie au duc de Richelieu d'alors [4]. D'autres arrivèrent dans le

1. On peut signaler les registres KK 1369 à 1372, qui contiennent la correspondance originale de M. de Richelieu avec M. d'Argenson, le maréchal de Belle-Isle, M. de Puyzieulx, M. Bertellet et divers italiens, pendant sa mission à Gênes en 1747-48 ; et KK 1394, copie de sa correspondance diplomatique pendant son ambassade à Vienne en 1725-1726. Les registres KK 1215-1216, qui viennent aussi de ses archives, renferment la correspondance adressée de 1635 à 1640 au cardinal de Richelieu par divers personnages et agents royaux du midi de la France.

2. Il y a encore, chez les héritiers du maréchal, un bordereau complet des dossiers communiqués, avec les dates précises.

3. Les catalogues de vente Étienne Charavay des 20 mai 1874 et 22 avril 1882 mentionnent un lot de soixante-neuf lettres adressées à Richelieu par ses maîtresses.

4. Après avoir été successivement transférés, par Sénac de Meilhan, en Angleterre, en Autriche et en Russie, les papiers

cabinet de M. Feuillet de Conches. Enfin le célèbre collection-
neur Leber avait hérité d'un lot qui avait dû rester à Paris chez
Sénac de Meilhan. Ce lot, des plus curieux, sinon des plus importants, est aujourd'hui conservé à la bibliothèque de Rouen, et
quelques-unes des lettres qu'il comprend ont été publiées de
notre temps [1].

On voit donc, par tout ce qui précède, que les papiers du

furent, paraît-il, acquis par M. de Laborde de Méréville, qui les
vendit à M. Le Couteulx de Canteleu, sénateur, qui avait déjà
entrepris d'en faire le dépouillement et de mettre en relief leur
valeur historique et biographique, lorsque la menace d'un pillage
le força à les transporter pêle-mêle d'Auteuil, où il habitait, dans
sa propriété de Normandie. Sous la Restauration, le duc de
Richelieu apprenant leur existence, les réclama à l'amiable, et
M. Le Couteulx, alors pair de France, s'empressa de promettre
une réintégration complète à mesure que l'ordre se rétablirait
dans ce fouillis. En retour, il ne demandait que l'appui du ministre ;
mais celui-ci insista pour rembourser le prix d'acquisition. La
lettre de M. Le Couteulx et celle du duc ont passé plus tard dans
la vente d'une partie des pièces qui, pour quelque cause indéter-
minée, restèrent entre les mains du détenteur. Sur la lettre de
M. de Richelieu, une annotation de M. Le Couteulx, peu intelli-
gible du reste, nous apprend que « les mémoires de famille furent
réservés à M. de Richelieu et faisaient l'objet d'un écrit qui
devait se confondre avec les ouvrages de M. Sénac de Meilhan. »
Ce qui est plus clair et plus certain, c'est que le ministre avait
commencé par réclamer et, sans doute, mettre à la disposition du
Roi, la correspondance de Louis XV, de Mlle de Charolais, de la
princesse de Modène, etc., qu'on devait préserver de toute publi-
cité. Il est étonnant que les mêmes précautions n'aient pas été
prises pour ces paquets de lettres galantes qui n'ont presque rien
à faire avec l'histoire et dont la dispersion aux enchères a été le
fait des héritiers du détenteur.

1. Voy. le *Catalogue des livres imprimés, manuscrits....., formant la bibliothèque de M. Leber*, 1839 : N° 5815. Lettres galantes
autographes : 1° du duc de Richelieu ; 2° de plusieurs maîtresses de
ce duc, notamment de Mme de la Popelinière ; 3° de Mmes de Prie,
de Parabère, d'Averne, maîtresses du Régent, et de quelques

maréchal de Richelieu, depuis le règne de Louis XVI jusqu'à nos jours, n'ont cessé de subir des dilapidations regrettables. Il n'est que trop facile de constater des lacunes, sinon de les expliquer, dans le fonds même de ces archives qui est revenu aux mains des héritiers et des représentants actuels du dernier ministre. Celui-ci en avait peut-être laissé une partie en Russie; c'est là peut-être qu'il faudrait chercher ceux des documents diplomatiques et politiques du cardinal, saisis en 1791, et restitués en 1806. Il en donna également quelques pièces à des amateurs ou à des personnages de haut rang [1], et il ne paraît pas s'être occupé de remettre dans le reste des collections l'ordre qui avait déjà disparu au temps du maréchal. Quoi qu'il en soit, et malgré tant de réductions, ces archives sont encore des plus précieuses et présentent des séries d'une valeur incontestable. Nous ne saurions trop manifester notre gratitude aux descendants du maréchal pour la haute libéralité qui nous en a livré les clefs.

Au milieu de ces richesses et de ces correspondances inestimables, la première idée ne pouvait être que de chercher une

autres dames de la cour, etc. (Portefeuille maroquin rouge à clef). — N° 5816. Lettres autographes secrètes et galantes de la duchesse de Châteauroux et de Louis XV au duc de Richelieu, etc. (Portef. maroquin rouge à clef.) — n° 5817. Lettre autographe de la marquise de Pompadour au maréchal de Fitz-James, du 21 juillet 1756, etc. Ces numéros du Catalogue Leber forment maintenant les ms. 3334-3336 de la bibliothèque de Rouen. Les deux premiers articles avaient été indiqués dans l'*Aperçu d'une bibliothèque curieuse formée par un amateur pour un travailleur,* publié par le *Bulletin du Bibliophile,* année 1836, n° 6 de la 2ᵉ série. Quelques lettres de Mᵐᵉ de la Popelinière à M. de Richelieu étaient aussi arrivées aux mains du baron J. Pichon.

1. Dès 1814, les archives du château d'Époisses avaient fourni une lettre de Mᵐᵉ de Maintenon adressée au duc de Richelieu, qui fut publiée par Ch. Millevoye dans ses *Lettres inédites de Mᵐᵉ de Sévigné,* 4ᵉ partie.

réponse à la question si souvent posée : Est-il vrai que le
maréchal de Richelieu ait écrit ou dicté ses Mémoires, et ce
document est-il pour quelque chose dans les œuvres apocryphes publiées sous le couvert d'un nom si célèbre ? C'est
aussi ce que nous avons fait, et la description du manuscrit
dont nous allons parler maintenant, fournira la réponse
demandée.

Un fort cahier, de format grand in-quarto, contenant cent
soixante-quatorze pages écrites, séparées de place en place par
quelques feuillets blancs qui semblent indiquer l'intention de
réunir après coup les divers épisodes par des liaisons et des
transitions, tel est le corps des Mémoires, ou plutôt des fragments autobiographiques qui composent le volume que nous
offrons aujourd'hui au public. Le texte a été écrit sous la dictée
du maréchal, qui se désigne généralement à la troisième personne et ne parle à la première que rarement, par distraction.
La grande ignorance ou l'ouïe fort mauvaise du secrétaire se
trahissent à chaque ligne : presque tous les noms propres sont
défigurés ; la plupart des phrases pèchent tellement par la
syntaxe et l'orthographe, que le sens en est parfois difficile à
saisir. Les répétitions fréquentes des mêmes mots, parfois des
mêmes choses, alourdissent le récit et fatiguent le lecteur. Tout
montre que c'est l'œuvre d'un vieillard dont l'esprit n'a plus
toute sa vigueur première. En outre la rédaction primitive est
surchargée, presque à chaque page, dans les marges ou les
interlignes, par des additions et des corrections de l'écriture
incorrecte et parfois tremblée du maréchal. Ces fréquentes
annotations prouvent qu'il s'occupa lui-même à plusieurs
reprises de reviser sa dictée ; mais, si elles complètent le récit,
elles n'aident pas à sa clarté ni à sa correction. Enfin, dans
les derniers temps de sa vie, il a ajouté à la suite du manuscrit,
demeuré inachevé, quatre pages autographes résumant quelques-

uns des incidents les plus curieux de sa longue existence. Un
peu plus tard encore, et d'une main singulièrement affaiblie,
il a inscrit en marge de la première page du cahier ces mots :
« Ce memoire doit appartenir à Mme la M^ale de Richelieu a qui
je lai doné. »

C'est ici l'occasion de dire quelques mots de cette écriture et
de cette orthographe dont les contemporains, les biographes ou
les contrefacteurs du maréchal lui ont fait un crime irrémissible.
L'écriture est réellement mauvaise ; elle ne fait pas honneur au
calligraphe qui mit la première plume dans la main du jeune
Richelieu. Assez lâchée, tantôt écrasée, et tantôt à peine esquis-
sée, elle est essentiellement journalière, et les difficultés du
déchiffrement augmentent avec l'âge de l'écrivain, après avoir
grandement varié selon les circonstances. L'expression de
Voltaire (lettre du 5 juin 1744) est assez exacte : « Il est vrai que
vous écrivez comme un chat ; mais aussi je me flatte que vous
commandez les armées comme le maréchal de Villars ; car, en
vérité, votre écriture ressemble à la sienne, et cela va tous les
jours en embellissant ; bientôt je ne pourrai plus vous déchif-
frer. » On peut vérifier sur pièce la vérité de ces dires, d'après
les spécimens donnés dans le *Musée des Archives nationales*,
n°s 965 et 1006, ou d'après les autographes qui passent de temps
en temps en vente. Mais, même aux plus mauvais moments,
cette écriture n'a rien qui surprenne, rien qui dépasse l'incorrection presque générale chez les grands seigneurs de la cour de
Louis XV.

On en peut dire autant de l'orthographe. Linguet, dans un
article nécrologique sur le maréchal (*Annales politiques*, année
1788, p. 117), lui reprochant de s'être laisser agréger, à l'âge
de vingt-quatre ans, à la « coterie académique », disait qu'il
n'avait aucune idée de l'orthographe, qu'il écrivait comme l'ar-
tisan le plus grossier, etc. Et Chamfort, dans son compte-

rendu de la *Vie privée* (*Mercure*, 2 avril 1791, p. 36) : « Tous
ceux qui ont vu des lettres particulières de M. de Richelieu
savent que cet homme, si brillant dans la société, écrivait
comme un de ces hommes, si méprisés par lui, que des circonstances ont privés des premiers éléments de l'éducation. »
L'auteur de la *Vie privée* a reproduit [1], d'après le texte original,
plusieurs fragments du discours de réception à l'Académie. Or,
les fautes ne sont ni bien nombreuses, ni bien grossières,
même pour un académicien du XVIIIᵉ siècle. Beaucoup ne sont
que des archaïsmes conservés du règne de Louis XIV et tolérés
ou même adoptés par les premières éditions du *Dictionnaire
de l'Académie*. Mais le défaut empira avec l'âge, et il faut
reconnaître que, dans les dernières années, la décadence de
l'écriture et de l'orthographe se complique encore par une inat-
tention qui se traduit en lettres passées, en mots omis ou ina-
chevés, en phrases incomplètes.

Le travail de révision dont nous avons parlé plus haut,
exécuté sans doute par M. de Richelieu à bâtons rompus et à
une époque où son âge extrêmement avancé ne lui laissait plus
toute la lucidité désirable, n'a fait souvent qu'embarrasser un
récit qui manquait déjà de suite et de clarté. S'il a l'avantage
d'assurer l'authenticité de ces fragments, il ajoute singulièrement à l'incorrection et à l'obscurité du récit. Malgré ce défaut,
nous avons pensé que, le respect scrupuleux des textes devant
être pour un éditeur une règle absolue, il ne convenait pas de
modifier en aucune façon le style embrouillé et obscur du
maréchal. Quelquefois seulement nous avons jugé indispensable
de l'éclairer par une note explicative ou par l'addition, très rare
et entre crochets, d'un mot évidemment oublié ou indispensable
pour la clarté de la phrase.

1. Tome Iᵉʳ, p. 174.

Dans la présente publication, on aura donc pour la première fois un texte parfaitement authentique des fragments de Mémoires du maréchal. Mais il faut qu'on se persuade bien que ce n'est là qu'une ébauche : les Mémoires eux-mêmes sont encore à écrire. Nous ne dirons pas, pour faire valoir notre manuscrit, que nul ne les eût mieux dictés que le maréchal lui-même[1]. Grand écrivassier, grand raconteur, surtout lorsqu'il jouissait d'une oisiveté relative, l'incroyable légèreté qui faisait le fond de son caractère ne comportait jamais un récit de longue haleine. Ce qui est vrai, ce qu'on pourra constater ici, c'est que les souvenirs, chez ce vieillard éternellement jeune, étaient très abondants, très vivaces, presque toujours nets et précis ; mais seul un habile metteur en scène, comme Sénac de Meilhan, un grand seigneur d'esprit, comme le prince de Ligne, ou quelqu'un de ces contemporains dont les types étincelants se détachent sur le fond si divers de la dernière société française, eussent pu dégager d'un récit embarrassé et rudimentaire ces *Mémoires* que le lecteur croit toujours tenir et qu'il n'aura jamais. La mine est là et riche à souhait ; mais les ouvriers ont disparu qui eussent été capables de tirer de sa gangue le précieux métal.

Il est possible de déterminer à peu près l'époque à laquelle ces souvenirs furent dictés par le maréchal, et le motif qui lui fit faire ce retour sur certains incidents de la première partie de son existence. Lui-même nous en donne l'explication dans un mémoire qu'il fit présenter par M. de Vergennes au roi Louis XVI, en 1783. Il s'agissait alors d'obtenir une pension supplémentaire pour Mme de Richelieu (Mlle de Lavaux), qui ne pouvait espérer aucune part dans la fortune de son mari, entièrement composée de biens substitués. Ce mémoire existe

1. Lescure, dans la Préface de ses *Nouveaux mémoires du maréchal de Richelieu*, dont il a été parlé ci-dessus, p. LXXXI, note 3.

encore : 1° à l'état de brouillon dans les papiers du maréchal ;
2° en copie incomplète, écrite de la main d'un secrétaire, dans le
carton K 143, n° 9, aux Archives nationales. Il a dû être dicté
par le maréchal, et l'on rencontre en plusieurs endroits du
brouillon des corrections autographes. Mais, pour passer sous
les yeux du Roi, il fut sans doute revisé avec soin par un
secrétaire. Nécessairement, le maréchal ne pouvait s'y livrer
en toute expansion au fil de ses souvenirs, ni surtout aborder
quelques-uns des événements qui avaient le plus influé sur
ses destinées. Il se borna à y retracer les services qu'il avait
rendus à Vienne, en Languedoc, à Fontenoy, à Gênes, à
Minorque et en Hanovre. Ce fut le point de départ d'un autre
travail, celui que nous publions aujourd'hui, que le maréchal
entreprit entre 1783 et l'époque de sa mort, et que sans doute il
eût fini par développer plus amplement, si le temps ne lui avait
fait défaut.

Les prétendues instances de Soulavie ou de ses rivaux furent-
elles pour quelque chose dans la rédaction des souvenirs du
maréchal ? La légèreté du vieillard, que ces chasseurs de scan-
dales se disputaient pour en faire leur héros, permet de croire
qu'il put céder à des incitations d'aussi bas étage. D'ailleurs,
on a la preuve que notre manuscrit fut communiqué à
l'auteur des *Mémoires* apocryphes [1], et à celui de la *Vie privée* ;
mais l'un et l'autre, surtout Soulavie qui les connut seulement
pendant l'impression de son ouvrage, ne purent en extraire que
des fragments fort courts, sans avoir le temps ou la permission
d'en prendre une copie intégrale. Plus récemment, Durozoir
en eut communication lorsqu'il écrivit l'article du maréchal de
Richelieu dans la *Biographie universelle* [2], et voici ce qu'il en
disait : « La famille du maréchal possède des Mémoires qui

---

1. Voy. les *Mémoires,* t. IX, p. 503 et cote dernière.
2. Ed. 1824, t. XXXVIII, p. 53,

sont très volumineux. Ils sont écrits en partie de sa main, en partie sous sa dictée, mais corrigés entièrement par lui-même. Leur publication serait la meilleure réponse aux mensonges de Soulavie. » Malgré les inexactitudes que renferment ces lignes, le manuscrit qu'on va lire, sans être « très volumineux », est certainement celui dont voulait parler l'auteur de l'article. En mettant à nu les « mensonges de Soulavie », sa publication sera aussi, croyons-nous, une juste satisfaction donnée aux intentions du maréchal et aux légitimes réclamations de l'histoire.

TABLE DE L'INTRODUCTION

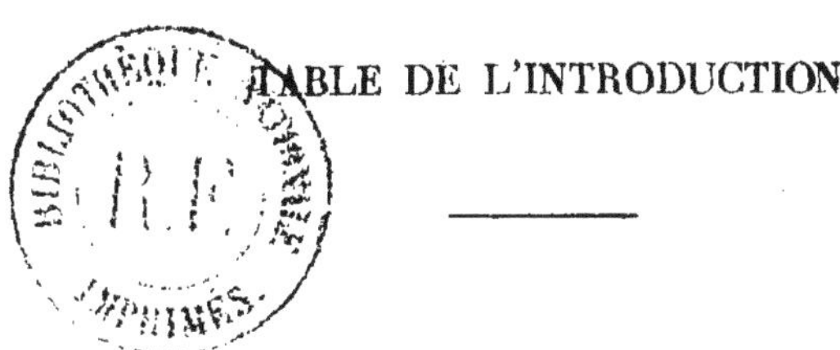

MÉMOIRES AUTHENTIQUES

DU

MARÉCHAL DE RICHELIEU

I.

LE DUC DE RICHELIEU
AMBASSADEUR A VIENNE [1]

(1725-1728).

Le mariage du feu Roi [2] avoit été arrêté avec la
fille du roi d'Espagne ; ni l'un ni l'autre n'étant
encore dans l'âge nubile, il avoit été convenu que
l'infante achèveroit son éducation en France, pour
qu'elle pût être plus agréable au Roi son mari. Des
circonstances particulières et une petite maladie de
S. M. causèrent l'effroi de sa perte, que l'on pouvoit craindre à tous moments ; d'autres circonstances
encore firent prendre la résolution de marier le Roi

1. Pour ce premier fragment nous donnons d'abord le texte
du manuscrit des Mémoires ; mais, comme il est assez succinct,
nous le faisons suivre de celui du Mémoire que le maréchal
adressa en 1783 à Louis XVI sur divers événements de sa
carrière, qui est plus complet et plus détaillé.

2. Louis XV. Nous rappelons que le maréchal écrit après
1783.

et de renvoyer l'infante, ce qui mit le roi et la reine d'Espagne dans la plus grande colère. Aussi songèrent-ils dès lors à la vengeance qu'ils en pourroient prendre et à marier leur second fils avec l'archiduchesse héritière de tous les états de l'Empereur. Le roi d'Espagne envoya pour ambassadeur à Vienne M. de Ripperda, favori de la reine [d'Espagne], avec ordre de tenter la réussite de ce projet de mariage, avec le secours des trésors du Pérou pour tâcher de gagner les ministres, barrer la cour de France en toutes occasions, et même les faire naître, s'il étoit possible.

Ce fut dans cette circonstance que M. le duc de Richelieu venoit d'arriver à Vienne [1]. Il y fut reçu fort honnêtement [2], mais avec une réserve et une méfiance qui alloient au delà de ce que l'on peut imaginer, et avec la possibilité d'avoir un esclandre

---

1. La correspondance relative à son ambassade est au Dépôt des Affaires étrangères : *Autriche*, Corresp. polit., vol. 146-158 et supplément 9, et Mém. et doc., vol. 7, 19 et 20. Sur ses négociations, on trouvera des renseignements dans les ouvrages suivants : comte de Baillon, *Lord Walpole à la cour de France*, écrit d'après les documents de l'ambassadeur anglais ; G. Syveton, *Une cour et un aventurier au XVIII° siècle* (1896), d'après les archives de Vienne, ouvrage très important pour l'ambassade de Ripperda, ainsi que le suivant : *La ambajada del baron de Ripperda a Viena*, par Rodriguez Villa, dans le Bulletin de l'Académie royale d'histoire de Madrid, 1897 ; A. Baudrillart, *Philippe V et la cour de France*, t. III ; les tomes IV et V des *Mémoires de Villars*, publiés par le marquis de Vogüé ; Jean Dureng, *Le duc de Bourbon et l'Angleterre*, 1911, etc.

2. Villars l'avait recommandé chaudement au prince Eugène (Mis de Vogüé, *Villars d'après sa correspondance*, t. II, p. 156-157).

ou une bataille avec l'ambassadeur d'Espagne pour la préséance, qu'il avoit ordre de sa cour de soutenir à quelque prix que ce fût[1].

M. le duc de Richelieu alloit quelquefois aux assemblées ; dans les commencements surtout, personne n'auroit été lui dire un mot à l'oreille. On peut aisément concevoir l'embarras de sa situation, et principalement celui où il devoit être pour remplir sa mission, qui étoit de connaître les véritables vues de la cour de Vienne[2], qui, de son côté, étoit embarrassée de la révocation d'un octroi que l'Empereur avoit donné pour faire un établissement de commerce à Ostende[3] et que les Anglois et les Hollandois vouloient absolument qu'il révoquât, quelque injuste que cela fût. Les Anglois sentoient

1. Ici il y a un paragraphe effacé par le maréchal : « Tout cela mit une gêne et une amertume dans sa vie qu'il est aisé de concevoir. Il n'avoit de société intime à Vienne que le ministre d'Angleterre et celui de Savoie, quelquefois le nonce, dont il connoissoit l'honnêteté et la justesse de vues. » Une seconde addition autographe semble également avoir été effacée par le maréchal : « Il falloit n'avoir pas l'air de craindre de rencontrer l'ambassadeur, et il falloit craindre bien davantage..... »

2. Soulavie a publié (*Mémoires*, t. IV, p. 112 et 117) une partie des instructions que M. de Richelieu emportait à Vienne. Elles ont été reproduites intégralement par Albert Sorel, *Recueil des instructions données aux ambassadeurs de France : Autriche*, p. 199-235.

3. Cet octroi avait été accordé à une compagnie de négociants fondée par un breton, le capitaine Hollet de la Merveille, de Saint-Malo, qui avait voyagé en Arabie en 1709-1710 et qui publia une relation (anonyme) de ce voyage en 1715. Voy. Lémontey, *Histoire de la Régence*, t. II, p. 226, et M. Huisman, *La Belgique commerciale sous l'empereur Charles VI : la compagnie d'Ostende*, 1902.

qu'ils avoient grand besoin de la France ; mais ils vouloient que les François pussent croire avoir encore davantage besoin d'eux pour conserver la paix, qu'ils s'efforçoient de persuader que l'Empereur vouloit rompre en disputant son octroi.

La cour de France et l'Empereur, qui étoient alors inférieurs en forces maritimes aux Anglois, pouvoient, plus qu'eux, craindre la guerre, et ces motifs assujettissoient à des ménagements difficiles à exprimer.

Dans une position favorable, M. le duc de Richelieu étoit pour ainsi dire soumis aux ministres d'Angleterre et de Savoie. Le nonce Grimaldi, dont la vertu et l'excessive dévotion assuroient encore davantage la vérité des discours, fut le premier à qui M. le duc de Richelieu marqua quelques doutes sur les intentions de la cour de Vienne, et qui commença à éclairer l'ambassadeur de France sur les personnes qui y avoient le plus de crédit. M. le duc de Richelieu en profita. L'hiver, dans le temps des courses de traîneaux qui eurent lieu, on lui proposa d'y prendre part ; il l'accepta et y parut, comme cela étoit nécessaire, avec la plus grande magnificence. Il sentoit d'autant mieux l'avantage qu'il en pouvoit tirer pour sa mission, qu'il n'en auroit peut-être pu trouver de plus sûrs que celui d'avoir dans ces courses différentes dames, que le hasard donne à mener seules, et avec lesquelles, dans ces moments de partie de plaisir, la politique de la conversation est moins gênée. M. le duc de Richelieu eut lieu en effet, par ce moyen, de multiplier ses connoissances et de former des liaisons qui

pouvoient remplir l'objet d'avoir celle de la cour [1].
Enfin, il fut assez heureux pour deviner juste, et,
combinant ce que lui avoit dit le nonce Grimaldi
avec ce qu'il apprenoit d'ailleurs, il crut pouvoir
discerner par lui-même que les Anglois et les
Savoyards vouloient le conduire. Il imagina entrevoir
que l'Empereur étoit bien éloigné de vouloir la guerre,
qu'il ne songeoit qu'à assurer sa succession pleine
et entière au mari de sa fille [2], et qu'il étoit humilié et
outré de l'audace avec laquelle on vouloit lui faire
révoquer une chose aussi juste que l'établissement
d'une compagnie de commerce à Ostende. M. le duc
de Richelieu crut voir aussi qu'il y avoit deux partis
dans le conseil de l'Empereur [3] ; celui des Espagnols
et Italiens, et ces derniers y étoient les plus favo-
risés de l'Empereur, et que celui des Allemands
n'étoit pas fâché de la contradiction que l'Empereur
éprouvoit, parce que le parti du conseil qui étoit
pour les Allemands, n'avoit pas été consulté [4] et

1. Le cardinal de Polignac, dans une lettre à l'abbé de
Rothelin du 4 septembre 1727, rapporte que les succès mondains
de M. de Richelieu à Vienne furent attribués à la magie (*Documents d'histoire*, par l'abbé Griselle, t. II, p. 273 ; voyez ci-
après, p. 30).

2. L'archiduchesse Marie-Thérèse, qui devait épouser en
1736 le duc François de Lorraine.

3. Le conseil des affaires était composé du prince Eugène,
du marquis de Perlas et des comtes de Sinzendorf et de
Stahrenberg. On ne leur adjoignait que pour les questions
d'administration intérieure le comte de Windischgrätz, président
du conseil aulique, et le comte de Schönborn, vice-chancelier.

4. En marge est écrit de la main du maréchal : « le marquis
de Perlas, ministre du conseil d'Espagne, dont l'Empereur
avoit été déclaré roi pendant la guerre que l'on appelle de la

n'avoit pas approuvé cet octroi, de façon qu'ils
étoient fort embarrassés pour faire sortir de là
l'Empereur avec honneur. Tous pensoient qu'il n'y
auroit point de certitude que la succession de
l'Empereur fût suffisamment assurée ; mais les moyens
étoient fort combattus de toutes parts. Pendant ce
temps-là, M. de Ripperda, avec l'argent du Pérou,
tâchoit de se faire des créatures ; et d'ailleurs tous
les cadets des grandes maisons d'Espagne qui avoient
suivi le parti de l'Empereur, et qui étoient fort dési-
reux de retourner dans leur patrie, comme il arriva
par la suite, souhoitoient fort que l'Empereur se liât
intimement avec l'Espagne, et ils y concouroient
autant qu'il étoit possible, surtout pour le projet
de faire épouser l'héritière de l'Empire à un fils du
roi d'Espagne, et d'éviter à quelque prix que ce
fût la guerre, que l'Empereur craignoit, bien loin
de la désirer, comme on l'avoit persuadé à la cour
de France. Le degré de connoissance que M. le duc
de Richelieu prenoit à la cour, se rapportoit si fort
avec ce que disoit M. le nonce Grimaldi, qui étoit
un saint, et qui désiroit la paix de la chrétienté,
mais avec le courage et les sentiments d'un homme
de naissance et de lumière, et avec les lumières que
M. le duc de Richelieu avoit d'ailleurs, qu'il crut
devoir en faire part à M. l'évêque de Fréjus, depuis
cardinal de Fleury, qui lui répondit qu'il souhaitoit
que cette paix pût se faire, mais qu'il craignoit fort
que l'on ne cherchât à abuser M. le duc de Richelieu,

Succession, et qu'à ce titre les nationaux avoient la préférence
dans le cœur de l'Empereur. »

ce qui étoit aisé à croire dans un homme de son âge et avec son peu d'expérience encore dans les affaires. M. le duc de Richelieu le craignoit lui-même, et cela ne faisoit que lui donner plus d'attention pour ne rien dire légèrement.

Cependant, le caractère et l'état du nonce lui donnoient quelque confiance et le faisoient aller plus avant pour éclairer ce qu'il savoit d'ailleurs. Il écrivit de nouveau à sa cour, et enfin, après avoir beaucoup insisté réitérativement, on permit à M. le duc de Richelieu de dire au nonce que, si l'Empereur avait d'aussi bonnes intentions que celles qu'il disoit pour la paix, il n'avoit qu'à les lui confier par écrit, parce que lui-même, duc de Richelieu, ne pouvoit s'en tenir à des discours vagues, qui ne menoient à rien et auxquels il ne pouvoit exiger que l'on se fiât. M. le nonce, avec l'air de contentement le plus grand, lui demanda s'il les recevroit ; quand M. le duc de Richelieu lui eut répondu oui, il parut comblé de joie. Le nonce réalisa bientôt ses promesses, et M. le duc de Richelieu en envoya l'effet à sa cour, avec le plaisir qu'on peut aisément comprendre qu'il devoit avoir. Ce fut un projet de paix, des préliminaires, comme tous ceux des plus grandes négociations, sujets à beaucoup d'interprétations et explications et à plusieurs réponses et répliques, qui se passèrent toujours dans le plus grand secret, jusqu'au moment où ils acquièrent un degré de vraisemblance de bon sens, que la cour de France en fit part aux Anglois, dont le ministre et celui de Savoie à Vienne furent dans une colère que l'on ne sauroit exprimer de voir cette négociation terminée sous leurs yeux sans s'en être aperçus, le ministre anglois, consommé dans les négociations et croyant connoître et avoir la plus grande influence à la cour de Vienne, et celui de Savoie, le plus fin et le plus délié de son pays.

Cependant les préliminaires du traité ne tardèrent pas à être signés à Vienne, où le duc de Bournonville, ambassadeur d'Espagne, signa avec M. le duc de Richelieu, et tout le fond des affaires d'Europe fut renvoyé à un congrès général tenu à Soissons, comme la ville la plus proche de Compiègne, maison royale de France. L'ascendant que les Anglais avoient alors passa à la cour de France, où le comte de Sinzendorf, ministre d'état de l'Empereur, vint pour assister au congrès, et, en arrivant, il demanda le gendre qui conviendroit le mieux au Roi, de la part de l'Empereur [1]. Dans ce moment-là, S. M. donna à M. le duc de Richelieu le cordon bleu [2].

1. C'est-à-dire, il demanda, de la part de l'Empereur, quel gendre celui-ci pourrait choisir pour lui donner sa fille, qui conviendrait le mieux au roi de France.

2. Le Roi lui annonça lui-même cette faveur, le 3 janvier 1718 : « Mon cousin. Les services importants que vous m'avez rendus dans l'ambassade extraordinaire près de mon frère l'Empereur me sont si agréables, que j'ai estimé ne pouvoir vous en marquer d'une manière plus distinguée ma satisfaction qu'en vous nommant chevalier de mes ordres de Saint-Michel et du Saint-Esprit dans le chapitre que j'ai tenu le premier de ce mois, où vous avez été unanimement élu. J'ai bien voulu aussi vous dispenser de ce qui peut vous manquer de l'âge de trente-cinq ans requis par les statuts. Et, me promettant que ces preuves de ma satisfaction vous engageront à me continuer vos services avec le même zèle que vous avez fait paroître jusqu'à présent, je prie Dieu, etc. » — Le 4 avril 1728, en

Le Roi désiroit beaucoup que M. l'évêque de
Fréjus fût cardinal avant les promotions que le Pape
en devoit faire ; mais il y manquoit le consentement
de l'Empereur, qui n'avoit pas voulu encore l'accorder. M. le duc de Richelieu avoit promis qu'il l'auroit à la fin de septembre, par des raisons de cour
qu'il savoit ; il eut le plaisir de l'envoyer effectivement,
comme il l'avoit dit, et de recevoir une lettre de la
cour, par laquelle on lui mandoit que l'on voyoit
bien que la cour de Vienne ne vouloit point l'accorder, et que le Roi ne vouloit plus que cela fût
demandé ; qu'enfin il falloit n'en plus parler.
Lorsque M. le duc de Richelieu reçut cette lettre,
son valet de chambre étoit déjà parti pour Rome,
et le cardinal de Polignac, qui y étoit chargé des
affaires de France avec le plus grand crédit, obtint
du Pape, le lendemain de l'arrivée du courrier, un
consistoire, et fit à M. le duc de Richelieu la galanterie de renvoyer son même valet de chambre, qui
avoit apporté la nouvelle que le chapeau étoit accordé,
à M. l'évêque de Fréjus, qui parut y être fort sensible [1].

annonçant à son ambassadeur que lord Waldegrave partait pour
porter à Vienne les ratifications, et en le félicitant de nouveau
du « grand ouvrage » auquel M. de Richelieu venait de travailler si heureusement, le Roi lui envoya des lettres de congé,
et, par faveur exceptionnelle, lui permit de porter le cordon
bleu sans avoir été reçu.

1. Cf. Soulavie, t. IV, 2ᵐᵉ partie, p. 154 à 163. — Il parle
peu clairement de cet épisode, disant seulement que l'évêque
de Fréjus avait fait nommer M. de Richelieu pour avoir un
appui auprès de l'Empereur, tandis que le cardinal de Polignac
travaillait à Rome, et que l'affaire fut enlevée à Vienne par la

comtesse Bathyani, le duc « s'étant comporté avec elle en conséquence. » Puis, il cite, sans doute d'après les Archives des affaires étrangères, la lettre de remerciements que le nouveau cardinal écrivit à M. de Polignac, et il dit qu'il y en eut une « à peu près semblable » pour M. de Richelieu. Celle-ci est datée du 21 septembre 1726 ; nous la reproduisons d'après l'autographe, à la fin duquel la signature A. H. *a*, commencée par inadvertance, est raturée et remplacée par la nouvelle formule : *le Cardinal de Fleury*. « Non seulement, Monsieur, c'est vous qui avez obtenu le consentement de l'Empereur, mais c'est encore par votre courrier envoyé à Rome que j'ai appris la la première nouvelle de ma promotion au cardinalat, et tout concourt à vous [faire] regarder comme celui à qui je dois cette nouvelle dignité. Je vous en fais donc encore mes très humbles remerciements, et vous supplie d'être persuadé de ma parfaite reconnoissance.... Le Roi est instruit de la manière pleine de zèle et de sagesse avec laquelle vous avez exécuté ses ordres, et M. de Morville vous le marque de sa part. J'espère qu'il voudra bien vous en donner dans les suites des preuves plus solides, et, pour moi, Monsieur, je serai toujours tout disposé à vous donner de mon côté celles de ma reconnoissance et de mon parfait attachement. » On trouvera la lettre du Roi, ci-après, p. 32.

I ^{bis}.

AMBASSADE A VIENNE

(1725-1728).

*(Texte du Mémoire présenté au roi Louis XVI
en 1783 [1]).*

Au milieu des frivolités et des dissipations de la
jeunesse du duc de Richelieu, sur laquelle on a tâché
de trouver occasion d'avoir à lui faire bien des
reproches, il y a eu aussi bien des gens qui étoient
persuadés qu'elles n'avoient pas détruit des qualités
capables de traiter des affaires sérieuses et impor-

1. Ainsi que nous l'avons expliqué ci-dessus, p. 1, note 1,
nous reproduisons pour ce premier épisode le commencement
du Mémoire de 1783, dont le texte est plus complet que celui
des *Mémoires authentiques*; il n'y a d'ailleurs d'autre différence
entre les deux récits que celle d'une première rédaction à une
seconde. Il existe encore dans les papiers du maréchal la
minute autographe d'une lettre qu'il écrivit à Louis XVI et qui
montre quelle fut l'idée déterminante de tout ce travail rétro-
spectif. En voici le début : « Sire, j'ai malheureusement trop
de raisons de croire que, depuis le commencement de votre
règne, et même quelques années auparavant, mon nom ne
vous est parvenu qu'accompagné de tout ce qui pouvoit décrier
ma personne, sans qu'aucun défenseur ait pensé à dévoiler ces
mensonges. Je n'ai plus à chercher des défenseurs : la fin de
ma vie est trop prochaine pour chercher des détails et des
preuves même des faussetés que l'on a pu présenter à Votre
Majesté ; je pense seulement à remettre sous vos yeux un petit

tantes [1] ; ils en avoient bien des exemples à citer. On le choisit en effet, à l'âge de vingt-huit ans, pour être ambassadeur à Vienne. Il n'avoit fait pour cela aucune démarche directe ni indirecte [2] ; il ne pensoit même pas que l'on pût avoir des vues sur lui pour aucun objet avantageux. Il seroit en état d'en donner la preuve ; mais, comme ce mémoire ne doit contenir que des faits, on laissera les anecdotes, si sérieuses qu'elles puissent être, pour ceux qui les aiment.

nombre de faits, si connus et si aisés à prouver qu'il y aura peu de gens qui osent les nier et qui réussissent même à les affoiblir ou les défigurer.

« Le premier service que j'ai été à portée de rendre fut dans l'ambassade à Vienne, à laquelle je fus nommé à vingt-huit ans. Je doutois de mes forces pour l'accepter, et ce fut M. le cardinal de Fleury qui m'y détermina, et qui n'a cessé, pendant que j'ai été absent, de me donner conseil et courage pendant les circonstances singulières où je me trouvai peu de temps après ma nomination... » En comparant les pages qu'on va lire avec celles qu'ont publiées sur le même épisode Soulavie et l'auteur de la *Vie privée*, on peut constater que l'un et l'autre avaient sous les yeux le texte du Mémoire de 1783. Soulavie s'est en outre servi de la volumineuse correspondance conservée dans la bibliothèque du maréchal ; mais, bien que ce fonds existe encore dans sa presque totalité, on est étonné de n'y plus retrouver précisément les pièces employées par lui en 1790.

1. D'autres étaient d'un avis contraire et il y eut plus d'un trait lancé contre « l'ambassadeur Fanfarinet, plus propre à l'amour qu'à la politique. » (*Mémoires de Mathieu Marais*, III, p. 107.)

2. On prétendit que sa nomination était due à l'influence de la marquise de Prye, maîtresse du duc de Bourbon, alors premier ministre. La lettre qu'on trouvera plus loin, p. 33, montre qu'il était en relations fort amicales avec elle.

Dans ce moment, l'ambassade de Vienne devint plus importante que jamais, par la réunion de tous les intérêts de l'Europe, dont elle devint le centre.

Le mariage du feu Roi devoit se faire avec l'infante, fille du roi d'Espagne, qui avoit été envoyée en France pour y attendre qu'elle eût l'âge requis pour la célébration ; mais les changements survenus à la cour de France et diverses circonstances, étrangères à l'objet de ce mémoire et trop longues à y détailler, décidèrent le renvoi de l'infante en Espagne, et l'on s'occupa de faire un autre mariage.

Le roi d'Espagne, qui fut outré, résolut d'en marquer sa colère dans toutes les occasions et de la porter au plus haut degré.

L'Empereur avoit, peu de temps avant, accordé un octroi à une compagnie de négociants pour faire le commerce et s'établir à Ostende[1]. Les Anglois et les Hollandois voyant aussi près d'eux cet établissement appartenant à un prince aussi puissant, crurent qu'il pourroit être funeste à leur commerce, et cherchèrent dans l'interprétation d'anciens traités des prétextes pour s'opposer à celui-ci. Ils demandèrent la révocation de cet octroi, et la France, qui croyoit que la paix qu'elle vouloit maintenir dureroit tant qu'elle seroit unie aux puissances maritimes, se joignit aux Anglois et Hollandois pour solliciter cette révocation.

Ce fut dans ces circonstances très épineuses que le duc de Richelieu fut nommé ambassadeur à Vienne. A peine y fut-il arrivé, qu'il y vint un

1. Voyez ci-dessus, p. 3.

ambassadeur du roi d'Espagne [1] proposer à l'Empereur un traité d'alliance et le mariage d'un de ses fils avec l'archiduchesse.

La première démarche de l'ambassadeur d'Espagne fut d'afficher la prétention de la préséance, qu'il avoit ordre, disoit-il, de ne pas céder à l'ambassadeur de France ; mais, comme le duc de Richelieu en eut en même temps de son côté qui portoient de ne la lui laisser prendre en aucune occasion, ce fut pour lui un premier embarras, dont on peut concevoir toutes les difficultés.

On comptoit plus de vingt mille Espagnols qui s'étoient établis à Vienne, lorsque l'Empereur s'y retira et renonça au royaume d'Espagne. Ils regardèrent bientôt la cause de la préséance comme la leur, et tâchèrent de la favoriser autant qu'ils le pouvoient auprès de l'Empereur, dont le cœur étoit pour eux en toute occasion. Cependant, sa sagesse et sa modération écartèrent l'événement qui étoit à craindre alors ; mais il écouta néanmoins les propositions que l'ambassadeur du roi d'Espagne lui avoit faites relativement à un traité, même au mariage de l'archiduchesse avec un de ses fils. Ce projet de mariage conduisoit d'ailleurs tous les seigneurs espagnols qui avoient suivi l'Empereur à espérer de retourner dans leur pays, qu'ils aimoient mieux que l'Allemagne, et la négociation alla jusqu'à engager l'Empereur à permettre à l'Impératrice d'écrire une lettre à la reine d'Espagne, par laquelle, sans promettre absolument le mariage proposé, elle se procura une

---

1. Le duc de Ripperda : ci-dessus, p. 2.

réponse qui donnoit les plus grandes espérances pour le succès. Il est aisé de concevoir que, dans cet état, l'ambassadeur d'Espagne avoit une confiance et une faveur qui entraînoient toute la cour de Vienne aux dépens de l'ambassadeur de France.

Le moment de l'entrée du duc de Richelieu arriva [1] : c'étoit celui où il ne pouvoit plus éluder la préséance. Dans ce temps-là, les ambassadeurs suivoient l'Empereur toutes les fois qu'il alloit à l'église, et aussitôt ils se plaçoient dans un banc près de lui, où ils siégeoient suivant leur rang.

Le jour vint enfin que cette cérémonie devoit décider la question, et jusques-là l'ambassadeur d'Espagne conserva toute sa sécurité, avec le ton le plus assuré ; mais, à six heures du soir, la veille de ce jour décisif, et au plus grand étonnement de tout le monde, il prit congé de l'Empereur et partit subitement. Ce fut seulement à sept heures qu'un commandeur de Malte allemand, qui avoit toujours fait amitié au duc de Richelieu, vint lui dire à l'oreille cette nouvelle.

On apprit quelque temps après que l'Empereur avoit dit à l'ambassadeur d'Espagne qu'il ne souffriroit pas qu'il y eût à sa cour une dispute et un scandale pareil à celui dont il vient d'être parlé, et que, s'il étoit forcé de juger, il ne pourroit se dispenser de prononcer en faveur de la France, puisque l'aîné de sa maison, roi d'Espagne, avoit déclaré à la

---

1. Les splendeurs de cette cérémonie ont été exactement décrites par Soulavie, d'après le rapport que le duc de Richelieu envoya à M. de Morville.

face de l'Europe que jamais il ne disputeroit la préséance [1].

Cette digression pourra paroître un peu longue ;
mais elle n'est pas indifférente pour donner une idée
juste de l'état et de la situation de l'ambassadeur de
France : elle démontre d'ailleurs la prudente circon-
spection à laquelle il étoit assujetti dans tous les
moments de la journée. On comprendra plus aisément en France qu'ailleurs l'effet que dut produire
le départ subit de l'ambassadeur d'Espagne, tant à
la cour qu'à la ville, de même que les préjugés
répandus dans toutes les sociétés et les moyens de
pénétrer les véritables intentions de l'Empereur et
de ses ministres, surtout d'après la frivolité des pré-
férences des gens que la faveur attire à la cour, et

1. On ne trouve, dans la correspondance de M. de Richelieu
avec le Roi et avec M. de Morville, aucune mention de la scène
plaisante entre le duc et M. de Ripperda que certains historiens
se sont transmise les uns aux autres. Les deux plénipoten-
tiaires ne se trouvèrent qu'une seule fois face à face, et voici
dans quelles circonstances : « Je rencontrai avant-hier M. de
Ripperda deux fois dans les rues. Nous étions tous les deux
sur le même côté du pavé. Je restai dans la place où j'étois,
et son postillon, après avoir hésité un moment, se détourna
et prit l'autre côté du pavé, avec des révérences très polies
dans chaque carrosse... Il est vrai que, dans cette ville, il
n'y a point d'avantage marqué pour le haut du pavé ; mais
cependant ce petit événement ne laissa pas de donner à penser
que M. de Ripperda n'a pas autant d'envie de chercher chicane
qu'il avoit paru le vouloir persuader. » En effet, ce diplomate
matamore ne parlait de rien moins que d'une bataille rangée
dans les rues de Vienne ; pour éviter ce scandale, chacun s'était
efforcé d'interposer ses bons offices, et ce fut au milieu de
ces négociations compliquées que M. de Ripperda partit subitement, presque secrètement.

dont jouissoit l'ambassadeur d'Espagne au détriment
de celui de France [1].

Le nonce qui se trouvoit à Vienne étoit un Grimaldi.
Il avoit marqué beaucoup d'amitié et de prévenance

[1]. Le Conseil des dépêches avait été tenu au courant des
menées de Ripperda et des incidents qui pouvaient surgir
(*Villars*, p. 314, 315, 325, 359) ; aussi le succès du duc fut
l'objet d'une dépêche très louangeuse du ministre, qui est sortie, comme plusieurs autres pièces de même provenance, des
archives de Richelieu, mais que M. de Baillon (*Lord Walpole*, p.
368-371) a publiée d'après une communication de M. le marquis
de Biencourt. L'ancien évêque de Fréjus écrit, de Fontainebleau,
le 29 août 1725 : « Je n'ai jamais appréhendé, Monsieur, de
reproches sur votre compte, et j'ai toujours été persuadé que
vous rempliriez parfaitement le poste important que le Roi vous
a confié ; mais je vous avoue que je n'eusse pourtant pas cru
que vous vous fussiez trouvé tout d'un coup égal aux plus
habiles qui ont vieilli dans les négociations. Je ne puis vous
dire à quel point M. le Duc et M. de Morville sont contents de
la conduite également sage et haute que vous avez tenue au
sujet de la compétence dont le duc de Ripperda vous faisoit
menacer, peut-être en vue de vous intimider plutôt que de vous
disputer quelque chose. Quel qu'ait été son motif, Monsieur,
vous avez soutenu parfaitement la dignité de votre cour
avec les ministres de l'Empereur, et vous avez justifié ce
que vous m'aviez fait l'honneur de me mander, qu'il n'est pas
impossible de se faire craindre à Vienne. On travaille habile-
ment à vous donner de nouvelles armes pour augmenter cette
peur, et il faut espérer qu'on pourra rendre bientôt la fureur
de la reine d'Espagne inutile. Vous vous y prenez de façon à
mériter plutôt des éloges que des conseils ; mais, s'il y avoit
pourtant quelques avis à vous donner, je prends trop d'intérêt,
Monsieur, à ce qui vous regarde, pour négliger aucune des
choses dont il seroit bon de vous avertir... C'est avoir tout
gagné que de vous être fait connoître homme ferme et haut,
quand il en a été question, parce qu'on ne pourra vous accuser
de foiblesse, quand vous vous rendrez plus facile sur des

au duc de Richelieu ; il lui avoit dit que sa maison étoit de longue main attachée à la France, et c'étoit beaucoup dire pour un Italien. Il continua de faire au duc de Richelieu le même accueil. C'étoit un homme de la plus exacte dévotion, mais sans pédanterie : il ne mangeoit jamais ni chair ni poisson, et vivoit seulement de légumes, de lait et de chocolat, sous prétexte que son estomac ne pouvoit souffrir d'autres aliments. Cependant, il faisoit faire la meilleure chère possible chez lui et donnoit souvent de très grands repas. Il avoit une représentation très magnifique et très convenable ; il étoit pour lui de la plus grande régularité et austérité, et très indulgent pour les autres. Fort prévenu pour la cour de Rome et pour l'influence qu'elle doit avoir partout,

choses moins importantes... Au reste, vous devez être content de toutes les relations qui nous viennent sur votre compte par les étrangers, qui sont toutes infiniment à votre avantage, et vous avez déjà fait en deux mois ce qui est le plus essentiel pour un ministre, qui est d'avoir établi votre réputation. Ne croyez pas que je veuille vous gâter, car rien ne seroit si dangereux que de vous donner trop de confiance ; mais j'ai assez bonne opinion de vous pour croire qu'en vous encourageant, vous n'en serez pas moins circonspect et sage dans toutes vos démarches. J'ai une vraie joie de vous voir si bien commencer... — P. S. On vient de lire au Conseil vos dépêches en entier, et elles y ont été généralement approuvées ; vous y faites le portrait du marquis de Brück d'une manière à faire croire que Tacite vous l'avoit dicté. Il est en vérité de main de maître, qui réfléchit sur les hommes et qui en peint le caractère jusqu'à la dernière précision. »

Une autre lettre de félicitations du cardinal, datée du 26 octobre suivant, a passé dans la vente du marquis de Biencourt (Sotheby et Cie, 5 mars 1883, n° 137).

il pensoit qu'elle devoit porter toute son attention
à maintenir la paix entre les princes chrétiens, pour
être le rempart contre l'hérésie. Le duc de Richelieu
fut bien content de trouver quelqu'un d'aussi important pour remplir les vues qu'il avoit de bien
connoître la cour de Vienne, où le nonce étoit aimé
et respecté de l'Empereur et de tous ses ministres.
Il possédoit encore des talents pour la société, malgré
sa dévotion. Le duc de Richelieu sentit l'importance
de s'attacher un pareil homme : aussi ne manqua-
t-il point de lui donner toutes sortes de marques
d'amitié et de prévenance dans toutes les occasions.
Le nonce y répondit toujours avec un air de franchise qui lui étoit naturel. Le duc n'eut pas de peine
à avoir de lui les connoissances les plus véritables
de l'Empereur et de ses ministres ; ce qui ne cadroit
pas tout à fait avec ce que lui avoient dit les
ministres d'Angleterre, de Savoie et de Hollande,
les seuls auxquels il eût pu parler.

Après le départ de l'ambassadeur d'Espagne, il y
eut moins d'inconvénient à bien recevoir le duc de
Richelieu. Comme il avoit déjà acquis des connoissances avec les plus familiers de l'Empereur et de
l'Impératrice, parmi lesquels il s'en trouvoit d'aussi
légers qu'on en voit partout, il étoit en état de comparer, d'éclaircir et de juger. Il profita des occasions
de s'introduire qui se présentoient alors en foule, et
saisit aussi celles que lui offrirent les bals et les
courses de traîneaux, où il parut avec la plus grande
magnificence. Il fut bientôt dans les plus étroites
liaisons avec les meilleures compagnies. L'usage,
dans les courses de traîneaux, étoit que les hommes

tirassent au sort dans un chapeau, où l'on mettoit tous les billets portant le nom de chaque dame. Le maître ou la maîtresse de la maison présentoit le chapeau aux hommes pour tirer le billet de la dame qu'ils devoient conduire. Il s'étoit tacitement établi que ceux chez qui la fête se donnoit demandoient au duc de Richelieu quelle dame il seroit bien aise de mener : on lui en donnoit d'avance le billet, qu'il avoit soin de tenir dans sa main en la portant dans le chapeau, pour avoir l'air de le tirer au sort comme les autres. Il avoit par ce moyen l'avantage de causer avec la dame qu'il menoit tant que duroit la course et sans être interrompu, souvent même pendant toute la soirée et le souper, où il se plaçoit à côté d'elle, ainsi que l'usage en étoit établi. Ceci peut faire voir le degré de prévenance qu'on cherchoit à lui marquer.

Le duc de Richelieu se trouva bientôt à portée de connoître la cour de Vienne beaucoup mieux que bien des gens qui y étoient depuis longtemps, par l'assemblage et la combinaison de tout ce qu'il réunissoit, et il peut hasarder d'en rendre bon compte ici. Il crut discerner par lui-même que les Anglois et les Savoyards vouloient le conduire, et s'imagina entrevoir que l'Empereur étoit bien éloigné de désirer la guerre ; qu'il ne songeoit qu'à assurer sa succession pleine et entière au mari de sa fille, et qu'il étoit humilié et outré de l'audace avec laquelle on vouloit lui faire révoquer une chose aussi juste que l'établissement d'une compagnie de commerce à Ostende. M. de Richelieu découvrit aussi qu'il y avoit deux partis dans le Conseil : celui des Espa-

gnols et Italiens, qui, à titre de nationaux, avoient
la préférence dans le cœur de l'Empereur, et celui
des Allemands, qui n'étoit pas fâché de voir l'Empereur attaqué sur un sujet pour lequel ils n'avoient
pas été consultés. Tous étoient fort embarrassés
pour faire sortir de là l'Empereur avec honneur, et
pour assurer sa succession ; mais ils ne s'entendoient
pas sur les moyens.

Cependant le duc de Richelieu faisoit part quelquefois au nonce de ce que ce prélat ne savoit point ;
le nonce faisoit de même, et cela le conduisit enfin
à parler au duc de Richelieu de la conciliation qui
étoit si fort à désirer, pour prévenir la guerre funeste
dont on étoit menacé. Le duc de Richelieu rendit
compte alors à M. l'évêque de Fréjus, depuis cardinal de Fleury, de tout ce qu'il savoit des sentiments
de l'Empereur et de son Conseil. La première fois
qu'on lui répondit fut pour lui marquer qu'il étoit
bien à désirer que les choses fussent telles qu'il
disoit, mais qu'à la cour de France on étoit bien
éloigné de s'en flatter [1]. Le duc ne discontinua pas

1. On ne manquait même aucune occasion de désavouer la
conduite de M. de Richelieu, et lord Walpole fut trompé,
comme les autres, à cette manœuvre. Dans une dépêche confidentielle du 28 septembre 1726, où il fait un détail très
curieux du nouveau ministère composé par le cardinal de Fleury,
il dit, au sujet de M. de Richelieu : « Les préventions de M. de
Saint-Saphorin (l'agent anglais à Vienne) contre le duc de
Richelieu ont été trop loin, en faisant supposer que la cour de
Vienne et celle de Versailles étaient d'accord sur la question
de la compagnie d'Ostende, et que la France serait disposée à
transiger. J'ai eu hier, à ce sujet, une conférence avec les
ministres français, et ils m'ont affirmé que M. de Richelieu ne

de suivre un objet aussi important, d'autant plus qu'il savoit des détails fort intimes et secrets, appuyés de faits, et le ton d'assurance qu'il y mit donna quelque confiance au cardinal de Fleury [1]. Enfin, celui-ci lui répondit que, s'il ne se trompoit pas, il falloit que l'Empereur fît des propositions qui pussent convenir à tout le monde. Le duc de Richelieu dit cela au nonce à peu près de la même façon, et lui ajouta : « Si je vous dis qu'on écoutera et recevra les propositions que l'Empereur pourra faire, m'en procurerez-vous ? » Le nonce lui répondit : « Oui ! je suis sûr d'en avoir de l'Empereur, et je vous

leur en avait pas écrit un mot et que toutes les fautes que cet ambassadeur avait pu commettre à Vienne lui étaient personnelles, sans avoir eu d'autre mobile que sa vanité et son inconséquence, sans qu'il n'y eût ni ordre, ni connivence de la part du gouvernement d'ici. J'ai communiqué au cardinal la plupart des lettres de M. de Saint-Saphorin sur le duc de Richelieu : il m'a démontré que, ce dernier ne lui ayant pas rendu le moindre compte de ses négociations particulières avec les ministres impériaux, on n'avait pu lui envoyer d'ici ni encouragement, ni approbation. On s'arrangera donc pour le rappeler, mais sans lui donner aucune marque de mécontentement, ce qui est tout à fait dans le caractère du cardinal. Il vaut peut-être mieux qu'il en soit ainsi et, selon moi, M. de Saint-Saphorin doit conserver jusqu'à nouvel ordre, vis-à-vis du duc, les formes de l'amitié et de la confiance. » (*Lord Walpole*, p. 254, 255.)

Puisque le duc ne fut pas rappelé, et que, quelques mois plus tard, il termina à la plus grande satisfaction du cardinal la négociation que la cour de Versailles désavouait d'abord si formellement, on peut lui faire honneur de ce succès, dû tout entier à son initiative et à son habileté.

1. Cf. une lettre confidentielle de Fleury, 30 octobre 1726, dont M. Kervyn de Lettenhove a publié un fragment (*Collections du baron de Stassart*, p. 72).

réponds en honneur et conscience que je vous les aurai, si vous m'assurez qu'elles seront reçues. » Le duc envoya à sa cour un courrier, et le cardinal de Fleury lui répondit qu'il pourroit recevoir ce qu'on lui donneroit par écrit. Quand il donna cette réponse au nonce, il le vit aussi aise qu'il l'étoit lui-même, et le nonce lui promit de lui donner bientôt les propositions de l'Empereur. Fort peu de jours après, il apporta des préliminaires, qu'il lui remit en pleurant de joie. Ils les lurent et relurent ensemble, et ils trouvèrent qu'il y avoit peu de choses à dire, mais quelques explications à faire.

Le duc de Richelieu envoya très promptement ces articles à sa cour [1] ; on les garda un peu plus long-temps ; cependant le cardinal de Fleury, qui vit que cela étoit sérieux, en fut bien satisfait. Il y eut

---

1. « Le 1er de l'année 1727, on a lu au Conseil une dépêche du duc de Richelieu, qui apprenoit que le nonce du pape à Vienne l'ayant fort pressé d'entrer dans quelqu'un des expédients que proposoient les ministres de l'Empereur, il avoit consenti à une conversation, mais en présence de l'envoyé de Hollande, afin d'éviter les soupçons que pourroient prendre les États Généraux et l'Angleterre que la France voulût s'accommoder sans eux. Après quelques réflexions sur la complaisance de l'Empereur, qui, malgré l'inutilité de ses premières avances, consentoit, pour n'avoir rien à se reprocher, à en faire de nouvelles, le nonce dit que, puisque le commerce d'Ostende étoit la cause de la guerre, l'Empereur consentoit de le suspendre *ad tempus*. C'étoit, comme l'on dit, mettre l'Angleterre et la Hollande au pied du mur. J'ai dit que cette proposition méritoit d'être accueillie : cependant il a été résolu d'attendre, avant que de l'accepter, ce que les Hollandois répondront, tant on craint de marquer d'autres désirs que ceux de l'Angleterre, lesquels tendent fort à la guerre. » (*Villars d'après sa correspondance*, t. II, p. 330).

encore une allée et venue au plus, et enfin, au grand
étonnement de tout le monde, on signa ces préliminaires fameux [1] qui décidèrent totalement l'Empereur à se livrer à la France et à faire le congrès, qui
se tint dans la ville la plus proche et la plus
commode. On pria le cardinal de choisir, et ce fut
Soissons.

De tous ceux qui furent les plus étonnés, ce fut
Saint-Saphorin [2], ministre d'Angleterre, qui avoit
passé sa vie dans les négociations et s'y croyoit, avec
raison, le plus habile, et le marquis de Breil, ministre
du roi de Sardaigne, qui étoit l'homme de confiance
de ce prince et le plus fin, et qui croyoit déjà joindre
la plus grande partie du Milanois aux états de son

1. Ils furent signés d'abord à Paris, puis à Vienne, le 14 juin
1727, par le duc de Bournonville, ambassadeur d'Espagne, et
M. de Richelieu. Voyez ci-après, p. 25 et suivantes, diverses
lettres à cette occasion.

2. « Il paroissoit que les Hollandois étoient peinés de ce que
le duc de Richelieu avoit écouté les propositions du nonce :
cependant comme ce n'avoit été qu'en présence de leur ministre
à Vienne, ils ne pouvoient douter de nos bonnes intentions.
Mais ces propositions aux deux ministres, arrivées en Angleterre,
déplurent fort ; et le comte de Broglie envoya une lettre du
duc de Newcastle, qui fut lue au conseil du 26, par laquelle il
paroissoit que le ministre d'Angleterre étoit très fâché que le
duc de Richelieu eût écouté aucune proposition sans la communiquer au comte de Saint-Saphorin, ministre d'Angleterre
auprès de l'Empereur ; et ils demandèrent que si les Espagnols
attaquoient Gibraltar, la France attaquât l'Espagne avec ses
principales forces. Cette idée, la même que celle des Hollandois,
marque bien le dessein d'engager la France contre l'Espagne,
sans songer que la France a des ennemis plus dangereux du
côté du Rhin et de la Meuse. » (*Villars, d'après sa correspondance*, p. 331).

maître. Ce dernier ministre en fut malade ; il ne pouvoit depuis voir sans frémir le duc de Richelieu, et il le fuyoit, quand il le rencontroit. Un jour, le duc de Richelieu lui demanda s'il pouvoit lui reprocher qu'il lui eût jamais dit un fait qui fut faux ni commis aucun mensonge ; il lui répondit : « Non ! » et qu'il avoit fait sa charge.§Le ministre hollandois fut au contraire fort content.

Tout ce qui vient d'être dit pourra paroître trop plein de détails frivoles ; mais, quand on fera réflexion à l'objet de ce mémoire, si intéressant pour l'auteur, on les lui pardonnera, et on conviendra qu'il faut bien connoître la situation des principales puissances de l'Europe, dans le moment d'une grande révolution si importante. Cela donnera d'ailleurs une idée du ressort qui l'a produite, et que presque tout le monde auroit peine à connoître.

APPENDICE

I

A propos de la signature des préliminaires à Paris (ci-dessus, p. 24, note 1), le cardinal de Fleury écrivoit au duc de Richelieu le 4 juin 1727 : « Vous me pardonnerez bien, Monsieur, d'avoir répondu si laconiquement à la dernière lettre dont vous m'avez honoré, du 22ᵉ du passé, et vous ne doutez pas que je n'aie été très occupé depuis huit jours. Nous voilà, comme vous dites, dans le fort de la crise de l'Europe ; mais par vos soins nous sommes déjà bien avancés, et il ne tiendra plus qu'à l'Espagne que le grand ouvrage de la paix ne soit perfectionné, s'il ne peut être encore tout à fait consommé. On a donné par malheur au roi et à la reine des espérances prochaines de la prise de Gibraltar, que je ne crois fondées que dans l'imagination du comte de Casteras ; mais enfin, comme on aime à la flatter, la reine croit déjà voir cette importante place hors des mains des Anglois, qu'elle hait comme des crapauds et déteste comme les ennemis de l'Église et du genre humain. Je crains donc que cette espérance, toute frivole qu'elle est, ne l'engage à prolonger le temps de la signature, et que celle que nous avons faite ici ne devienne inutile ; car il est bien certain que l'Empereur ne se séparera pas de l'Espagne. Nous en serons bientôt éclaircis ; cependant vous voyez que ces Anglois, qu'on nous reprochoit de nous gouverner et qu'on accusoit de vouloir la guerre à quelque prix que ce fût, se sont rendus dociles et ont fait ce que nous avons voulu : ils ont trouvé bon que nous ne déclarassions point la guerre, quoiqu'ils fussent en droit de l'exiger de nous ; ils ne l'ont pas déclarée eux-mêmes, et ont signé les préliminaires sans restriction. Ma première vue avoit été d'abord de renvoyer la signature à Vienne, mais la crainte de quelque nouvel incident, qui pouvoit venir de Londres, nous a porté à croire qu'il valoit beaucoup mieux dès à cette heure fixer l'acceptation des articles préliminaires. Nous avons appréhendé aussi que l'Espagne ne mît quelque nouvel empêchement à la conclusion de cette grande affaire, ou du moins ne voulût l'allonger par des difficultés, ce qui ne seroit guère moins fâcheux dans les conjonctures présentes qu'un refus de signer ; au lieu que, quand elle verra les principales parties d'accord, elle sera plus portée apparemment à y donner son consentement. Voilà, Monsieur, les raisons qui nous ont obligé à signer ici, et que je suis persuadé devoir être approuvées par l'Empereur.

« La plainte de quelques-uns du Conseil sur ce que vous donniez peu d'instructions des démarches de la cour impériale, ne doit point vous inquiéter, et n'a fait aucune impression fâcheuse contre vous. Il y a des temps où on voudroit savoir à chaque instant ce qui se passe, et il est naturel de le désirer. On avoit eu des nouvelles de la marche de quelques troupes dans l'Empire avant qu'on l'eût appris par vous, et c'est ce qui donna occasion à cette plainte. Mais je puis vous assurer qu'on est infiniment content de vous, et de la manière dont vous vous êtes conduit dans toute cette affaire. On a connu la vérité de ce que vous aviez toujours mandé, du désir sincère que l'Empereur avoit de la paix, et on a vu que vous ne vous étiez pas trompé. Il ne tiendra pas à moi que le Roi ne vous donne des marques au plus tôt de sa satisfaction, et je vous supplie d'être persuadé, Monsieur, de mon inviolable attachement. » (*Catalogue Charavay*, 30 janvier 1882, n° 70).

Le 30 juin, le Roi complimenta son ambassadeur en ces termes : « Mon cousin, vous m'avez donné des preuves distinguées de votre zèle et de votre habileté dans la conduite que vous avez tenue pour déterminer l'Empereur et ses ministres à consentir aux conditions que je vous avois chargé de leur proposer comme le seul moyen de prévenir une guerre qui devenoit inévitable ; mais vous ne pouviez m'envoyer de nouvelle plus agréable que celle que le courrier Banières m'a rapportée de votre part, avec votre lettre du 14ᵉ de ce mois, et je vois avec toute la satisfaction possible que vous êtes parvenu à engager le duc de Bournonville à signer de la part du roi d'Espagne les mêmes articles qui avoient été signés en mon nom et de la part du roi de la Grande-Bretagne et de la république de Hollande, à Paris, le 31ᵉ mai, avec le baron de Fonseca, ministre de l'Empereur. Le désir que j'avois d'établir ce premier fondement de ma réconciliation avec le roi d'Espagne me fait remarquer encore davantage toutes les circonstances de la bonne conduite que vous avez tenue en cette occasion, et j'ai le plaisir de voir que vous avez su allier la fermeté nécessaire sur les points qui pouvoient intéresser le bien de mon service et la dignité de ma couronne, avec les ménagements convenables pour assurer par la signature du ministre d'Espagne à Vienne la conclusion de l'ouvrage important que j'avois confié à vos soins. Je vous renouvelle encore avec plaisir les assurances de toute la satisfaction que j'ai de vos services en une occasion aussi importante, et je suis bien aise d'avoir éprouvé par moi-même que votre capacité pour les grandes affaires répond parfaitement à l'illustre nom que vous portez et à l'idée que j'avois conçue de vos talents. »

Le congrès de Soissons fut l'objet d'une cruelle déception pour M. de Richelieu, qui avait compté y prendre la place réservée au premier ministre. Dans sa dépêche autographe du 9 août 1727, le cardinal de Fleury s'explique comme il suit sur les plaintes que le duc avait probablement fait entendre : « Quand j'ai eu l'honneur de vous mander le scrupule que vous eussiez peut-être pu avoir de vous trouver au-dessous de moi au congrès, c'étoit moins par rapport à votre manière de penser que je le disois, que par rapport à quelques-uns de MM. les ducs, que j'appellerois volontiers *rigoristes*, et qui poussent un peu loin leurs prétentions. Je sais qu'ils ne vont pas jusqu'à demander une parfaite égalité ; mais ils auroient dit du moins que vous ne deviez pas chercher vous-même ou consentir à vous dégrader.

« Je vous rends mille grâces, Monsieur, de vous être expliqué si naturellement avec moi et avec une si parfaite confiance. J'avois déjà assez entrevu vos dispositions pour n'avoir pas été surpris en les apprenant plus nettement, et je savois que vous n'aviez pas un grand goût pour le con-

grès ; mais je croyois que vous ne seriez pas indifférent à
l'ambassade d'Espagne. Je vous servirai selon votre inclination, et, quand il sera question de nommer les plénipo-
tentiaires, j'aurai soin de dire que vous n'aviez ni demandé
ni refusé d'être du nombre ; que je vous ai fait pressen-
tir là-dessus, et qu'en répondant que vous étiez prêt à servir le Roi partout où il jugeroit à propos de vous
employer, votre mauvaise santé ne laissoit pas de vous
faire quelque peine. J'ai déjà dit par avance qu'il ne tien-
droit qu'à vous d'être nommé plénipotentiaire, mais que
cependant S. M. ne vous forceroit pas à l'accepter, pour
peu que votre santé ne vous le permît pas.

« A l'égard de l'ambassade d'Espagne, j'ai cru devoir
dire au Roi que vous y seriez plus propre que personne,
et je vous ai mis sur la liste des sujets que j'ai envoyée à
Madrid, en marquant que vous ne l'aviez pas demandé
et que je ne savois pas si vous vous portiez assez bien pour
l'accepter. Je crois que je suis entré dans votre esprit, et
ç'a été au moins mon intention.

« Pour ce qui est de l'envie que vous auriez d'avoir une
charge à la cour ou un gouvernement de province, vous
êtes certainement, comme on dit, du bois pour y prétendre
légitimement, et, si l'occasion s'en présente, je vous promets d'en parler fortement au Roi ; mais je ne vous cache-
rai pas que, dans l'un de ces deux cas, vous ne laisserez
pas d'y trouver des obstacles, quoique en petit nombre à
la vérité ; mais en général, je vous assure, Monsieur, que
je vous rendrai très sincèrement les services qui dépen-
dront de moi.

« Non-seulement je ne trouve point mauvais le naturel
avec lequel vous m'avez fait l'honneur de me dire vos
sentiments, mais je m'en tiens honoré et vous en remer-
cie..... »

II

Dans ce mémoire succinct, M. de Richelieu ne pouvait faire mention du singulier épisode de ces accusations de sorcellerie répandues par ses ennemis et colportées dans les feuilles satiriques (*Mémoires de Duclos*, p. 626). Soulavie (*Mémoires*, t. V, p. 230 et suiv.) a reproduit deux lettres du duc à M. de Chavigny, une lettre écrite de Rome par le cardinal de Polignac et une autre écrite de Paris par M. de Silly. Voici, d'autre part, le billet autographe que le cardinal de Fleury écrivit, le 9 août 1727, à l'ambassadeur : « M. de Morville vous a écrit sur une nouvelle que des gens mal intentionnés ont fait courir sur votre compte, et qui a causé un grand chagrin à tous vos amis. Je suis bien éloigné de vous soupçonner d'une aussi horrible action, et si extravagante en même temps ; mais je me figure que la réclamation que vous fîtes du moine aura donné lieu à vouloir vous y mêler. Quoique je vous en croie fort innocent, il est pourtant nécessaire que vous vous justifiiez d'une si noire accusation, et que vous laviez jusqu'à la moindre ombre de soupçon. » Le maréchal manda à Morville qu'il avait cru devoir réclamer ce moine, parce qu'il était l'agent de Bonneval, son parent, mais qu'il l'avait abandonné, sachant mieux ce que c'était (*Villars*, p. 342). Le cardinal, satisfait, écrivit à la date du 2 septembre : « Je ne vous parle plus de la noire et affreuse calomnie qu'on avoit voulu vous imputer, et elle n'a trouvé créance que dans l'esprit de gens mal intentionnés et accoutumés à vouloir croire tout ce qui est de plus méchant et de plus extravagant. »

Enfin, M. de Richelieu, le 13 septembre, écrivait ce qui suit à son ami Silly :

« Quant à l'histoire qui a couru sur moi, elle a donné

beau jeu à la broderie que mes ennemis y ont faite ; mais je vous avoue que je la méprise beaucoup, et il me paroît qu'elle est bientôt tombée dans le mépris qu'elle mérite et où se trouvent ces sortes d'histoires quand elles sont fausses, et, en un mot, cela est si fou et si faux, que je vous avoue que je n'y puis faire aucune sincère attention, surtout le cardinal sachant sûrement le peu de vérité qu'il y a, et ce qui y a donné lieu que je ne pouvois pas éviter. Enfin, on pourra me croire impie, mais non pas d'une façon aussi ridicule, et ceux qui liront mes dépêches et qui voudront sans partialité examiner ma conduite auront peine aussi à me croire sans jugement. Ce sera de tels gens qui me jugeront dans les affaires principales, et les autres, je crois, seront forcés de souscrire à leur jugement.

« Vous ne me marquez pas que M. le comte du Luc s'est distingué dans la distribution des relations de mon affaire et montroit des lettres de Rousseau, qui croyoit lui faire l'équivalent d'une ballade en tâchant de dénigrer son successeur, et une autre d'une vieille femme de ce pays-ci avec laquelle je suis brouillé, parce que ces vieilles vouloient que je leur donnasse souvent à dîner, ce que je n'ai jamais voulu faire une seule fois, et enfin, poussé d'impatience, je répondis une fois à quelqu'un qui m'en parloit, qu'un ambassadeur ne devoit connoître que les gens aimables et les gens utiles, et que, ces vieilles n'étant dans aucun de ces deux cas, et devant peut-être mourir avant mon départ, je ne voulois pas qu'elles m'ennuyassent. Or, M. le comte de Luc, qui n'avoit rien à faire par ici qu'à écouter des sornettes et dire des polissonneries, avoit ses raisons pour ménager ces vieilles femmes, avec quelques-unes desquelles il a conservé commerce, et ils se sont trouvés unis pour me dauber. Mais, comme les vieux chiens n'ont plus de dents, leur morsure ne fait pas grand mal... »

III

Louis XV, très satisfait de la conduite de M. de Richelieu dans l'affaire du chapeau du cardinal de Fleury, lui écrivit le 21 septembre 1726 :

« Mon Cousin, vous ne pouviez me donner une marque plus sensible de votre zèle et de votre empressement à faire réussir les affaires que je confie à vos soins, qu'en sollicitant comme vous avez fait le consentement de l'Empereur pour la promotion de l'ancien évêque de Fréjus à la dignité de cardinal. J'ai vu avec un extrême plaisir, par la lettre que vous m'avez écrite le 3 de ce mois, l'effet des instances que vous aviez faites de ma part pour obtenir ce consentement, et les précautions que vous avez prises pour faire en sorte que le Pape en fût informé promptement, afin que S. S. ne pût différer plus longtemps de m'accorder une grâce que je désirois avec tant d'ardeur, et ces précautions ont eu un tel succès que j'ai appris aujourd'hui par le même courrier que vous avez dépêché de Vienne à Rome et que le cardinal de Polignac m'a renvoyé de Rome, que l'onzième de ce mois S. S. avoit promu dans son consistoire l'ancien évêque de Fréjus au cardinalat. Ainsi, vous pouvez juger de la joie que je ressens de voir cette affaire terminée aussi heureusement, et, comme je suis bien aise de témoigner à l'Empereur toute ma gratitude du consentement qu'il a bien voulu donner à l'anticipation de cette promotion, je lui écris la lettre ci-jointe pour le lui marquer, et vous devez, en la lui remettant, l'assurer qu'il peut compter de trouver toujours de ma part la même bonne volonté à entrer dans tout ce qu'il pourra désirer sur les choses qui l'intéressent personnellement. Mais je suis bien aise de vous marquer aussi que je suis très satisfait du zèle que vous avez fait paroître en cette occasion pour

l'exécution des ordres que je vous avois donnés, et que,
comme vous ne pouviez me rendre un service plus agréable
que de conduire promptement cette affaire à une heureuse
conclusion, mon intention est de vous donner des marques
de l'approbation qu'a méritée de moi la conduite que vous
avez tenue depuis le commencement de votre ambassade. »

IV

Tandis qu'il était à Vienne, le duc de Richelieu ne
négligeait pas ses relations à la cour de France. La lettre
suivante qu'il écrivait à Mme de Prye, la toute-puissante
maîtresse du duc de Bourbon, alors premier ministre,
montrera sur quel pied de familiarité il se trouvait avec
elle. Nous conservons l'orthographe de l'original.

« A Vienne, ce 17 octobre 1725.

« J'ai reçu, Madame, l'extrait du journal de la tour de
Babel que vous m'avés fait l'honeur de m'envoyer, et come
je suis un peu plus pris que vous et que d'ailleurs cette
cour ci y ressemble beaucoup, j'i répond dans le même
stile, parmi lesquels il y en a qui m'étoient fort incognus ;
mais, come en ce pays ci on aime mieux dire des sotises que
de demeurer cour, je me conforme à l'usage du pays, et
vous vérés dans le galimatias que j'ai l'honeur de vous
envoyer un modèle des conversations de ce pays-ci. Ce que
vous me faites l'honeur de me mander de celles du pays
que vous habités, où vous prétendés que vous avés entendu
dire un peu de bien de moy, me fait assurément grand
plaisir, et il y a des aprobations qui flate bien mon amour-
propre de toutes façons, et assurément la vostre est à la
teste ; car je vous assure, Madame, qu'il n'y a rien de si
sincère et qu'il n'y aura rien de si fidel et de si solide que
les sentiments, j'ose dire, de l'amitié, de l'atachement et

du respect que j'aurai toute ma vie pour vous ; l'inclination les a formés, la raison les justifie ; ainsi il n'y en a point, je vous jure, sur qui vous deviés tant comter. J'ay apris avec bien de la joye les merveilleux changements de votre cour et la satisfaction où tout le royaume est de notre reine : cela en doit être une grande pour ceux qui ont contribué à nous la faire avoir, et si les suites répondent, come il y a tout lieu de s'en flater, à d'aussi heureux comencements, la cour deviendra bien aimable, la tranquilité du royaume bien afermie par des dauphins, et les frondeurs bien confondus. Le roy a passé toutes espérances et achevé le bonheur de la reine par ses bons procédés et ses prouesses : cela est encor plus agréable pour ceux qui, étant obligé de le représenter, pouroient, sur ce chapitre là, l'imiter mieux que d'autres ; je crois pouvoir m'en flater et avoir de quoi faire taire de la bone façon les jaloux de ma gloire et convaincre ceux qui voudroient douter que je peut dignement représenter un tel maître ; mais ce seroit domages de prodiguer des exploits aussi royaux aux bautés germanique, qui ne méritent pas tant de soin. D'ailleurs, je croi que cela ne doit pas passer les sujets du roy ; si cependant on trouve à propos dans le conseil que de tems en tems je fasse voir ce que peuvent les François et qu'ils ne sont pas dans l'état misérable où l'on vouloit les décrier en Europe, cela me sera fort facil ; mais je vous assure que cela étonera beaucoup en ce pays, où l'on n'est point accoutumé à pareille chose, ce que j'ai vu par l'étonement où toutes les dames ont été en aprenant ces particularités que je n'ai laissé ignorer à aucune.

« Je vous assure, Madame, que je conte assés sur la solidité des bontés dont vous voulés bien m'assurer et sur les ofres que vous daignés me faire, pour m'adresser librement à vous si j'avois quelques choses à désirer à la cour ; mais la satisfaction où l'on me flate qu'on est de moy, les bontés

dont **M.** le Duc veut bien m'assurer, comble touts mes
veux, et mes désirs ne vont point au delà. J'avois désiré, en
partant, fort vivement, d'estre chevalier de l'ordre ; je
l'aurois désiré davantage, si j'avois vu la nécessité dont
cela étoit dans ce pays et la surprise désagréable où l'on a
été de ne me le point voir ; mais je ne pense plus qu'à
tâcher de bien venir aranger les afaires importantes qu'il
y a ici et revenir avec cette satisfaction, si je suis assés
heureux d'y parvenir, de mériter l'aprobation du roy, les
bontés de **M.** le Duc ; et si je puis joindre à cela vos
bonnes graces et l'espérance de pouvoir avoir toujours en
vous une amie solide, je vous assure que tous mes veux
seront comblés. Mais, en ce pays, l'enuy me gagnent ; je
travaille come un chien, et la fatigue accable ma santé,
qui n'est pas encore bien forte ; la filosophie me tient à la
gorge, qui me fait désirer de la tranquilité et pouvoir venir
jouir de la douce société de mes citoyens et citoyenes,
après estre sorti de la réputation frivole dont je m'étois
enfariné. Quand je serai arrivé là, que je serai heureux,
surtout si vous estes bien persuadée de l'atachement et du
respect avec lequel je serai tant que je vivrai,

    Madame,

        Votre très humble et très obéissant serviteur.

            Le duc de Richelieu.

« Je vous demande bien pardon de tout mon grifonage,
mais j'ai reçu votre lettre hier, il faut faire partir mon
courier, et c'est une chose pénible à un ambassadeur que
d'expédier un courier : j'ai voulu vous répondre par lui et
j'ai mieux aimé vous doner un peu de peine à déchifrer
tout celà que d'atendre plus longtens par la poste une mauvaise réponse.

« M. le marquis de Breill, ministre du roy de Sardaigne,
me charge de vous assurer de mille respects de sa part et

de vous demander si vous vous ressouvenés de lui : il vous respecte et vous honore beaucoup, et prétend que vous l'aimiés un peu quand vous étiés à Turin, mais qu'il a bien peur que vous ne l'ayés oublié. » (Bibliothèque nationale, ms. Français 22798, fol. 1).

Peu de mois après, Monsieur le Duc était remplacé par le cardinal de Fleury, et Mme de Prye partageait la disgrâce de son amant.

II

COMMANDEMENT EN LANGUEDOC.

(1738).

M. le duc de Richelieu, revenu à Paris, se présenta
à la cour, dans le rang des courtisans. On pensa
pour lui et il songea lui-même à quelque ambassade ;
mais plus il resta à Paris, plus il sentit que la vie
qu'il y menoit étoit plus désagréable que celle d'être
en ambassade. Il songea donc à en avoir une ou un
gouvernement, et M. le cardinal de Fleury lui donna
toute sorte d'espérances pour l'un ou pour l'autre.
Dans ces circonstances-là, M. le maréchal d'Estrées,
vice-amiral et en même temps lieutenant général de
Bretagne, gouverneur du pays Nantois et commandant de la province, où il alloit tous les deux ans
tenir les États, vint à mourir [1]. Sa place en Bretagne
plaisoit infiniment à M. le duc de Richelieu, qui la
demanda, et M. le cardinal de Fleury lui dit que le
Roi [la] lui donnoit, mais de n'en rien dire jusqu'à
ce qu'il l'eût appris à Mme la comtesse de Toulouse,
mère de M. le duc de Penthièvre, [qui étoit] encore
enfant et qui avoit eu le gouvernement de Bretagne
à la mort de son père. Malheureusement, Mme la
comtesse de Toulouse en parla à Mlle de Charolois,

1. Le 28 décembre 1737 ; il était doyen des maréchaux de
France.

qui étoit brouillée depuis quelques années avec M. de Richelieu [1] et le persécutoit avec acharnement, et celle-ci lui persuada [2] que, si elle souffroit que M. le duc de Richelieu eût ladite place, il travailleroit à dégrader son fils de son autorité et à le réduire à rien dans son gouvernement, qui ne seroit plus qu'un fantôme, de sorte que M. le cardinal de Fleury, qui avoit dit à M. le duc de Richelieu que le Roi lui donnoit ladite place et qu'il le prioit seulement d'en garder le secret pendant quelques jours, se renferma chez lui pour une très légère incommodité qu'il eût, et reçut une fois seulement M. le duc de Richelieu avec plusieurs personnes qu'il voyoit, et parut dans un embarras si grand, que M. de Richelieu en fut effrayé, et n'osa pas, dans ce monde, en chercher une explication aussi subite. Il sortit donc avec tout le monde, pour ne pas importuner dans le moment M. le cardinal Fleury, qui étoit doux et aimable et tâchoit de satisfaire autant qu'il pouvoit tous ceux qu'il aimoit et avec lesquels il étoit en société. Il avoit cessé, il est vrai, de donner à M. le duc de Richelieu toute marque d'amitié ; mais il parloit souvent de sa reconnoissance pour la manière dont [le duc] l'avoit servi en lui faisant donner son chapeau de cardinal. M. de Richelieu ne fut pas longtemps à voir qu'il s'étoit élevé contre lui quelque chose qu'il ne pouvoit comprendre. Il revint chez M. le cardinal le lendemain pour le voir, et le valet

1. Après avoir été trop bien avec lui.

2. Tout le commencement de cette phrase est tellement embrouillé, que nous sommes obligés d'établir un texte compréhensible.

de chambre lui dit qu'il ne recevoit personne que
pour des affaires pressées de l'État, et que les
médecins lui avoient défendu de recevoir des visites.
Le lendemain, on dit même chose à M. de Richelieu ;
mais, comme il attendit plus longtemps, il vit entrer
des seigneurs de la cour, qui n'avoient point à parler au cardinal des affaires de l'État. Il passa dans la
chambre de son secrétaire [1], y écrivit une lettre,
pour lui marquer combien son esprit et son cœur
étoient alarmés de ce qu'il avoit lieu de craindre.
M. le cardinal ne lui répondit point par écrit, mais
lui fit dire par son valet de chambre, qu'il lui demandoit en grâce de ne point se fâcher ni s'alarmer, et
d'être bien sûr de son amitié. Cela parut fort
honnête à M. de Richelieu, mais point rassurant pour
la place de Bretagne. Il alla le soir chez Mme de
Mazarin, ou étoit Mme de Saint-Florentin, femme du
ministre et belle-fille de Mme de Mazarin. Mme de Saint-
Florentin lui dit qu'elle le cherchoit et avoit envoyé
savoir où il étoit, ayant à lui parler de la part du
cardinal de Fleury ; mais que, comme elle le voyoit
trop fâché ce soir, elle ne vouloit lui rien dire et le
prioit de venir le lendemain matin chez elle. Enfin,
quelques instances qu'il fit, elle résista, et elle lui dit
seulement qu'il devoit compter sur l'amitié du cardinal, qui étoit fort en peine de savoir s'il étoit fâché
et disoit que, si M. de Richelieu étoit raisonnable,
il auroit de quoi se défâcher. Comme M. de Richelieu

---

1. Il en avait trois : Dupan, de Monglas et Gérard, ce dernier chargé de la feuille des bénéfices (*Mémoires de Luynes*,
t. IV, p. 417).

comptoit beaucoup sur son amitié, il cherchoit à
savoir de Mme de Saint-Florentin ce que pouvoit
valoir le gouvernement de la Bretagne que le cardinal
de Fleury lui avoit formellement promis. Il se fâcha
contre Mme de Saint-Florentin, lui disant qu'il ne
voyoit rien d'assuré. La dernière réponse qu'elle lui
fit fut qu'elle le voyoit trop en colère pour lui parler
le soir même, que ce ne seroit que pour le lendemain,
à l'heure qu'elle lui donna pour aller chez elle, et
elle sortit de chez Mme de Mazarin brusquement.
M. de Richelieu eut beau rêver ; il n'en imagina
rien. Le lendemain, il alla chez Mme de Saint-Florentin,
qui lui conta l'histoire de Mlle de Charolois et de
Mme la comtesse de Toulouse, qui avoient parlé au
Roi directement et avoient mis le cardinal dans un
grand embarras, et elle lui donna la plus grande
marque d'amitié de la part du cardinal que l'on puisse
jamais donner à personne, en cherchant et trouvant
le moyen de procurer à M. le duc de Richelieu une
chose équivalente, que même il estimeroit davantage. C'étoit une lieutenance générale du Languedoc,
et ce que l'on appelle dans ce pays-là la Grande
Patente, c'est-à-dire la patente de gouverneur,
avec laquelle on jouit de tous les honneurs, préro-
gatives et autorités [1]. Mme de Saint-Florentin le pressa

---

1. Cette lieutenance générale étoit occupée par le marquis
de la Fare, qui eut celle de Bretagne, et ce fut pour établir
une compensation qu'on attribua à M. de Richelieu, outre les
fonctions ordinaires, le commandement de la province. (*Gazette
du 5 avril 1738.*) Cf. *Luynes*, t. II, p. 83 et suiv. : « L'on croyoit
que la lieutenance générale de Bretagne seroit donnée à M. de
Richelieu, je lui en voulus faire mon compliment le 28 mars. Il

en même temps d'être raisonnable et d'accepter le
changement proposé. M. de Richelieu avoua qu'il
avoit eu tant de peur la veille de la sentence de
renonciation qu'il falloit faire à la Bretagne, qu'il
n'eut pas de peine à dire à Mme de Saint-Florentin
que, si elle lui conseilloit d'être content, il s'en
rapporteroit à elle et à M. le cardinal. Dès qu'il eut
lâché cette parole, elle partit sur le champ pour
aller trouver le cardinal, en l'assurant qu'il en seroit
aussi aise qu'elle, et, à son retour, elle assura M. le
duc de Richelieu que le cardinal étoit très content.
Lui, eut beaucoup de peine à cacher qu'il ne l'étoit
pas autant. Il alla trouver le cardinal, à l'heure qui
lui fut donnée par Mme de Saint-Florentin, et lui
marqua toute sa reconnoissance de ce qu'il voyoit
bien qu'il avoit été obligé de faire pour lui donner
une preuve de son amitié. Comme on aime les gens
à qui on a rendu de grands services, le cardinal
donna à M. de Richelieu encore plus de marques
d'amitié qu'il ne lui en avoit témoigné. Enfin, à la
fin de l'année, M. le duc de Richelieu alla en
Languedoc[1] tenir les États et jouir de cette place,

me dit qu'il y avoit encore des arrangements qui rendoient
cette décision incertaine ; ces arrangements ne furent finis que
le 29. M. de la Fare vint ce même jour chez moi, et me dit que
le Roi venoit de lui donner la lieutenance générale de Bretagne,
et à M. de Richelieu celle de Languedoc. Ces deux lieutenances
générales ne sont nullement semblables, etc. » Quant à M. de
Penthièvre, il eut comme compensation à ces arrangements
une augmentation de 13,000 francs sur les appointements de sa
charge de grand veneur. (Arch. nat., O¹82, f. 183.)

1. Voy. ses Instructions aux Arch. nat., carton TT 446, et,
sur ses relations avec les protestants, TT 337 et 355.

qui seroit la plus belle que le Roi ait à donner dans ce genre-là, si elle étoit aussi stable que le sont les gouvernements [1].

1. Ce que M. de Richelieu ne dit pas, c'est qu'il déploya dans l'administration du Languedoc la même habileté, les mêmes ressources qui l'avaient fait triompher seul de tant d'obstacles à Vienne. Il se fit bien voir de ceux qui devaient être ses ennemis, ses rivaux naturels ; apaisa les dissensions qui séparaient soit le clergé et le parlement, soit les catholiques et les protestants ; enfin, il fit de sa province, pendant le temps qu'il y passa, un modèle de conduite et de dévouement.

III

MESDAMES DE MAILLY,
DE VINTIMILLE ET DE CHATEAUROUX [1]

(1740-1744).

M. le duc de Richelieu se rendit à Montpellier [2],
avec Mme de Richelieu, sa femme [3] et ils y jouirent
tous deux de la plus grande considération et de tous
les agréments de la société ; mais il eut le chagrin
de voir mourir Mme de Richelieu à Paris, puis, fort
peu de temps après, de retourner sans elle à Montpellier, et de revenir encore à Paris, où il trouva les
suites de nouvelles tracasseries de Mlle de Charolois.

Cette princesse, quoiqu'elle eût une tête fort légère,
saisissoit avec vivacité tout ce qu'on lui présentoit.

1. Ce fragment porte le numéro 7 ; mais il ne semble pourtant pas qu'il y ait lacune entre le précédent et celui-ci.

2. Fin octobre 1738. Cf. *Luynes*, t. II, p. 267.

3. Il avait épousé, en secondes noces, le 14 avril 1734, Élisabeth-Sophie de Lorraine, princesse de Guise, qui lui donna un fils, le duc de Fronsac, puis, à Montpellier, une fille, plus tard Mme d'Egmont. La duchesse, très souffrante depuis la naissance de ce dernier enfant et trouvant l'air de Montpellier mauvais pour sa poitrine, désira revenir à Paris, bien que son séjour en Languedoc eût été constamment heureux. Le mal s'aggrava dans le voyage, malgré les soins très tendres de M. de Richelieu, et elle mourut au Temple, le 2 août 1740, inconsolable de quitter l'existence et un mari qu'elle adorait. Voy. *Vie privée*, t. I, p. 335 et 336, et *Mémoires du duc de Luynes*, t. III, p. 224.

[Elle] avoit très bien fait sa cour à Mme de Mailly, toujours maîtresse du Roi ; mais Mme de Mailly avoit pris avec elle Mme de Vintimille, sa sœur, qui trouva fort mauvais l'ascendant qu'affectoit Mlle de Charolois, et qui ne songea qu'à les brouiller. Elle y réussit bientôt, parce qu'elle avoit plus d'esprit que les autres.

Cependant, M. le duc de Richelieu, qui étoit retourné en Languedoc pour tenir les États [1], et qui devoit y rester fort longtemps, apprit que la guerre alloit se déclarer [2], et il ne voulut pas aller en Allemagne, de peur que les troupes n'y restassent

---

1. Ouverts le 15 décembre 1740.

2. Son opinion était déjà arrêtée à ce sujet avant qu'il repartît pour le Languedoc. Le 10 novembre, étant encore à Paris, il écrivait au comte de Châteaupéage : « Dans mes conditions pacifiques, je n'avois pas compris la mort de l'Empereur, et cet événement change assurément ma façon de penser. Il me paroît même impossible d'imaginer que cela se termine sans armées en campagne. Il y a des gens ici cependant qui assurent que, au contraire, cela doit tout pacifier. Je crois qu'il faut les mettre au rang de ceux qui parlent sans savoir ce qu'ils disent : du moins, c'est fort mon sentiment. La flotte angloise est partie avec huit mille hommes de débarquement, et il me semble que tout s'apprête à de grands troubles dans toutes les parties du monde. Le ministre de l'Électeur de Bavière a débuté à Vienne à demander satisfaction sur l'exécution du testament et des dispositions de Ferdinand, par lesquels la majeure partie de la succession de l'Empereur appartient à la maison de Bavière. Vous voyez que, par ce que nous savons, sans parler de ce que nous ne savons pas, on ne sauroit guère penser que cette succession se partage sans procès. Chaque jour on en apprendra des nouvelles, et je compte peut-être vous en dire dans le 4 ou le 5 de décembre, que je serai à Lyon... » (Arch. nat., K 143, n° 4)

l'hiver et que cela ne lui fit perdre son commandement de Languedoc, dont il étoit tous les jours plus content. Il se destina à servir en Flandre, et voulut revenir à Paris, pour avoir une part dans le commandement des armées, s'il y en avoit plusieurs.

A cette époque, le Roi, assez isolé, faisoit toutes les semaines un voyage d'un jour ou deux à Saint-Hubert, puis revenoit à Versailles [1], et ce fut là que M. de Richelieu alla lui faire sa révérence. Il trouva à S. M. un air moins embarrassé à son égard qu'auparavant. Comme il n'avoit rien à se reprocher, et qu'il n'étoit pas en présence des deux sœurs, cette entrevue ne lui fit aucune sensation ; mais ce qui lui en fit beaucoup c'est qu'allant, l'après-diner, faire une visite à Mme la duchesse de Ventadour, il y trouva Mme de Mailly avec Mme de Vintimille, qui lui firent des agaceries et lui donnèrent des marques d'amitié comme si jamais ils n'avoient rien eu à démêler ensemble. Mme de Vintimille, qui avoit été très peu de temps à la cour avant que M. de Richelieu en partit, se surpassa encore en empressement et assurances d'amitié, et l'engagea à les revoir, de façon qu'il ne pouvoit comprendre un changement aussi subit, ni ce qui pouvoit en être cause. Il répondit donc modérément à ces marques d'amitié, ne croyant pas devoir s'y livrer. Mais ces dames l'engagèrent à venir se présenter au souper du Roi, dans un voyage de Choisy. M. de Richelieu avoit abandonné ces invitations, après avoir vu à S. M. du

1. Ce sont les voyages de Saint-Léger dont parle le duc de Luynes (t. III, p. 480-482), en y signalant la présence de M. de Richelieu.

refroidissement et avoir été refusé deux ou trois fois ;
mais la garantie que ces dames lui donnèrent que
le Roi seroit fort aise qu'il se présentât, le rassura,
et surtout ce que lui dit, dans cette conversation,
Mme de Vintimille, qui avoit plus d'esprit que sa
sœur, qu'elle regardoit comme un oison. M. le duc
de Richelieu se présenta donc au souper du Roi [1] ;
il y fut accepté ; plusieurs courtisans en furent fort
étonnés, mais aucun ne put l'être autant que lui-
même. Il soupa avec S. M. un jour ou deux après la
conversation qui vient d'être citée, et ne fût pas longtemps sans deviner l'énigme de ce raccommodement,
qu'il avoit été si embarrassé de trouver. C'étoit la jalousie que Mme de Vintimille avoit eue de la manière dont
sa sœur s'étoit laissée gouverner par Mlle de Charolois,
qui avoit occasionné toute cette brouille, et c'étoit
aussi Mme de Vintimille qui avoit cru qu'un des
meilleurs moyens de la dissiper étoit le conseil
qu'elle donna à M. de Richelieu de se présenter. Il
n'a jamais pu savoir de quel autre moyen elle s'étoit
servie ; mais il vit qu'elle avoit cru celui qu'elle avoit
employé le meilleur pour se défaire de Mlle de
Charolois, qui l'importunoit beaucoup, et M. de
Richelieu croit, sans le savoir positivement, que le
Roi, qui connoissoit Mlle de Charolois mieux que les
deux sœurs, avoit été de moitié de tout son cœur

1. A la date du 20 juin 1741, M. de Luynes (t. III, p. 441)
note que le duc de Richelieu, arrivé depuis peu de Languedoc,
est à Choisy avec Mmes de Vintimille et d'Antin, Mlle de Clermont, la maréchale d'Estrées, et, plus tard, Mme de Mailly. Il
fut aussi invité le mois suivant, alors que la santé de Mme de
Vintimille commençait à donner de l'inquiétude.

pour se défaire d'elle ; car, sans cela, M. de Richelieu
ne peut croire que les deux sœurs lui [1] eussent fait
les impertinences qu'elles lui firent, tant en amitié
apparente témoignée à M. de Richelieu pour la faire
enrager, qu'en la renvoyant un soir à une seconde
table, le Roi jouant à une autre [2]. M. de Richelieu
voyoit bien que Mlle de Charolois étoit au désespoir ;
mais, comme elle affectoit de n'en rien laisser
paroître, cela affligeoit et fâchoit les deux sœurs. On
revint à Versailles, où le même manège dura ; mais,
comme Mme de Vintimille étoit grosse et prête
d'accoucher, elle gardoit sa chambre, et le Roi avec
les personnes familières s'assembloient chez elle.
Mlle de Charolois n'y paroissoit pas.

Mme de Vintimille accoucha et mourut [3], ce qui fit
grand plaisir aux ministres et à toute la cour, parce
qu'on la craignoit infiniment. Le Roi en parut extraordinairement affligé (on dit même que l'enfant étoit
de lui), et S. M. fut plusieurs jours dans la douleur [4].

1. A la princesse.

2. Sur la faveur première de Mlle de Charolais, voir les
Mémoires du marquis d'Argenson, t. II, p. 231, et sur les froi-
deurs, qui commencèrent en octobre 1739, t. II, p. 300 et
t. III, p. 5, 14, 52, 25 et 109. A partir du mois de mars 1740,
elle cessa de faire partie des soupers et des carrossades.

3. Le 9 septembre 1741.

4. M. d'Argenson écrit, à la date du 9 novembre 1741 :
« M. le duc de Richelieu (qui est devenu à présent un des favoris du Roi, et qui est des petits soupers chez Mme de Mailly) dit
que S. M. est plongée dans une tristesse continuelle ; il me
disoit tout à l'heure que c'étoit le plus grand dommage du
monde qu'un si bon caractère eût été gâté par l'éducation, qu'il
avoit bien de l'esprit, qu'il étoit doux, et que c'étoit grand
dommage qu'on lui eût dit de se défier de tout le monde ;

Mlle de Charolois fit alors quelques tentatives pour voir si elle pourroit se raccommoder avec Mme de Mailly, qui ne vouloit pas qu'on crût qu'elle se laissoit mener par sa sœur, et qui savoit que beaucoup de personnes n'étoient point contentes de son union avec Mlle de Charolois.

A quelque temps de là, la guerre fut totalement déclarée, et les premières troupes se rassemblèrent en Allemagne. Mais le duc de Richelieu ne demanda point à être de cette armée-là, parce qu'il eut peur, avec raison, qu'on n'en revînt pas tous les hivers, et que cela lui fît perdre son commandement du Languedoc, dont il avoit senti tout l'agrément et qui lui plaisoit beaucoup. L'armée de Flandre devoit s'assembler plus tard, et, en attendant, M. de Richelieu resta auprès du Roi, presque seul de toutes les personnes de sa familiarité. S. M. faisoit des voyages à Saint-Hubert, qui n'étoit pas encore ce qu'il est devenu depuis ; il y étoit de suite deux jours francs, et s'en revenoit à Versailles, où M. le cardinal se rendoit, qui alloit pendant ces voyages à Paris. M. de Richelieu y venoit aussi et retournoit attendre le Roi à Versailles.

Mme de Mailly se piquoit toujours d'une grande amitié pour M. de Richelieu. Un jour qu'il venoit de Paris pour aller à Saint-Hubert le lendemain [1], il

qu'enfin il ne lui manquoit que de paroître sensible et qu'il l'avoit paru à l'occasion de la mort de Mme de Vintimille. » (*Journal*, III, 415. Cf. *Luynes*, IV, 16).

1. Ce voyage doit se placer vers le mois d'avril 1742. Le duc, suivant M. de Luynes, alla saluer le Roi à Choisy, le 3 de ce mois, et on lui donna un logement, bien qu'il n'eût pas figuré

arriva le soir très tard à Versailles seulement pour se coucher, et trouva deux lettres chez lui, que sa concierge avoit à lui donner : l'une de M. de Saint-Florentin, ministre, qui le prioit de lui donner avis de son arrivée, ou mieux, de son lever, pour lui venir dire quelque chose d'important ; l'autre de M. le marquis de Meuse, de la maison de Choiseul [1], qui étoit le plus assidu et le mieux en familiarité dans la société du Roi, qui mandoit à M. de Richelieu que Mme de Mailly avoit été autorisée du Roi à lui dire que le cardinal venoit de recevoir la nouvelle que les protestants du Languedoc se rassembloient et étoient près de se révolter, comme ils avoient déjà fait par le passé, et que, toutes les troupes étant sur les frontières, n'y ayant en Languedoc qu'un régiment, même éloigné, le cardinal avoit dit au Roi, que M.   , maréchal de camp employé dans la province, n'étoit pas en état d'en imposer et de rassembler ce qu'il falloit opposer aux protestants, et qu'il falloit y renvoyer sur le champ M. de Richelieu, ou M. de Mirepoix [2], qui depuis longtemps avoit eu envie de ce même commandement. M. de Meuse ajoutoit que le Roi étoit fort embarrassé, et il conseilloit à M. de Richelieu de répondre à M. de Saint-Florentin qu'il

sur la liste du voyage. Il venait de recevoir l'envoyé de l'infant don Philippe, duc de Parme, et l'avait conduit jusqu'à Tarascon (*Luynes*, t. IV, p. 121).

1. Henri-Louis de Choiseul, marquis de Meuse, fait chevalier du Saint-Esprit en 1745.

2. Gaston-Charles-Pierre-François de Levis, marquis de Mirepoix, maréchal de camp.

iroit le trouver à son réveil, de la part du cardinal.
M. de Richelieu ne répondit ni à l'une ni à l'autre
lettre ; mais, dès qu'il fut éveillé, il s'habilla et alla
chez M. de Saint-Florentin, qu'il trouva prêt à monter en chaise pour le venir voir. Après plusieurs
compliments, ce ministre dit à M. de Richelieu ce
que le cardinal l'avoit chargé de lui dire ; M. de
Richelieu lui répondit qu'il n'avoit point de choix à
faire, que son devoir étoit d'aller où le Roi le jugeoit
nécessaire, et il ajouta qu'il avoit une partie de ses
domestiques à Montpellier, suffisants pour un cas
pressé, et qu'il étoit prêt à partir dès le soir même.
M. de Richelieu le pria encore de rendre compte de
sa réponse au Roi et à M. le cardinal, et lui offrit
d'aller sur le champ prendre congé de S. M., s'il le
vouloit ; mais M. de Saint-Florentin lui répliqua que
les choses n'étoient pas pressées à ce point-là, et que,
d'ailleurs, M. le cardinal étoit, comme il savoit bien,
dans son séminaire, à Issy, où il [étoit] venu coucher
le veille. Cependant, M. de Richelieu somma M. de
Saint-Florentin de rendre sa réponse au Roi et au
cardinal, et lui dit qu'il alloit à Saint-Hubert et y
attendroit le retour de S. M., pour prendre congé.
De là, M. de Richelieu courut chez Mme de Mailly,
qui étoit dans les petits cabinets du Roi, qui étoit à
la chasse, et lui dit ce qui s'étoit passé entre M. de
Saint-Florentin et lui. Elle étoit à déjeuner. Après
l'avoir entendu, elle lui dit que c'étoit un tour que
le cardinal avoit voulu lui jouer ; que le Roi, qui
étoit embarrassé, seroit bien aise du parti qu'il avoit
pris, et elle ajouta à cela bien des choses honnêtes
en promesses et marques d'intérêt, auxquelles il

n'avoit pas grande foi. M. de Richelieu quitta Mme de
Mailly pour aller trouver Mme de la Tournelle, depuis
duchesse de Châteauroux. Il y avoit longtemps qu'il
vivoit avec elle dans la plus grande amitié, parce
qu'elle en avoit encore davantage pour M. d'Agénois
et que [M. de Richelieu] en avoit aussi beaucoup
pour Mme de Flavacourt, ce qui formoit de grandes
liaisons des deux sœurs avec lui et avec Mme de
Mazarin [1]. Elles étoient de la maison de Mailly,
comme elle, aimables, très jolies, et attiroient beaucoup de monde chez Mme de Mazarin, qui étoit leur
belle grand'mère, ce qui justifiait sa grande amitié
pour elles deux. Comme elle vouloit avoir la meilleure maison de la cour, elles servoient beaucoup à
y attirer la meilleure compagnie et la plus agréable.
Mme de Mazarin étoit dame d'atour de la Reine et sa
favorite ; Mme de la Tournelle l'étoit [2] de Mme de

1. Le marquis d'Argenson dit, à la date du 22 novembre
1740 : « M. le duc de Richelieu a mis à mal Mme de Flavacourt,
la première beauté de la cour ; il l'a animée : elle parle davantage, elle lorgne beaucoup. Elle a [peu d'esprit. Elle se piquoit
depuis longtemps d'une grande haine contre son mari. Le petit
duc d'Agénois a pris à Mme de la Tournelle. Voilà ce qu'on
appelle des bonnes fortunes. — Hier, M. de Richelieu donna
un grand souper à sa petite maison, par delà la barrière de
Vaugirard, etc., etc. » (*Journal*, t. III, p. 234). — Emmanuel-
Armand de Vignerot du Plessis-Richelieu, fils unique du duc
d'Aiguillon, né le 31 juillet 1720 et titré depuis 1740 duc
d'Agénois, est celui qui fut si célèbre, plus tard sous le nom de
duc d'Aiguillon. Il était neveu à la mode de Bretagne du duc de
Richelieu, d'où Mme de la Tournelle prit l'habitude d'appeler
aussi M. de Richelieu son oncle. Il avait épousé récemment, le
4 février 1740, une fille du fameux comte de Plélo.

2. Etait favorite.

Mazarin, et avoit, indépendamment de cela, une amitié directe de la Reine, qui passoit sa vie à déplorer les amours du Roi, qui étoient presque dans leur commencement. M. de Maurepas étoit aussi intime, tant par lui que par sa femme, avec Mme de Mazarin et étoit neveu de M. de la Vrillière, qui étoit secrétaire d'État comme lui, de façon que la maison de Mme de Mazarin étoit un centre où aboutissoient toutes les intrigues, et qu'il s'y faisoit des échanges de confidences continuelles [1]. M. de Richelieu raconta donc à Mme de la Tournelle ce qui venoit de se passer de la part du cardinal avec le Roi, et entre M. de Saint-Florentin et lui. Elle convint bien qu'il devoit y avoir quelque intrigue à cet égard, et elle lui promit de la découvrir. Comme elle étoit favorite de la Reine et de Mme de Mazarin,

1. Il est bon d'établir aussi clairement que possible ces diverses parentés, qui faisaient, comme le dit M. de Richelieu, du salon de Mme de Mazarin le foyer commun des intrigues les plus opposées. Françoise de Mailly épousa en premières noces, et à son corps défendant, M. de la Vrillière, ministre, et en eut : M. de la Vrillière (plus tard Saint-Florentin), aussi ministre, la comtesse de Plélo, mère de Mme d'Agénois, et Mme de Maurepas. En secondes noces, le 14 juin 1731, elle s'était remariée au duc de Mazarin, et se retrouva encore en famille dans cette nouvelle maison, puisqu'Armande-Félice de la Porte-Mazarin, fille du premier lit du duc de Mazarin, avait épousé en 1709, le marquis de Mailly-Nesle, cousin germain de Françoise de Mailly, d'où les cinq sœurs bien connues ; Mme de Nesle était devenue ainsi la belle-fille de sa cousine germaine, et les cinq sœurs ses belles-petites-filles. Enfin, Mme de Mazarin avait pour frères le comte de Mailly, qui avait épousé en 1726 l'aînée de ces cinq sœurs, et M. de Rubempré. Ses deux alliances avaient donc fait d'elle la belle-grand'mère et la belle-sœur de Mme de Mailly la favorite, fille de son cousin germain.

M. de Richelieu en espéra beaucoup, et partit pour
aller à Saint-Hubert, où il trouva le Roi déjà arrivé,
qui lui parut assez sérieux. Mme la comtesse de
Toulouse parla d'un projet de voyage prochain [1], et
le Roi ayant été prié par elle d'ordonner à M. de
Richelieu de revenir [2], le visage de S. M. changea un
peu, et il dit qu'il savoit que M. de Richelieu ne
pouvoit revenir de ce voyage, et qu'il avoit des
affaires. La conversation fut moitié plaisanterie,
moitié sérieux. On se mit au jeu ; Mme de Mailly,
qui devoit tout savoir, s'en mêla aussi, pour changer
d'objet de conversation, Le lendemain se passa à
jouer et chasser. Le surlendemain S. M. retourna
à Versailles. M. de Richelieu y arriva des premiers,
pour trouver Mme de la Tournelle, qui lui dit qu'elle
savoit toute son affaire, et que c'étoit M. de Maurepas
qui avoit dit à la Reine que l'abbé de Broglie lui
avoit dit qu'il avoit entendu dire à M. de Richelieu
du mal du cardinal, [savoir] qu'il falloit qu'il radotât
pour avoir un Conseil comme celui des ministres qui le
composoient ; que la Reine avoit dit cela au cardinal, qui en avoit été fort piqué ; qu'il vouloit en
conséquence lui faire ôter le commandement du
Languedoc, mais que, pour ménager les bienséances
en raison de l'amitié qu'il lui marquoit, c'est ce qui
l'engageoit à suivre le biais qu'il prenoit. Cela suffit
à M. de Richelieu, qui prit sur le champ le parti
d'aller trouver le cardinal. Il lui dit en entrant qu'il
venoit prendre congé de lui ; le cardinal parut

1. C'est-à-dire du projet du prochain voyage à Saint-Hubert.
2. De revenir à Saint-Hubert la prochaine fois.

embarrassé et lui répondit que son départ n'étoit
pas si pressé. M. de Richelieu insista, dit qu'il partiroit le surlendemain et qu'il alloit dans l'instant
même prendre congé du Roi. M. de Richelieu s'en
alla ; mais, quand il fut à la porte, rentrant tout de
suite, il dit au cardinal que le plus zélé, le plus
sincère et le plus attaché de ses serviteurs alloit lui
parler à ce titre et non pas comme commandant du
Languedoc. Il commença donc par dire au cardinal
qu'il ne pouvoit croire que la révolte des protestants
fût la véritable raison de son départ, et qu'il devoit
sentir celles que M. de Richelieu avoit de se plaindre
de lui ; qu'au surplus, il prendroit les plus sûres
mesures pour connoître les véritables raisons de son
mécontentement, mais qu'il vouloit savoir de lui-
même ces nouvelles tracasseries.

Alors, le cardinal lui répondit qu'on lui avoit
rapporté qu'il avoit frondé le Conseil et ceux qui le
composoient, et blâmé infiniment son administration.
M. de Richelieu lui dit : « Je ne vous mentirai pas ;
on vous a dit vrai ; mais ce n'est pas de cela dont
vous avez à vous plaindre. Le pénultième voyage à
Saint-Hubert, ajouta M. de Richelieu, j'allai prendre
M. de Meuse, que je menai avec moi, et, dans un
quart d'heure que nous fûmes ensemble, il commença
à dire du mal de vous et de votre conduite, comme
font tous les bons espions. Je fis semblant de faire
comme tous les sots ; j'adhérai en partie à ce que
disoit M. de Meuse, convenant qu'il étoit dangereux
d'avoir un Conseil composé comme le nôtre, au
milieu d'une guerre avec toute l'Europe, et sans
qu'il y eût un militaire, ni un homme qui se doutât

de ce que c'étoient que la guerre et les troupes. »
M. de Richelieu ajouta qu'il étoit persuadé que M. le
cardinal ne tarderoit pas à composer un autre Conseil
quand il y auroit réfléchi. C'étoit dire seulement ce
qui se dit dans les chambres entre membres. Et
M. de Richelieu ajouta : « Je vous suis trop attaché
pour ne me pas croire coupable de ne vous avoir
pas dit toutes ces réflexions ; car, comme on ne peut
savoir ces choses-là que de ceux qui nous sont
attachés, j'ai à me reprocher de ne vous avoir pas
dit plus tôt ce que je pensois. Mais vous devez convenir aussi qu'il faut faire bien des réflexions pour
prendre le parti de tenir de pareils discours à un
homme comme vous et dans la place où vous êtes. »
Le cardinal, qui avoit foncièrement de la bonté et
de l'amitié pour M. de Richelieu, et qui sentoit que
ce qu'il disoit étoit vrai, se radoucit encore infiniment, et discuta le tout avec M. de Richelieu, comme
s'ils avoient parlé d'un tiers. Le cardinal finit par
lui dire [1] que le choix n'étoit pas aisé, et lui demanda
qui il penseroit mettre au Conseil. On auroit pu
croire, en connoissant moins le cardinal, que c'étoit
un panneau qu'il tendoit à M. de Richelieu, ou pour
lui, ou pour un autre ; mais il est bien sûr que
c'étoit de bonne foi qu'il parloit. M. de Richelieu
lui répondit, avec la même franchise, que, si le Roi
lui faisoit une pareille question, il lui diroit avec
vérité que celui de tout son royaume qui étoit le
plus en état de lui donner un bon conseil, en y
réfléchissant, et qui connoissoit le mieux les hommes,

1. A M. de Richelieu.

c'étoit M. le cardinal de Fleury. « Et, si vous voulez effectivement y penser, ajouta M. de Richelieu, vous réussirez. »

Enfin, à la fin de cette conversation, le cardinal convint que le Conseil étoit dénué de bonnes têtes et dit qu'il chercheroit à le mieux composer et y réfléchiroit. M. de Richelieu lui demanda sa parole qu'il feroit ce qu'il promettoit. Il la lui donna, et ensuite il dit à M. de Richelieu de ne point partir encore pour le Languedoc, ce départ n'étant pas absolument pressé, M. de Richelieu lui répondit qu'il n'en feroit rien ; que ce qui venoit de se passer avoit fait du bruit, et qu'il falloit qu'il fît le voyage, qui pourroit être utile ; que d'ailleurs les voyages ne lui coûtoient rien, et que ce qui lui coûtoit, c'étoit sa gloire et le bien de l'État. M. le cardinal lui promit de la manière la plus énergique son amitié, et le pria de revenir dès qu'il croiroit le pouvoir faire le plus tôt. Quant à ses promesses d'amitié, le cardinal tint parole, comme on le verra par la suite [1].

M. de Richelieu fut quelques jours à Lyon en passant, et, arrivé à Montpellier, il prit des informations de ce qui se passoit, envoya des courriers de part et d'autre dans les Cévennes et autres lieux, avec les ordres nécessaires pour qu'on lui rendît compte de tout. De là, il fut à Toulouse et s'y arrêta, comptant rester quelques jours et loger chez l'archevêque, qui fut depuis cardinal de la Roche-

1. M. de Richelieu figure encore, au mois d'avril 1742, parmi les habitués des petits cabinets du Roi et des soupers de Mme de Mailly (*Luynes*, t. IV, p. 152.)

Aymon [1]. Étant à Toulouse, il prit pour le haut Languedoc les mêmes précautions et les mêmes mesures qu'à Montpellier. Un jour qu'il étoit à dîner avec l'archevêque et Mme de Caraman, mère du lieutenant général qui vit encore aujourd'hui [2], étant à table, on lui annonça un courrier de M. le cardinal de Fleury, qui avoit été à Montpellier le chercher et l'avoit suivi à Toulouse, ce qui étonna fort l'archevêque, qui étoit un grand courtisan, et fit augmenter beaucoup son estime pour M. de Richelieu ; mais lui et Mme de Caraman furent encore bien plus étonnés, quand ils apprirent que M. le cardinal écrivoit à M. de Richelieu pour lui faire part du nouveau changement survenu dans le Conseil [3], et M. le duc de Richelieu ne dit pas le motif de sa joie, mais il en eut beaucoup de voir qu'il avoit repris auprès du cardinal la confiance et l'amitié qui avoient toujours subsisté entre eux.

1. Charles-Antoine de la Roche-Aymon, archevêque de Toulouse depuis 1740, transféré à Narbonne en 1751.

2. Louise-Madeleine-Antoinette Portail, comtesse de Caraman, mère de Victor-Maurice, lieutenant général des armées en 1780 et qui ne mourut qu'en 1807.

3. 26 août 1742. — Entrée au Conseil de M. d'Argenson le cadet et de M. le cardinal de Tencin. Voy. *Luynes*, t. IV, p. 212 et 216, et *Argenson*, t. IV, p. 21. « Dernière consternation du public ! » dit le frère du nouveau ministre. Argenson cadet avait été surnommé *la Chèvre* ; c'était un ami de collège de Voltaire. M. Aubertin (*Esprit public*, p. 146, 147) a cité de lui des lettres de jeunesse fort piquantes sur les affaires publiques. Un rapport de police, daté du 2 août 1742, qu'on trouvera dans les *Lettres de M. de Marville, lieutenant général de police*, t. I, p. 59, donne une idée curieuse des intrigues qui amenèrent ce changement de cabinet.

Il partit de là pour Bordeaux, où il resta deux jours et donna ses ordres pour ce qui l'intéressoit dans son duché de Fronsac et autres terres du voisinage. Ensuite il alla à Richelieu, où il s'arrêta quatre ou cinq jours ; de là il vint tout de suite à Versailles, où il arriva assez avant dans la nuit, ayant eu la précaution de faire avertir sa concierge. En se couchant, il lui ordonna d'aller de bonne heure le matin avertir Mme de Mazarin de son arrivée, et de lui dire que, dès qu'il seroit levé, il iroit la voir. Le concierge [de celle-ci], étonné, fit répéter à cette femme ce que M. de Richelieu lui avoit dit, et s'écria que Mme de Mazarin étoit morte depuis quinze jours [1]. Cette nouvelle, qui étoit fort importante pour M. de Richelieu et pour la cour, l'étoit fort peu pour les provinciaux, et, comme il ne s'étoit arrêté nulle part que dans ses terres et n'avoit vu aucun papier public, il fut grandement surpris. Il demanda à sa concierge ce qu'étoient devenues Mme de la Tournelle et Mme de Flavacourt. Elle lui dit qu'elle les croyoit à Versailles, mais que le Roi étoit à Choisy. M. de Richelieu chargea sa concierge d'aller faire à ces deux dames le compliment qu'il lui avoit ordonné d'aller faire à Mme de Mazarin, et le matin, en effet, il alla les voir et les trouva se désolant, Mme de la Tournelle surtout, parce qu'elle avoit parole pour la première place de dame du palais de la Reine, et [que la Reine] vouloit la donner

---

1. Mme de Mazarin (Françoise de Mailly) mourut le 10 septembre 1742, après quatre jours de maladie. Voy. *Luynes*, t. IV, p. 224 et 225.

à Mme de Tavannes, nièce de son grand aumônier[1], malgré l'amitié qu'elle avoit toujours marquée à Mme de la Tournelle. Mme de Flavacourt n'étoit pas moins désolée, parce que cela l'éloignoit de la seconde place, qui lui étoit aussi promise, et Mme de la Tournelle étoit piquée effroyablement contre M. de Maurepas, qui lui avoit conseillé de se mettre dans un couvent pour attendrir le Roi et la Reine, en voyant se retirer du monde une jeune veuve aussi jolie qu'elle. Il est vrai qu'elle n'avoit pas assez de fortune pour y rester, n'ayant plus Mme de Mazarin, sa belle-mère, chez qui elle [demeuroit]. Ce raisonnement lui avoit déplu fort, et jamais elle ne put le pardonner à M. de Maurepas. Elle pria M. de Richelieu d'aller à Choisy et de tenter d'engager sa sœur à avoir la charité de parler pour elle pour avoir cette place de dame du palais, et de lui persuader que cet acte de générosité prouveroit encore mieux son crédit et lui feroit honneur dans le monde. M. le duc de Richelieu promit et tint parole ; il alla effectivement le même jour, le soir, à Choisy, et se mit à souper exprès à côté de Mme de Mailly, pour avoir plus de loisir de lui parler et savoir ce qu'elle pensoit. Il la trouva extraordinairement indisposée contre ses deux sœurs, et principalement contre Mme de la Tournelle. Le lendemain, ou le surlendemain, le Roi retourna à Versailles. M. de Richelieu alla avec empressement trouver les deux sœurs, qui

1. Marie-Anne-Ursule Amelot de Gournay, comtesse de Tavannes, nièce de Nicolas-Charles de Saulx-Tavannes, archevêque de Rouen, grand aumônier de la Reine en janvier 1743, cardinal en 1756.

étoient logées dans un appartement que leur avoit
prêté Mme la duchesse de Boufflers [1]. Mme de la
Tournelle étoit dans un grand fauteuil, ayant l'air
fort indolent et rêveur, tandis que Mme de Flavacourt
se promenoit dans la chambre, avec beaucoup de
vivacité et d'inquiétude. Elles dirent à M. de Richelieu
que le Roi n'avoit encore rien décidé pour les places
de dames du palais, et elles paroissoient, Mme de
Flavacourt surtout, fort en peine. Mme de la Tournelle étoit plus tranquille en apparence ; mais,
quand M. de Richelieu voulut s'en aller, elle lui fit
signe de lui venir parler et de se baisser pour l'entendre. Elle lui dit tout bas que sa place de dame
du palais lui étoit accordée [2], et lui dit adieu. M. de
Richelieu les quitta, et il est aisé de comprendre qu'il
n'étoit pas nécessaire d'avoir une grande sagacité
pour soupçonner la certitude et la connoissance
secrète du bienfait, sans être persuadé en même
temps d'une très grande intimité. Le lendemain
matin, M. de Richelieu alla à la toilette de Mme de
la Tournelle, lui dire qu'il n'avoit pas voulu partir

1. Suivant M. de Luynes (p. 226), les deux sœurs restèrent
à Versailles, l'une dans le logement de l'évêque de Rennes
(Vauréal), l'autre dans un des appartements de Mme de Mailly.
La duchesse de Boufflers était Marie-Angélique de Neufville-
Villeroy.

2. Mme de la Tournelle eut le 20 septembre au matin, la succession de Mme de Villars, qui lui avait été promise dès que
cette duchesse avait remplacé Mme de Mazarin comme dame
d'atour ; le cardinal alla annoncer à la Reine la décision du
Roi. Ce fut seulement le soir du même jour que l'on accepta la
démission pure et simple de Mme de Mailly en faveur de Mme de
Flavacourt (*Luynes*, t. IV, p. 232-237).

pour Paris sans venir lui faire son compliment sur
la place importante qu'elle venoit d'obtenir, et au
lieu du désespoir où elle lui avoit paru. Elle répliqua
qu'effectivement la place de dame du palais, dans
la situation où elle étoit, mettoit une furieuse différence dans sa situation. M. de Richelieu lui dit que
sûrement elle ne le croyoit pas assez sot pour lui
faire compliment de cette babiole-là, et que c'étoit
de la place de Mme de Mailly qu'il parloit ; mais elle
fit semblant de ne pas comprendre, et la petite discussion qu'ils eurent ensemble, faisant semblant
d'être fâchée de ce que M. de Richelieu venoit de
lui dire, finit parce que M. le chevalier de Grille,
qui commandoit les grenadiers à cheval de la maison
du Roi [1], entra. Il lui étoit fort attaché et à toute
sa maison. M. de Richelieu voulut prendre congé et
s'en aller à Paris ; mais Mme de la Tournelle fit des
efforts pour l'en empêcher, et ne consentit à le laisser
aller qu'à condition qu'il seroit le lendemain matin
à Versailles. M. de Richelieu l'en assura, en ayant
au moins autant d'envie qu'elle, pour achever la confidence toute entière.

Le Roi étoit à la messe, et il attendit que S. M.
sortit, pour lui faire cortège, lorsque, au milieu de
l'appartement, le Roi lui parlant sans tourner la tête,
regardant toujours devant lui, et lui parlant assez
bas pour qu'il fût obligé d'avancer la tête afin que
le capitaine des gardes n'entendît rien, il demanda

---

1. Le chevalier de Grille, « fort ami de Mme de la Tournelle »,
n'étoit à cette époque que capitaine aux gardes françaises, et ce
fut seulement en janvier 1744 qu'on lui fit donner la compagnie
des grenadiers à cheval (*Luynes*, t. IV, p. 308).

à M. de Richelieu s'il étoit capable de garder un grand secret ; M. de Richelieu répondit à S. M. qu'il avoit gardé les siens à Vienne avec autant de précision qu'il garderoit celui qu'il vouloit lui confier. Et continuant toujours sa marche sans tourner la tête, le Roi dit à M. de Richelieu de se trouver le soir à son souper.

M. de Richelieu ne put pas voir Mme de la Tournelle dans la journée, et il ne se souvient plus de ce qui l'en empêcha. Il se trouva exactement au souper du Roi, qui ne lui dit pas un mot, jusqu'à ce que l'on servît le fruit et qu'il voulût s'en aller. Alors S. M. le rappela, lui demanda où il vouloit aller, et lui dit de rester. Lorsque le Roi se leva de table pour se laver les mains, M. de Richelieu s'approcha, pour qu'il lui dît quelque chose. S. M. en effet lui dit de passer dans sa chambre et de l'y attendre. Le Roi étoit dans l'usage, quand il soupoit avec la Reine, ce qui lui arrivoit tous les jours, hors ceux de chasse, de rentrer au sortir de souper dans la chambre de la Reine, et de faire une petite conversation plus ou moins grande avec le peu de gens qui avoient alors les grandes entrées et qui seuls pouvoient y assister. Comme M. de Richelieu ne les avoit pas alors, il passa dans la chambre du Roi, comme il le lui avoit ordonné. S. M. y arriva bientôt après, mais entra tout de suite dans son cabinet pour y donner, comme c'étoit l'usage alors, l'ordre au capitaine des gardes. Le duc de Villeroy, qui étoit de quartier, ressortit pour aller rendre l'ordre aux autres officiers et se retirer chez lui ; il fut surpris de trouver encore M. de Richelieu dans la chambre du Roi et lui demanda pourquoi il y étoit. M. de Richelieu répondit qu'il y attendoit quelqu'un à qui il avoit donné rendez-vous, et il attendit un gros quart d'heure sans entendre parler de rien. Enfin, S. M. vint, rencoigna M. de Richelieu dans un coin de la fenêtre et lui demanda s'il avoit soupé. S. M. lui dit d'y aller et de se retrouver à minuit, avec une méchante perruque et une grosse redingote, dans l'endroit de la cour qu'il lui indiqua [1]. Puis le Roi se retira brusquement dans l'intérieur de ses cabinets. M. de Richelieu alla tout de suite faire ce que S. M. avoit dit et se trouva précisément à minuit au rendez-vous ; il se promena autant qu'il put éloigné de ceux qui pouvoient le voir ; cependant, il fut aperçu de Le Bel, premier valet de chambre favori [2], qui lui a dit peu de temps après qu'il avoit été en peine de le voir là et qu'il avoit eu envie d'en avertir le Roi, mais qu'il ne le fit pas. Au moment que M. de Richelieu s'y attendoit le moins, il vit un homme auquel il n'avoit pas pris garde, qui se jeta sur lui en lui disant : « Que fais-tu là ? » Comme cet homme avoit une grosse perruque noire et un habit fort déguenillé, M. de Richelieu ne le reconnut pas d'abord ; mais comme cet homme lui dit : « Suis-moi ! » ils s'acheminèrent, sans que ce même homme lui dît un mot, en traversant toute la cour, et, entrant dans la porte du pavillon d'avant celui des

1. Voyez l'épisode dans les *Mémoires de M*^me *de Brancas*.

2. Dominique-Guillaume Le Bel avait succédé à son père, en 1726, comme premier valet de garde-robe ordinaire et concierge du château de Versailles ; mais il ne remplaça de Nyert, comme premier valet de chambre, que le 1er février 1744.

ministres, ils passèrent devant celle du premier maître
d'hôtel de la Reine [1] et montèrent l'escalier jusqu'au
premier étage, où ils entrèrent dans l'appartement
du maître de chapelle du Roi, dont l'abbé de Vauréal
avoit la charge, et qu'il avait prêté à Mme de la Tournelle lorsqu'il partit pour aller en ambassade en
Espagne, où il étoit alors. Le Roi entra le premier ;
M. de Richelieu le suivit, et ils se trouvèrent avec
Mme de la Tournelle, se mettant tous à rire [2]. Cette
dame fit alors à M. de Richelieu une petite pérorai-
son, comment le Roi vouloit la venir voir les soirs
et se déguiser de peur de médisance ; tout le monde
se rangeoit bien vite dès qu'il paraissoit ; mais, ajoutoit Mme de la Tournelle, elle avoit craint que des
cochers ou des postillons malavisés, venant à toute
bride, ne rencontrassent le Roi, et elle avoit désiré
que quelqu'un de fort attentif l'accompagnât les soirs
pour prévenir les accidents qui pourroient arriver.
M. de Richelieu répondit à cette petite raison en
riant et se moquant de Mme de la Tournelle ; on
causa de beaucoup de choses particulières et intéressantes ; ensuite M. de Richelieu dit qu'il se reti-
roit, de crainte qu'il n'y eût des choses plus intéres-

1. Louis de Talaru, marquis de Chalmazel.

2. Ce récit offre certaines différences sensibles avec celui que
l'auteur de la *Vie privée* a donné (t. 1er, p. 352 à 356), et qui
aurait été écrit par le maréchal, à une époque beaucoup moins
avancée de sa vie, pour l'édification de ses amies, Mme de
Luxembourg et Mme de Monconseil ; mais le fonds est bien le
même de part et d'autre. Ici, cependant, nous ne trouvons
aucune allusion aux quelques semaines d'exil que Mlle de
Charolais fit infliger à M. de Richelieu et qui auraient précédé
immédiatement la scène du déguisement royal.

santes encore à dire, et il les laissa seuls. Ces visites
recommençoient tous les soirs, et, comme il y avoit
toujours ou très souvent des laquais de M. de
Chalmazel et de ceux qui avoient soupé chez ce
premier maître d'hôtel, qui voyoient passer deux
personnes inconnues, [il étoit à craindre qu'ils]
n'eussent la curiosité de savoir qui elles étoient. Il
étoit impossible qu'à la deuxième ou troisième fois
ils ne le dissent à leur maître, et que M. de Maurepas,
qui avoit des espions partout, ne découvrît qui ils
étoient. Quand on l'a su après, on a cru, et avec
vraisemblance, que c'étoit M. le duc de Richelieu
qui avoit conduit cette affaire-là, de sorte que tout
le monde en étoit persuadé, même M. d'Agénois,
son cousin, qui possédoit Mme de la Tournelle avant
le Roi et avec qui M. de Richelieu avoit été [chez
elle] de la même manière qu'il venoit d'y être avec
le Roi, et qui étoit furieux contre M. de Richelieu,
qui ne pouvoit lui rien dire. Tout cela doit faire voir
combien les anecdotes de la cour sont difficiles à
connoître bien au vrai, et combien les connoissances
que l'on croit en avoir sont fautives. Le bruit que
fit cette affaire, et la suite du conseil que M. de
Maurepas avoit donné à Mme de la Tournelle de se
mettre dans un couvent, sont les principes de l'inimitié que M. de Maurepas et M. de Richelieu ont eue
l'un pour l'autre [1]. Il y avoit eu cependant un autre

1. Sur cette inimitié, connue de toute la cour, voy. *Luynes*,
t. XIII, p. 446, et *Argenson*, t. IV, p. 94-95. Aussi beaucoup de
gens crurent reconnaître la main de Richelieu lors de la disgrâce
du ministre (*Barbier*, t. IV, p. 362 à 365, et *Luynes*, t. X, p.
116 à 120). — Argenson, qui cite la lettre sèche et bien connue

commencement ; mais celui-ci est le plus vrai et le plus ridicule.

Enfin, cette liaison du Roi et de Mme de la Tournelle fit du bruit ; Mme de Mailly s'en douta bien vite, et ne tarda pas à en être convaincue. Le Roi même le lui dit [1]. Comme elle étoit inspirée à tenir bon, les tracasseries survinrent, beaucoup de gens prenant des partis. Mme de la Tournelle exigeoit, pour la conclusion parfaite de la liaison, que Mme de Mailly ne fût plus dans Versailles, et le Roi ne trouvoit pas raisonnable d'exiler, pour ainsi dire, une femme de sa naissance, qui ne pouvoit avoir d'autre démérite que celui d'avoir été aimée de lui [2].

Ce fut dans ces circonstances que l'armée s'assembla en Flandres, et que M. de Richelieu fut obligé de partir. Il fut question qu'un autre accompagnât le Roi. Mme de la Tournelle sentoit la nécessité que S. M. eût un compagnon qui resteroit autour de lui dans ses traversées nocturnes, et M. le duc de Richelieu proposa le marquis de Meuse-Choiseul. Il étoit dans la familiarité du Roi, de très bonne société, et n'étoit pas cependant à craindre pour les grandes choses.

Mme de la Tournelle, qui gouverna absolument

par laquelle le Roi signifia son renvoi à Maurepas, constate que depuis lors Richelieu est plus en faveur que jamais (t. V, p. 443 et 449).

1. M. de Luynes, très réservé sur ces bruits, rapporte cependant que le Roi, plusieurs jours avant de congédier Mme de Mailly, lui aurait dit : « Je vous ai promis de vous parler naturellement ; je suis amoureux fou de Mme de la Tournelle ; je ne l'ai pas encore, mais je l'aurai » (t. IV, p. 267).

2. *Luynes*, t. IV, p. 266 à 269, et *Argenson*, t. IV, p. 38 et 39.

pendant l'absence de M. de Richelieu, avoit la bonté
d'être en commerce très fréquent avec lui et de lui
mander ce qui se passoit, particulièrement les
colères du Roi sur les refus continuels de rendre
son bonheur complet jusqu'à ce que Mme de Mailly
fût hors de la cour. Le marquis de Meuse trouva un
expédient fort adroit. Il avoit été de tout temps
ami de Mme de Mailly, qui lui parloit toujours avec
confiance sur les sujets de plaintes qu'elle avoit du
Roi.

Après en avoir raisonné avec elle, il lui conseilla
de consulter son ancien ami, M. d'Argenson, qui
étoit secrétaire d'État de la guerre et très attaché à
la faveur naissante, à quoi il sacrifioit tout, avec
beaucoup d'esprit et fort peu de loyauté. Ce ministre
commença par dire à Mme de Mailly qu'il étoit
extravagant d'imaginer qu'une jolie femme comme
elle voulût rester à la cour ; il lui conseilla de faire
de temps en temps de petits voyages et de commencer par obstiner le Roi pour une absence de huit ou
quinze jours, disant qu'il ne falloit pas s'obstiner les
premiers moments, mais songer à rester amie pour
ne pas casser, et que par cela elle reprendroit peut-
être un jour sa première place et seroit toujours
l'amie du Roi. L'amour-propre acheva la persuasion,
et ce conseil spécieux parut admirable à Mme de
Mailly, qui partit le lendemain de la Toussaint [1].
S. M. fut contente. M. de Meuse le manda à M. de
Richelieu, qui en fut fort aise aussi [2]. Mme de Mailly,

1. Le surlendemain, 3 novembre (*Luynes*, t. IV, p. 267).

2. D'Argenson dit (t. IV, p. 42) : « C'est M. de Richelieu qui
a arrangé toute la quitterie du Roi et de Mme de Mailly. Le

une fois à Paris, ne revint plus à la cour, le Roi
n'ayant pas la même répugnance pour l'empêcher
d'y revenir que celle qu'il avoit pour la faire partir
de force [1]. Alors, Mme de la Tournelle fut pour ainsi

Roi l'a mandé pour revenir ici de l'armée de Flandre beaucoup
plus tôt qu'il n'eût fait sans cela. Il a conseillé au Roi d'écrire
chaque jour un billet à la maîtresse délaissée, puis tous les
huit jours, et, quand on lui raconte ce que le Roi a déjà fait
sur cela, il dit : « Cela est selon mes principes, etc. »

1. On sait que Mme de Mailly se trouva sans maison, sans
fortune, et accablée des dettes que sa magnificence et son
désintéressement avaient accumulées pendant les années de
sa faveur. Voici ce que fit le Roi pour elle : « Aujourd'hui,
5 octobre 1742, ayant agréé la démission que la dame comtesse
de Mailly a faite en faveur de la dame marquise de Flavacourt,
sa sœur, de la place de dame du palais de la Reine, S. M. a
voulu dédommager ladite dame comtesse de Mailly de la perte
qu'elle fait des appointements attribués à ladite place, et dési-
rant même lui donner une nouvelle marque de considération,
S. M. après s'être fait représenter son brevet du 20 novembre
1734, par lequel, pour les causes y contenues, elle auroit accordé
3.000 fr. de pension à ladite dame comtesse de Mailly, a jugé
à propos de l'augmenter jusqu'à la somme de 12.000 fr. ;... veut
et entend qu'elle en jouisse sa vie durant à commencer du
20 novembre 1741... » (Arch. nat. O^186, f° 435.) Cette générosité fut complétée plus tard, en guise d'étrennes, par un don
plus considérable. « Aujourd'hui, 30 décembre 1742, le Roi
étant à Versailles, voulant donner à la dame comtesse de
Mailly une nouvelle marque de sa bienveillance, S. M. lui a
accordé et fait don de la somme de 20.000 fr. de pension... »
(f° 528). Un peu plus tard, le Roi, pour tirer Mme de Mailly de
l'embarras où la mettaient ses créanciers, lui fit don de tout ce
qui garnissait la maison qu'il lui avait donnée pour logement,
diamants, bijoux, argenterie ou meubles (brevet du 4 mars
1743), et enfin, le 27 août de la même année, il lui accorda
encore la jouissance, sa vie durant, de la maison que la duchesse
de Lesdiguières occupait précédemment dans la rue Saint-
Thomas du Louvre (O^187, f°s 353 et 480 v°).

dire maîtresse déclarée, et peu à peu elle le fut de la cour, et son crédit augmenta toujours par l'usage qu'elle en faisoit.

Quand M. de Richelieu arriva de l'armée, il trouva Mme de la Tournelle au comble de la joie et de la satisfaction, et il partit pour aller tenir les États de Languedoc.

IV

NÉGOCIATION SECRÈTE AVEC LA PRUSSE [1]

(1744)

Dans ce temps-là, S. M. faisoit, comme de coutume, des voyages à Choisy. M. de Richelieu, de retour du Languedoc, passait toujours quelques heures à Paris, en allant à Choisy. Un jour [2], il trouva une lettre de M. de Rottembourg, neveu de celui qui, avec de grands succès, avait été ambassadeur et était mort à Paris, aimé et considéré [3]. M. de Rottembourg [4] avoit été longtemps à Paris, y avoit joué avec sagesse et avoit vu toute la bonne

1. Le récit qui suit est reproduit presque textuellement dans le Mémoire présenté à Louis XVI, où il est placé immédiatement après l'ambassade de Vienne. Sur cet épisode voir *Frédéric II et Louis XV*, par le duc de Broglie, t. II, p. 178-187, 203-205, etc.

2. M. de Luynes écrit, le 16 mars 1744 (t. V, p. 362) : « M. de Rottembourg est ici depuis quelques jours ; il est toujours au service du roi de Prusse. Le public le disoit chargé de quelques négociations de la part de ce prince, mais il est venu ici pour ses affaires particulières. » M. de Rottembourg ne retourna en Prusse qu'à la fin du mois de mai, alors que Louis XV était déjà à l'armée. Cf. Soulavie, t. VII, p. 105.

3. Conrad-Alexandre, comte de Rottembourg, maréchal de camp, ambassadeur à Berlin à diverses reprises de 1714 à 1727, plénipotentiaire au congrès de Cambray (1723-1725), ambassadeur à Madrid de 1727 à 1734, mort le 4 avril 1735.

4. Le neveu, Frédéric-Rodolphe (1710-1751).

compagnie, particulièrement chez Mme de Montbazon[1], où M. de Richelieu l'avoit beaucoup connu. Après la mort de son oncle, il étoit retourné en Prusse[2], d'où le roi le traitoit à merveille. M. de Richelieu trouva dans la lettre dont il vient de parler, et qui lui fut donnée en passant à Paris, que M. de Rottembourg avoit des choses importantes à lui dire, et, comme il ne vouloit ni se faire voir ni être connu à Paris, où il venoit d'arriver, il prioit M. de Richelieu de lui donner un rendez-vous chez lui, de façon qu'il pût y entrer sans être vu de personne. M. de Richelieu ne douta point qu'il ne se fût fait une affaire personnelle, et il lui donna tous les moyens de le voir par une porte qu'il lui indiqua, mais M. de Richelieu fut fort étonné de le voir d'abord avec des instructions revêtues de toutes les formes qui pouvoient les rendre respectables. Elles étoient du roi de Prusse[3]. Il avertissoit le Roi du dessein que l'Empereur avoit de faire entrer un corps de troupes en Alsace, pendant qu'il seroit en Flandres, et il lui faisoit l'offre d'un traité par lequel il s'engageroit à entrer en Bohême, pendant que l'Empereur entreroit en Alsace. A quoi le roi de Prusse ajoutoit que la première condition qu'il exigeoit du Roi, par l'importance du secret

1. Louise-Gabrielle-Julie de Rohan-Soubise.
2. « M. de Rottembourg, héritier du feu comte de Rottembourg, arriva de Prusse et fit sa révérence le 10 mai 1740, pour demander la permission de s'établir en Prusse où le Roi lui offrait un régiment de dragons. Il avait besoin de rétablir sa fortune compromise au jeu : il avait perdu 180.000 livres en trois ans. » (*Mémoires de Luynes*, t. III, p. 286, et XI, p. 371).
3. Cf. *Journal de M. d'Argenson*, t. IV, p. 241.

pour tous deux, étoit que M. de Rottembourg ne
traîtât qu'avec S. M. Aucun de ses ministres n'en
fut informé, et il n'y eut que M. de Richelieu, avec
qui M. de Rottembourg avoit permission de prendre
les arrangements pour voir le Roi. M. de Richelieu
convint [de faire en sorte], selon les ordres qu'il
auroit, pour que M. de Rottembourg pût voir le Roi
chez Mme de la Tournelle, et l'assura que ce qu'il
désiroit seroit fait dans la soirée. Après avoir parlé
avec lui de leur ancien temps et de la vie qu'il
menoit en Prusse, M. de Richelieu le renvoya et
partit pour Choisy. Il alla tout de suite chez Mme de
la Tournelle. Le Roi y étoit ; on lui dit qu'il ne pouvoit entrer, comme il le savoit bien ; mais hardiment, il entr'ouvrit la porte. Le Roi, fort étonné,
l'ayant aperçu, lui demanda par quel hasard il étoit
là. M. de Richelieu lui dit que c'étoit par un hasard
dont S. M. seroit peut-être plus surprise que lui, et
dont il n'avoit pas à perdre un moment pour lui
rendre compte. M. de Richelieu entra et rendit
compte d'abord de sa conversation avec M. de Rottembourg. Mme de la Tournelle parla la première et
dit au Roi : « Que dites-vous de cela » ? S. M.
répondit : « Cela peut être très bon ; mais il faut
l'examiner ». Il fit à M. de Richelieu plusieurs
questions : sur quoi, ils raisonnèrent quelques
moments, et enfin, il lui dit qu'il alloit réfléchir à
tout cela et à la manière dont il pourroit voir M. de
Rottembourg [1]. M. de Richelieu se retira ensuite,

---

1. Cette scène est rappelée par Mme de Tencin, dans une
lettre au duc de Richelieu, du 14 juillet [1745] : « Quand ce

jusqu'au souper, pendant lequel il se mit à l'ordinaire, près de Mme de la Tournelle, qui lui dit que le Roi avoit fait beaucoup de réflexions sur cette aventure, qu'il lui diroit après souper la manière de recevoir M. de Rottembourg, et comment il le lui amèneroit à Versailles, chez elle. En effet, après souper, le Roi lui donna ses ordres, et M. de Richelieu introduisit M. de Rottembourg, qui remit à S. M. un projet de traité, qui fut, pour ainsi dire, convenu ; mais M. de Richelieu fit faire la réflexion au Roi qu'il croyoit que, pour la forme et par considération pour son Conseil, il convenoit que quelques ministres vissent le traité et le dressassent. M. de Richelieu avait beaucoup d'intérêt personnel à le désirer, et cela étoit important pour lui particulièrement. Il lui semble, autant qu'il s'en peut

prince vous adressa son envoyé pour proposer au Roi d'attaquer en même temps la reine de Hongrie, quand il entreroit en Silésie, malgré mon désir de voir tout en beau, je n'eus pas une très grande opinion de ce qui devoit arriver, à cause de la nonchalance du maître. Vous devez vous ressouvenir que, quand vous vous fîtes annoncer à Choisy, dans un moment où il étoit en tête-à-tête avec Mme de la Tournelle, pour lui faire part des propositions du roi de Prusse, il ne montra aucun empressement pour recevoir l'envoyé, qui vouloit lui parler sans conférer avec les ministres. Ce fut vous qui le pressâtes de vous donner une heure pour le lendemain : vous fûtes étonné vous-même, mon cher duc, du peu de mots qu'il articula à cet envoyé, et de ce qu'il étoit comme un écolier qui a besoin de son précepteur. Il n'eut pas la force de rien décider ; il fallut qu'il recourût à ses Mentors, qui, par leur lenteur et la manière dont ils disposèrent les choses, firent manquer l'opération. Le roi de Prusse jugeoit Louis XV d'après lui, etc... » (*Vie privée*, t. II, p. 452).

souvenir, que M. de Rottembourg consentit, et sans
doute cela étoit dans ses instructions, à la forme
proposée, qui n'étoit que pour la conclusion du
traité, craignant que le Roi n'eût de la rancune de
celui qui avoit déjà été fait sur l'alliance qui avoit
été entre eux, dont le roi de Prusse s'étoit détaché
un peu brusquement [1].

Le Roi, le lendemain, vit M. de Richelieu chez
Mme de la Tournelle, où il raisonna sur l'importance de ce traité et de toutes les précautions,
beaucoup et mieux qu'aucun de ses ministres, ce
qui donna lieu à M. de Richelieu de dire au Roi
que, quelque secret qu'il dût garder selon sa parole
au roi de Prusse, qui sans doute se méfioit de
quelqu'un de ses ministres, il ne pouvoit imaginer

---

1. On voit ici se créer ce curieux ministère secret dont les
travaux de M. Boutaric et du duc de Broglie ont révélé les
ressorts et les résultats. Suivant un mémoire envoyé par le
comte de Broglie à Louis XVI, en 1774, ce fut dès la mort du
cardinal de Fleury que Mme de la Tournelle, voulant retenir la
succession tout entière et se ménager dans le Conseil une
suprématie de premier ministre, « inspira au Roi l'idée de consulter sur la politique M. le prince de Conti, avec qui elle étoit
fort liée. Ce qu'on croit de certain, c'est que ce fut à peu près
à cette époque qu'on le vit commencer à travailler avec le Roi
et y porter toutes les semaines des portefeuilles pleins de papiers
dont aucun ministre n'avoit connoissance. » (*Correspondance
secrète inédite de Louis XV*, t. II, p. 403 et 404). Voyez, sur le
travail secret du prince de Conti avec le Roi, les *Mémoires du
duc de Luynes*, t. XV, p. 336. — On a vendu en 1875 ce
billet de trois lignes autographes de Louis XV : « Dire au
comte de Broglie de croire à ce que M. le prince de Conti lui
dira, c'est-à-dire tout et sur tout. » (Vente Charavay, 8 mai
1875, n° 209).

cependant que ce soit Mme de la Tournelle et lui qui
en seroient les secrétaires, et que, pour sa dignité
même, il devoit choisir [quelqu'un] dans son Conseil.
Il proposa le cardinal de Tencin et le maréchal de
Noailles ; ce que le Roi approuva, et le chargea de
leur en parler. Ils firent tous trois un projet qui étoit
à bien peu de chose près ce que le Roi avoit dit ; il
fut convenu que le cardinal le porteroit au Roi avec
le maréchal qui crurent tous deux être les inven-
teurs comme les rédacteurs de ce traité [1].

1. Le traité fut signé le 5 juin 1744 ; il comportait une
alliance offensive et défensive (A. Waddington, *Recueil des
instructions aux Ambassadeurs en Prusse*, p. 380).

Il eût été intéressant que M. de Richelieu parlât du rôle
que Voltaire avait joué dans l'établissement de ces relations
secrètes entre le roi de Prusse et l'entourage intime de Louis XV ;
mais sans doute il conservait rancune à son favori d'avoir
accepté et rempli une mission de ce genre à l'insu des personnes
qui étaient les plus intéressées dans la question. C'est au mois
de juin 1743 que l'idée était venue à M. de Maurepas et à
M. Amelot, au premier surtout, de faire sonder les intentions
du roi de Prusse, soit à l'égard de la France, soit vis-à-vis de
Mme de la Tournelle, et voici comment Voltaire lui-même a
raconté le fait, dans ses *Mémoires*, : « Les affaires publiques
n'allaient pas mieux depuis la mort du cardinal de Fleury que
dans ses deux dernières années. La maison d'Autriche renais-
sait de sa cendre, la France était pressée par elle et par
l'Angleterre. Il ne nous restait alors d'autres ressources que le
roi de Prusse, qui nous avait entraînés dans la guerre, et qui
nous avait abandonnés au besoin. On imagina de m'envoyer
secrètement chez ce monarque, pour sonder ses intentions,
pour voir s'il ne serait pas d'humeur à prévenir les orages qui
devaient tomber, tôt ou tard de Vienne sur lui, après avoir
tombé sur nous, et s'il ne pourrait pas nous prêter cent mille
hommes dans l'occasion, pour mieux assurer sa Silésie. Cette
idée était tombée dans la tête de M. de Richelieu et de Mme de

Châteauroux. Le Roi l'adopta, et M. Amelot, ministre des affaires étrangères, mais ministre très subalterne, fut chargé seulement de presser mon départ. Il fallait un prétexte ; je pris celui de ma querelle avec l'ancien évêque de Mirepoix... » Voltaire prit si bien au sérieux le secret de sa mission, qu'il n'en laissa pas échapper un mot dans les lettres qu'il écrivait alors à M. de Richelieu ; mais quelqu'un était averti, et ce quelqu'un-là en valait bien deux. Voltaire avait été obligé de confier l'objet de son voyage à Mme du Chatelet ; celle-ci, intimement attachée au duc de Richelieu, se laissa arracher le secret par Mme de Tencin, moyennant une promesse absolue de n'en parler à personne ; mais, comme le dit Mme de Tencin, il y avait toujours dans un engagement de ce genre une restriction mentale pour ce qui pouvait toucher M. de Richelieu, et, d'ailleurs, Mme du Châtelet elle-même n'y aurait pas mis plus de discrétion, si le duc n'avait pas été absent à cette époque. Toujours est-il que Mme de Tencin, dès le premier jour, annonçait le départ de Voltaire et mit M. de Richelieu au courant des projets de la coterie Maurepas. (Voir les lettres imprimées dans la *Vie privée*, t. II, p. 438 et 439). Lorsque Voltaire revint, au mois de décembre 1743, porteur de promesses dont M. de Rottembourg acheva la réalisation, il ne fut pas récompensé de ses travaux diplomatiques, mais au contraire puni de sa discrétion : « La duchesse de Châteauroux fut fâchée que la négociation n'eût point passé immédiatement par elle. Il lui avait pris envie de chasser M. Amelot, parce qu'il était bègue, et que ce petit défaut lui déplaisait ; elle haïssait de plus cet Amelot, parce qu'il était gouverné par M. de Maurepas ; il fut renvoyé au bout de huit jours, et je fus enveloppé dans sa disgrâce. » (*Mémoires*, t. Ier, p. 319).

V

LE ROI A METZ : SA MALADIE

(1744)

Peu de temps après, le Roi partit pour l'armée de Flandre et Ypres. Au commencement de la campagne, il débuta d'une façon brillante. Mme de Châteauroux n'avoit pas voulu y aller, pour tâcher de conserver de la décence dans tout, même dans ce qui ne l'étoit pas. Le Roi donna le gouvernement du Saumurois à M. d'Aubigné [1], à la sollicitation de M. le maréchal de Noailles, de préférence à tous les officiers de son armée, parce qu'il étoit son parent [2]. Peu de jours après, M. le comte de Bissy [3] étant arrivé, de la part de M. le prince de Conti, apporter la nouvelle de la bataille de Coni, qui n'en

1. Louis-Henri d'Aubigny, dit le marquis d'Aubigné, était colonel du régiment de la Marine. Mme de Maintenon avait reconnu sa branche pour être de même maison qu'elle, et c'est ainsi qu'il pouvait se dire parent de la maréchale de Noailles, nièce de la célèbre marquise.

2. Ce fut à l'occasion du mariage de M. d'Aubigné avec Mlle de Boufflers, que son père obtint de se démettre du gouvernement de Saumur en sa faveur (*Luynes*, t. V, p. 431, et les lettres du comte de Noailles, publiées dans la *Vie privée*, t. I, p. 375). Le gouvernement du Saumurois, tout proche de Richelieu, et beaucoup moins lourd que le commandement en Languedoc, avait été vivement convoité par M. de Richelieu.

3. Anne-Louis de Thiard, né en 1715, fut blessé mortellement au siège de Maëstricht en 1748.

valoit pas trop la peine, le Roi lui donna le cordon bleu [1], que M. le prince de Conti avoit demandé pour lui, ce qui mit Mme de Châteauroux dans la plus grande colère, et dans la crainte que tous les jours on arrachât du Roi des choses qu'elle croyoit aussi déplacées, elle prit la résolution de partir pour aller joindre S. M. Comme M. de Richelieu lui avoit toujours entendu dire qu'elle ne feroit jamais pareille chose, malgré l'exemple de Louis XIV, il lui demanda en arrivant d'où venoit l'heureux changement qui lui donnoit le plaisir de la voir, et elle lui répondit que, si le Roi n'étoit pas instruit sur ceux qui l'environnoient et qui abusoient de sa bonté, elle en connoissoit auxquels elle vouloit mettre obstacle.

Peu de jours après cette arrivée, il vint un courrier d'Alsace, qui annonça que le prince Charles [2] étoit entré en Alsace avec une armée, avoit passé le Rhin et menaçoit toute l'Alsace. Sur le champ, le Roi prit la résolution de marcher au secours de l'Alsace, avec une partie de son armée, et [de laisser] l'autre au maréchal de Saxe pour garder la Flandre et se tenir sur la défensive seulement. Le Roi marchoit à quelques journées devant son armée, passa par Laon, où M. l'évêque, depuis cardinal [3], lui

1. M. de Bissy était commissaire général de la cavalerie, et le Roi, n'ayant osé, à cause de sa jeunesse, le nommer lieutenant général, se détermina à le faire chevalier des ordres (*Luynes*, t. V, p. 441 et 451).

2. Le prince Charles de Lorraine, frère du grand-duc de Toscane.

3. Jean-François-Joseph de Rochechouart, qui avait succédé en 1741 à M. de la Fare. — Il y eut une scène curieuse

donna une fête ; ce fut de là que M. de Richelieu demanda permission au Roi de venir à Paris, pour s'en retourner immédiatement à Metz, où il seroit aussitôt que S. M. Pendant le feu d'artifice qui fut tiré à Laon, il eut avec Mme de Châteauroux une conversation sur des choses importantes qui ont été détruites avec elle, et qu'il ne pourra jamais oublier.

M. de Richelieu arriva à Metz le lendemain matin du jour où le Roi étoit arrivé le soir. S. M. trouva à Metz un ministre du roi de Prusse [1], qui lui annonçoit que son maître alloit entrer en Bohême et faire la diversion qu'il avoit promise [2]. Le Roi n'étoit pas encore éveillé, et tout ce qu'il y avoit de plus grands seigneurs ou officiers généraux étoient dans l'antichambre, attendant son réveil. Tout le monde vouloit savoir toutes les particularités de ce coup du ciel qui avoit engagé le roi de Prusse, en connoître tous les détails, et l'importance que la nouvelle pouvoit exiger, M. de Richelieu entendit un grand seigneur [3], plus grand sot encore, dire avec confiance :

pendant ce séjour à Laon. M. de Richelieu réunit à dîner incognito le Roi et Mme de Châteauroux ; à la sortie, le Roi fut reconnu par tous les badauds assemblés et poursuivis de tant d'acclamations, qu'il dut se sauver « comme Pourceaugnac poursuivi par les clystères », dit le marquis d'Argenson (t. IV, p. 106).

1. Le maréchal Schmettau.

2. Le traité avait été signé secrètement le 5 avril et depuis une alliance avait été conclue à Francfort entre la France, la Prusse, l'Empereur, l'électeur palatin et le roi de Suède, en qualité de landgrave de Hesse (*Siècle de Louis XV*, p. 111 et 112).

3. M. de Richelieu ajoute en marge : « Le duc de la Rochefoucauld. » — Alexandre, duc de la Rochefoucauld, était

« Il faudroit couper le col à celui qui a fait et signé
« un pareil traité avec le roi de Prusse, parce que
« cela rendra la paix infaisable ». Il est vrai que
ce docteur-là ne fit pas comprendre d'abord sa
position politique et ne fut pas accueilli ; mais il est
bon de pouvoir toujours se souvenir du degré
d'extravagance, d'audace et d'esprit de parti qui
domine dans toutes les cours et surtout à celle de
France. Le Roi s'éveilla quelques moments après
et fit entrer le ministre de Prusse, qui fut accueilli
d'une manière qui auroit pu en imposer, si quelque
chose pouvoit contenir des espèces semblables à
ceux que l'on vient de citer et qui trouvent toujours quelques partisans.

On passa toute la journée à visiter la place avec
les dames. Le lendemain [1], le Roi se trouva un peu
incommodé d'un mal à la tête, ce qui ne laissa pas
de donner beaucoup d'inquiétude [2]. Elles redou-

---

grand-maître de la garde-robe, ennemi déclaré de tout ce qui
touchait à la favorite et ami intime de M. de Maurepas. Dernier descendant masculin de l'auteur des *Maximes*, il avait
servi avec distinction sur mer, et, comme brigadier des armées
du Roi, il venait de se signaler par une grande activité dans la
campagne de Flandre. — Il est inutile de faire remarquer que
les épithètes décernées au grand-maître par M. de Richelieu
sont la suite d'un ressentiment de vieille date. M. de la Rochefoucauld avait une parfaite réputation, non seulement d'honnête homme, mais d'homme d'esprit. Le Roi lui-même ne pouvait s'empêcher de le reconnaître, et M. de Luynes en est
garant (*Mémoires*, t. VIII, p. 388).

1. Samedi 8 août 1744.

2. Le récit qui va suivre a été certainement communiqué
à l'auteur de la *Vie privée*, qui raconte toute la scène de Metz
de la même façon, et souvent avec les mêmes expressions :

blèrent bientôt, parce que l'esprit de parti fit augmenter la maladie du Roi. On parla de le faire confesser et recevoir ses sacrements. S. M., qui avoit un grand fonds de religion, avoit un mal de tête fort grand avec de la fièvre, et n'étoit pas en état de juger par elle-même de son mal, qui étoit infiniment augmenté dans son idée par un homme gagné [1], en qui il avoit pourtant confiance sur sa santé même, et qui lui dit qu'il feroit très bien de se confesser. Comme on a vu le Roi, toute sa vie, conserver les dehors de bienséance et du fonds de religion qu'il avoit, il résolut de se confesser et recevoir les sacrements. M. de Richelieu l'avoit quitté la veille, après avoir tâté son pouls [2]. Il

T. II. p. 6 à 14. — Cf. la double relation que M. de Luynes, pour plus d'exactitude et d'impartialité, a transcrite dans ses *Mémoires*, t. VI, p. 39 à 48 et 60 à 62, rapportant les uns après les autres les souvenirs, souvent contradictoires, des principaux témoins qui entouraient le Roi. Voyez aussi le journal tenu par le premier commis Le Dran, aux Affaires étrangères, vol. *France* 1329.

1. Le maréchal veut parler ici certainement de M. de La Peyronie (ci-après, p. 85), premier médecin par quartier, qui engagea, dès le mardi 11, l'évêque de Soissons à parler de confession et de sacrements, ce que le prélat fit le lendemain, bien que la Peyronie lui dît ce jour-là que rien ne pressait encore (*Luynes*, t. VI, p. 60). Ce furent ensuite les instances pressantes et les remontrances très vives du duc de Bouillon, grand chambellan, qui décidèrent le Roi à se confesser au P. Pérusseau (*Ibidem*, p. 42 et 61-62).

2. On sait que M. de Richelieu avait de grandes prétentions à se connaître en médecine, en hygiène, aussi bien qu'en astrologie et en magie, et, pendant la première période de la maladie, il s'arrogea le droit d'assister seul aux consultations des médecins (*Luynes*, t. VI, p. 40 et 60). Il écrivait ce même jour

retourna chez lui le lendemain matin, à sept heures.
Il y trouva Mme de Châteauroux assise au chevet de
son lit, et ils raisonnèrent une demi-heure comme
à l'ordinaire. M. de Richelieu tâta le pouls du Roi ;
la fièvre n'étoit pas augmentée ; mais il se plaignoit
toujours du mal de tête. Tout d'un coup, il lui
demanda son pot de chambre ; Mme de Châteauroux se leva et passa dans la chambre à côté.
Alors, avec force et vivacité, le Roi cria : « Faites
entrer pour la messe ! » et répéta ces mots de
manière à étonner M. de Richelieu. Le Roi
ajouta : « Emmenez-la chez elle [1] ».

à un correspondant inconnu «... Le Roi s'est trouvé incommodé ce matin : il a un petit mouvement de fièvre ; je lui ai
touché le pouls qui est bon, et ce n'est presque rien : un peu de
constipation qu'il a laissé venir sans remède a causé cette
émotion que des lavements et du lavage emporteront... (*Catalogue Charavay* 328, n° 321, et *L'amateur d'autographes*, 6°
année, n° 125, p. 67).

1. Cf. *Soulavie*, t. VII, p. 30. — M. de Luynes (VI, 42) ne
raconte pas cette scène de séparation de la même manière :
« Le 12, Mme de Châteauroux étant auprès du lit du Roi, il lui
prit la main et la baisa ; puis, la repoussant, il lui dit : « Ah !
princesse, je crois que je fais mal. » Elle voulut l'embrasser ;
il la refusa, en lui disant : « Il faudra peut-être nous séparer. »
A quoi l'on dit qu'elle répondit fort bien et d'une manière très
convenable. Il passa le reste de la journée dans de grandes
inquiétudes et beaucoup de troubles d'esprit. La nuit fut mauvaise depuis trois heures, et le jeudi matin le Roi fut saigné à
sept heures. Il y eut de grandes agitations, qui augmentèrent
pendant la messe. Il fit demander le P. Pérusseau par M. de
Bouillon. Dans cet intervalle, le Roi eut un mouvement de
vapeurs très fort, de manière que M. de Bouillon sortit dans
l'antichambre pour demander un flacon avec précipitation.
Lorsque ce mouvement fut passé, M. de Bouillon sortit de la
chambre et dit : « Cela est passé. » Des gens qui l'entendirent,

M. de Richelieu fut bientôt hors de lui, comme étoit [aussi] S. M. On ordonna aux garçons de la chambre d'ouvrir les portes et de demander la messe, et, en même temps, M. de Richelieu alla trouver Mme de Châteauroux, qu'il ne surprit pas autant qu'il devoit le croire, et qui lui dit que le Roi lui avoit parlé toute la matinée de sacrements, se croyant plus malade qu'il ne l'étoit. Mais le sieur de la Peyronie [1], excellent chirurgien, qui s'étoit rendu maître du Roi, en santé comme malade, étoit livré depuis longtemps à M. de M. [2] et avoit pour porteur de paroles La R. [3] qui étoit fort sot, mais insolent, et qui prononçoit toutes les paroles que la Peyronie lui disoit conséquemment à ses instructions. Il n'y avoit aucun moyen de l'écarter [4].

et qui ne savoient pas de quoi il s'agissait, crurent que le Roi étoit mort. Cependant, il se confessa, et l'ordre fut donné pour renvoyer Mme de Châteauroux et sa sœur, Mme de Lauraguais, etc. » (t. VI, p. 42 et 61-62).

1. François Gigot de la Peyronie, quoique premier chirurgien, avait été nommé, en outre, médecin consultant le 22 septembre 1742, et médecin par quartier le 14 mars 1743. Accusé ici par M. de Richelieu, il se trouve nécessairement déchargé des accusations contraires qui coururent alors contre lui. Voy. *Barbier*, II, 404, et *Luynes*, VIII, 192 et 193.

2. M. de Richelieu ajoute en marge : « M. de Maurepas ».

3. En marge : « le duc de la Rochefoucauld ».

4. Parce qu'il était grand-maître de la garde-robe du Roi. M. de la Rochefoucauld fut, plus tard, un des premiers à essuyer lès effets de la courte vengeance de Mme de Châteauroux. M. de Maurepas fut chargé de lui commander verbalement, sans lettre de cachet, d'aller à sa terre de la Roche-Guyon. Quoique l'absence des formalités nécessaires pût laisser le temps de chercher une intercession puissante, M. de la

M. de Richelieu conduisoit M^mo de Châteauroux chez elle, par une galerie qui communiquoit de l'appartement du Roi à la maison qu'elle occupoit, lorsque M. le comte d'Argenson, ministre et secrétaire d'État de la guerre, arriva et fit semblant de se trouver mal. Il parut même avoir bien de la peine à prononcer que S. M. conseilloit à Mme de Châteauroux de sortir de Metz et de s'en aller à quatre ou cinq lieues. L'étonnement fut grand ; mais il fallut songer à exécuter les ordres, et, pour cela, M. de Richelieu se sentit la force d'aller trouver M. le maréchal de Belle-Isle [1], qui n'avoit pas eu le temps de savoir tout ce qui se passoit que très imparfaitement. M. de Richelieu le trouva plein de sentiments d'honneur et d'honnêteté pour Mme de Châteauroux, et d'indignation pour la manière dont on en usoit. Il dit qu'il avoit en vue deux ou trois maisons, et alloit penser à celle qui seroit la plus commode. M. de Richelieu lui dit qu'il y avoit des gens dans les rues que l'on avoit ameutés pour faire du désordre quand elle paroîtroit. Ensuite, il retourna chez Mme de Châteauroux, où étoit Mme de Lauraguais, sa sœur, dit ce qu'il venoit de faire, après avoir averti les dames qui étoient venues avec elles de Paris, dont la marquise de Bellefonds, nièce de

Rochefoucauld, qui montra la plus grande dignité, se tint pour dûment exilé pendant dix ans. Après quoi, il revint s'établir à Paris, mais sans demander la permission de reparaître à la Cour, et sans que le Roi pût rien blâmer dans sa conduite, ni pendant ni depuis cet exil presque volontaire. Il mourut en 1762.

1. Ami de Mme de Châteauroux et gouverneur de Metz.

M. de Richelieu [1], étoit de la compagnie, et il les
engagea à prendre aussi promptement que faire se
pourroit des arrangements préliminaires. M. de
Richelieu repartit tout de suite pour aller voir ce
qui se passoit chez le Roi. En chemin, il trouva un
homme qui lui dit que S. M. étoit dans le même
état où il l'avoit laissée, demandant à cor et à cris
ses sacrements ; mais que M. l'évêque de Soissons,
fils du maréchal de Berwick [2], disoit qu'on ne pouvoit pas les donner au Roi tant que Mme de Châteauroux seroit dans la maison, ou même dans la
ville [3]. M. de Richelieu demanda si ce qu'on lui
avoit dit étoit vrai. Cet homme attendoit d'être
assuré du départ de Mme de Châteauroux, pour le
dire au Roi. M. de Richelieu lui répondit qu'il sortoit d'avec elle, et qu'elle achevoit ses paquets, en
attendant l'arrivée du carrosse de M. de Belle-Isle ;
qu'il étoit impossible, quand même elle voudroit
aller à pied gagner la maison de son exil, qu'elle pût
aller plus vite, et empêcher l'auguste cérémonie qui
pressoit, ni même sortir sans précaution au milieu du

1. Marie-Suzanne-Armande du Châtelet de Clefmont, fille
d'une des sœurs du duc de Richelieu, avoit épousé en 1733.
Charles-Bernard-Godefroy Gigault, marquis de Bellefonds,
gouverneur de Vincennes. Elle fut faite dame du palais de la
Dauphine en 1745. Les autres compagnes de Mme de Châteauroux étoient Mmes du Rourc et de Rubempré.

2. François de Fitz-James, abbé de Saint-Victor en 1728,
évêque de Soissons en 1739, avait succédé au cardinal d'Auvergne dans la charge de grand aumônier. Il fut exilé à la
suite du voyage de Metz. — Sa vie a été imprimée en tête de
ses *Œuvres posthumes*.

3. *Mémoires de Luynes*, t. VI, p. 42.

monde qui se ramassoit pour faire un scandale encore plus grand. L'évêque de Soissons étoit dévot, avec la tête chaude ; mais il avoit de la bonne foi et étoit capable d'entendre raison. M. de Richelieu le vit. M. l'évêque lui demanda s'il pouvoit lui donner parole de la vérité de tout ce qu'il venoit de lui dire ; M. de Richelieu lui en fit le serment, et ce qu'il lui disoit étoit en effet très exact ; mais il ne se souvient plus de ce qui arriva. Il est néanmoins sûr que ce ne fut que l'après-dîner que le Roi reçut les sacrements. M. de Richelieu lui tâta le pouls, en lui donnant un bouillon. S. M. ne lui parut pas fort malade et n'avoit pas le pouls fort élevé.

Il partit de suite pour aller voir Mme de Châteauroux : ce fut la dernière fois qu'il la vit, et il n'y peut penser sans des impressions peu communes. M. de Soubise y avait déjà été et en était parti. On peut se figurer tous les sujets qui furent traités, mais on ne peut s'imaginer les effets d'un changement aussi subit et aussi prodigieux. La principale question du moment étoit celle de ce que feroit Mme de Châteauroux. Elle pensoit à aller dans quelque terre en province ; mais elle prit le bon parti d'aller droit à Paris, dans une maison déjà offerte à Mme de Lauraguais, sa sœur, pour y faire ses couches.

M. de Richelieu retourna chez lui à Metz. Son valet de chambre lui dit que M. de Soubise l'avoit fait avertir qu'on alloit donner au Roi les derniers sacrements, et qu'il lui conseilloit de venir vitement. En sortant, il trouva à sa porte un homme qui venoit assez vite et lui mit un papier dans la main.

Il le lut en arrivant à la lumière de la sentinelle du
Roi, en entrant dans la cour ; ce papier contenoit
un avis à M. de Richelieu de prendre garde à lui,
contre qui tout étoit déchaîné. Lorsqu'il fut dans
l'escalier montant dans l'antichambre du Roi, il y
eut un autre homme qui lui donna un papier qui,
à quelques mots près, étoit semblable au premier.
Enfin, il arriva chez le Roi, où l'on étoit plus pressé
qu'au parterre de l'Opéra, à une première représentation. A travers la foule, M. d'Argenson lui dit,
passant auprès de lui, et sans avoir l'air de le regarder : « Je vais dans la chambre de Le Bel (premier
« valet de chambre du Roi de quartier) ; je vous y
« attends ; n'y manquez pas ». Il s'y rendit en effet
d'un côté, pendant que M. d'Argenson alloit par un
autre. Lorsque M. de Richelieu y fut, M. d'Argenson lui dit que le Roi alloit recevoir ses sacrements, et que l'on avoit exigé auparavant qu'il
renvoyât Mme de Châteauroux bien loin. « On vous
« apostrophe, ajouta-t-il, comme l'ayant entraîné
« dans tous ses désordres. Si vous m'en croyez,
« je vous conseille de ne pas vous montrer, ou de
« vous tenir éloigné du lit, pour que le Roi ne
« puisse pas vous voir. » — « Je suis bien éloigné, lui
« répondit M. de Richelieu, de penser comme cela ;
« je vous assure, au contraire, que je serois très aise
« que cela arrivât, parce que ce seroit un moyen
« d'éclaircir tout le mystère de la manière la plus
« authentique qu'on puisse jamais trouver et de
« confondre tous les imposteurs. » Effectivement,
M. de Richelieu se mit dans le balustre, vis-à-vis
du Roi, et, quand M. l'évêque de Soissons pro-

nonça l'anathème contre Mmes de Châteauroux et de Lauraguais, M. de Richelieu ne douta pas qu'il en vînt à lui, et la réponse, qu'il auroit prononcée tout haut étoit toute prête ; mais il ne dit mot et M. de Richelieu ne sut jamais ce qui l'arrêta [1]. Il ne seroit pas étonné que M. d'Argenson, qui se livroit toujours à celui qu'il croyoit le plus fort, ne se fût mis parmi les dévots, pour lui tendre un panneau. M. de Richelieu a tâché une fois ou deux, lorsque le Roi lui parla de cela, et surtout la première fois qu'il le vit après, de connoître ce qui en étoit ; mais voyant que S. M. avoit de la peine de voir qu'il voulût l'approfondir, M. de Richelieu s'en tint là. Il se doute bien qu'il y eut en cela quelque intrigue ; mais il n'a jamais pu en savoir la vérité bien exacte.

Les moteurs de ces belles scènes-là firent arriver M. le Dauphin, à qui le Roi avoit ordonné de rester à huit ou dix lieues, et c'est ce qui fâcha le plus S. M., après sa guérison [2]. Il le fit payer bien cher

1. Suivant les rapports insérés par M. de Luynes (t. VI, p. 43 et 62), le Roi était trop abattu pour prononcer d'autres paroles que les réponses du rituel ordinaire ; ce fut M. de Soissons qui se chargea de demander pardon pour S. M. et même qui ordonna, de sa propre autorité, que les deux sœurs eussent à quitter le voisinage de Metz et à se retirer à Paris ou ailleurs. Du moins, l'un des deux premiers gentilshommes qui étaient aux côtés du Roi assura que son maître n'avait rien prononcé de semblable.

2. Le Dauphin avait demandé à suivre les opérations de cette campagne ; mais Louis XV le lui avait refusé, par une lettre très belle et très digne, du 6 mai 1744, qui a été publiée dans les *Mémoires historiques et militaires du maréchal de Noailles*, t. VI, p. 361. — Les premières nouvelles de la maladie du Roi étaient arrivées à Versailles dès le 9 ; mais ce fut

à celui qui étoit le moins coupable, le pauvre duc de
Châtillon, qui suivoit les impressions dictées par
M. de Maurepas et prononcées par l'insolent imbé-
cile duc de la Rochefoucauld.

Tout ce qu'on vient de raconter étoit capable de
tuer le Roi, s'il avoit été bien malade, ou de le
rendre tel, s'il ne l'étoit que médiocrement [1] : c'est

seulement le vendredi 14 qu'une lettre de M. de Bouillon, très
exagérée, décida la Reine à se mettre en route, et, le même
jour, M. d'Argenson écrivit qu'elle pouvait s'avancer jusqu'à
Lunéville, le Dauphin et Mesdames jusqu'à Châlons ou à Verdun. La Reine arriva à Metz le lundi matin, 18, et vit le soir le
Roi, qui lui demanda pardon du scandale et des peines qu'il
lui avait donnés. Voici la lettre qu'elle écrivit aussitôt à M. de
Maurepas, dans l'élan de sa joie, qui devait bien peu durer :
« A Metz, ce 18. Je n'ay rien de plus pressée que de vous
dire que je suis la plus heureuse de toutes les créatures, le Roy
se porte mieu, Du Moulin assurre qu'il est comme hors
d'affaire, il dit mesme plus, mais je n'ose encore m'en flater,
il a de la bonté pour moy, je l'aime à la folie. Dieu veuille
avoir pitié de nous et nous le conserver. Je vous conseille de
demander permission de venir. Adieu, ne doutez pas un instant
de mon amitié. J'embrasse Mme de Maurepas. » (Original
autographe aux Archives du marquis de Chabrillan). — Quant
au Dauphin, M. de Châtillon, son gouverneur, prit sur lui de ne
point s'arrêter à Verdun et de le mener droit à Metz, où ils
arrivèrent quelques jours après la Reine ; mais on cacha cela
au Roi, et ce fut seulement au bout de quelques jours, quand
on lui eut demandé la permission de faire venir le Dauphin,
que ce prince fut admis à voir son père. La première entrevue ne fut pas aussi tendre qu'on se le seroit imaginé, et
M. de Châtillon ne tarda pas à payer son audacieuse initiative.
— Cf. *Luynes, passim* ; *Mémoires de Mme de Brancas*, et
Sainte-Beuve, *Nouveaux lundis*, t. VIII, p. 297 et suiv.

1. M. de Richelieu, en toutes occasions, soutint que la maladie du Roi n'avait rien eu de grave ; beaucoup de témoignages

ce que les moteurs de cette abominable intrigue vouloient ; mais tous les instruments dont ils se servoient ne vouloient pas tout à fait les servir, et cependant ils croyoient par là rester maîtres de S. M. et en avoir meilleur marché que de tout autre ; mais la Providence sauva le Roi, et la première chose qu'ils firent, dans sa parfaite convalescence, fut de lui faire faire ses dévotions, à l'occasion de la Saint-Louis, et d'exiger qu'il révoquât la commission qu'il avoit donnée à M. de Richelieu d'aller en Espagne faire la demande de l'Infante, comme son ambassadeur extraordinaire, qui fut le dernier trait du crédit et de la méchanceté qui entouroient S. M. [1].

Pendant ce temps-là, l'armée, commandée par M. le maréchal de Noailles, marcha pour aller chasser les ennemis du bord du Rhin de notre côté. Le Roi, à cette occasion, manda à M. le maréchal de Noailles qu'il espéroit qu'il feroit comme M. le

sérieux, et, particulièrement celui de la Peyronie lui-même, que M. de Luynes nous a conservé (t. VI, p. 46) attestent en effet qu'il y eut un échauffement intestinal et peut-être un coup de soleil, mais aucun symptôme de fièvre maligne ou de mal analogue.

1. Tout était en effet convenu et disposé pour ce voyage, où M. de Richelieu comptait bien gagner la grandesse et la Toison d'or en échange d'un luxe et d'un apparat qui devaient bien faire oublier à jamais la fameuse ambassade de M. de Saint-Simon. Voir les lettres que l'évêque de Rennes, alors à Madrid, lui écrivait sur ce sujet. Elles ont été publiées par Soulavie dans les *Pièces inédites*, t. II, p. 347 et suiv. Ce fut M. de Lauraguais qui eut la mission. Mais, deux ans plus tard, Louis XV, comme nous allons le voir, trouva une compensation pour M. de Richelieu, lorsqu'il s'agit d'aller chercher à Dresde une autre princesse pour le Dauphin et un médiateur pour la paix.

prince de Condé à la mort de Louis XIII, en
gagnant une bataille le jour de sa mort; mais il
n'y eut qu'une échauffourée ridicule, que l'on
appela depuis la *Journée des culbutes* [1] M. le
prince Charles repassa fort tranquillement le Rhin
se retira en Bohême, où étoit le roi de Prusse, et fit
la paix avec lui. Pendant ce temps-là, on faisoit des
préparatifs pour le siège de Fribourg, et l'armée
s'avança de ce côté-là. M. de Richelieu alla joindre
l'armée dans l'instant qu'il apprit qu'elle marchoit.
Il prit congé du Roi dans son lit. Son départ mettoit une sorte d'incertitude dans l'esprit des intri-
gants, sur la manière dont il seroit avec le Roi à
mesure que les forces et la santé de S. M. se rétabli-
roient; mais ce qui les occupa fort et les inquiéta
encore plus, c'est qu'ils apprirent que le Roi avoit

1. *Luynes*, t. VI, p. 56, 65 à 68. — On ne connaît pas beaucoup
ce surnom de *Journée des culbutes*, mais pourtant voici ce que
dit M. de Luynes (t. VI. p. 73) : « Le Roi demanda tout haut au
maréchal de Noailles comment il avoit fait pour n'être pas
culbuté à l'affaire du passage du Rhin, et lui nomma plusieurs
personnes qui l'avoient été. La question étoit embarrassante ;
car, dans cette affaire effectivement, après des retardements
dont on s'est beaucoup plaint, il y eut un désordre et une
confusion dont les suites pouvoient être fâcheuses. M. de
Noailles répondit au Roi que, pour lui, il étoit au cinquième
rang; que les bagages et les chevaux de main avoient fait tout
l'embarras ; que de ceux-ci même il y en avoit encore plusieurs
de perdus le lendemain ; que lui et M. de Coigny crioient tant
qu'ils pouvoient, mais qu'il n'avoit pas été possible d'en venir
à bout. » Jamais général ne fut bafoué si universellement que
M. de Noailles en cette occasion, et l'on ne fit que rire d'une
relation qui fut imprimée par ses soins à Francfort et répandue
dans le public.

écrit à Mme de Châteauroux, et que ce commerce duroit.

Le Roi partit enfin pour aller joindre l'armée, et l'on commença l'investiture de Fribourg. Pendant ce temps-là, M. le maréchal de Noailles chargea les aides de camp du Roi de venir tous les jours lui apporter des nouvelles de ce qui se passoit à l'armée. Quand ce fut au tour de M. de Richelieu, la curiosité et l'inquiétude augmentèrent, et il n'étoit pas lui-même fort à son aise; mais le Roi le reçut tout comme il avoit reçu ceux qui étoient déjà venus. M. de Richelieu dîna avec lui, et tout se passa fort simplement, ce qui affligea beaucoup de monde. En prenant congé du Roi, quoique seul avec lui dans son cabinet, M. de Richelieu ne lui parla pas de ce qui s'étoit passé, le connoissant assez pour sentir que le moment n'en étoit pas venu et qu'il ne feroit que l'embarrasser et le fâcher dans un pareil moment, ce qui fut encore mieux prouvé dans la suite. Il trouva, à la porte de la dernière antichambre du Roi, un billet de Le Bel, premier valet de chambre, par lequel il redemandoit toutes les lettres de Mme de Châteauroux qu'il lui avoit remises dans le commencement où il s'étoit aperçu que la maladie du Roi devenoit sérieuse. Le Roi [1] les avoit mises dans une serviette et avoit ordonné à Le Bel de la remettre à M. de Richelieu; elles étoient toutes ouvertes et n'étoient pas seulement liées par pages : il n'y avoit que les nœuds de la

____

1. Tout ce qui suit, jusqu'au mot *Fribourg*, est une addition autographe du maréchal.

serviette qui les enfermassent, et le paquet étoit
dans l'équipage à Fribourg. M. de Richelieu voulut
rentrer chez S. M. pour [le] lui dire et savoir si elle
vouloit qu'il les lui renvoyât de l'armée. Il rentra
en effet dans son cabinet ; le Roi, le voyant, parut
embarrassé, et, sans attendre ce que M. de Richelieu vouloit lui dire, il lui fit, passant dans sa garde-
robe : « Comme vous voudrez, comme vous voudrez [1] ». M. de Richelieu se retira tout de suite et
monta dans sa chaise aussitôt. Le Roi, quelque
temps après, arriva à l'armée ; il fut comme il avoit
toujours été avec M. de Richelieu, à cela près qu'ils
ne parlèrent de rien sur ce qui s'était passé,
quoique M. de Richelieu couchât à son tour dans
son antichambre, et que S. M. vînt tous les matins
causer avec ses aides de camp. Il est vrai qu'ils
étoient tous gentilshommes de la chambre, capi-
taines des gardes, ou gens de la sorte, et que le
nombre en étoit fort diminué. La surveille que la
capitulation de Fribourg se fit, il y avoit eu, la
veille, à la tranchée, où M. de Richelieu avoit été
présent, une action qui n'avoit pas tourné à la fan-
taisie du Roi [2], qui en étoit fort en colère et qui en
accusoit injustement le lieutenant général M. de

1. Le duc A. de Broglie (*Marie-Thérèse impératrice*, t. I, p. 35)
semble avoir tiré des conséquences exagérées de ce récit qu'il
reproduit, mais en enjolivant : le Roi *rougit...*, dit d'une voix
sèche et *basse*, etc.

2. Fribourg se rendit le 6 novembre. Le 3, on avait fait un
logement dans les deux demi-lunes ; mais l'attaque contre le
bastion avait échoué, avec une perte considérable, par le feu
des assiégés (*Luynes*, t. VI, p. 128 et 129).

Balincourt, depuis maréchal de France [1], qui n'avoit point eu de tort et que M. de Richelieu soutint avec hauteur au Roi et partout, ce qui le sauva, qui alors commandoit la tranchée. Cela n'empêcha pas qu'il fut nommé maréchal de France quelque temps après.

Le surlendemain, la capitulation commença. L'arrangement avoit toujours été pris que M. de Richelieu partiroit de l'armée, ainsi qu'il étoit convenu, pour aller tenir les États en Languedoc, et de là en Espagne, pour faire la demande, tant que ce dernier point avoit existé. M. de Richelieu avoit abandonné cette idée, qu'il ne pensoit pas à rétablir, et il dit seulement au Roi qu'il alloit passer par Paris, où il avoit des affaires. S. M. le lui défendit absolument, quelque chose qu'il pût lui dire, ce qui le fâcha, et le fâche encore toutes les fois qu'il y pense, parce qu'il auroit vu Mme de Châteauroux, à qui il avoit bien des choses à dire, et elle mourut avant son arrivée. Il fallut donc que M. de Richelieu allât tenir les États, pendant lesquels il apprit la mort de Mme de Châteauroux [2].

---

1. Claude-Guillaume Testu, marquis de Balincourt, fut fait maréchal de France en novembre 1746.

2. M. de Richelieu put donc croire, qu'il y avait eu un crime dans la mort subite de Mme de Châteauroux ; il put même au milieu d'une conversation légère et dans l'abandon des souvenirs, laisser entendre ce qu'il pensait. Ce bruit d'un empoisonnement qui aurait daté de plusieurs mois courut partout : il fut même accueilli par les personnes les plus accréditées, et l'habitude qu'avait Mme de Châteauroux de porter toujours du contrepoison, autorisait jusqu'à un certain point les

A son retour de Paris, après les États, le Roi lui
fit dire par le marquis de Meuse qu'avant de lui
faire sa révérence, il vouloit le voir en particulier
dans son intérieur et qu'il montât dans son entresol.
Il s'y rendit la veille de Noël, après la messe de
minuit. S. M. le garda jusqu'à cinq heures du
matin, pleurant à chaudes larmes, en lisant toutes
les lettres de Mme de Châteauroux, qu'il apporta [1].
Le Roi lui répéta bien des fois : « Vous voyez
comme elle me disoit tous mes défauts et quelle
perte j'ai faite ! » Sa Majesté lui parla aussi de toute la
cour et de ce qui s'étoit passé, avec autant de confiance que l'on pourroit faire avec son meilleur

soupçons de la cour (Voy. *Luynes*, t. VI, p. 182; d'Argenson, t. VI,
p. 147, etc.) Cependant on voit ici que le duc n'en dit pas un mot,
et l'auteur de la *Vie privée*, qui remarque également ce silence,
cite en outre une lettre écrite le 2 décembre 1744, par M. d'Argenson au duc lui-même, et conçue dans des termes tels qu'on
ne peut plus soupçonner ce ministre du crime horrible et du
reste inexplicable que les pamphlétaires se sont plu à lui
imputer. Il est certain que M. de Richelieu perdit beaucoup,
à cette mort prématurée, et que, Mme de Châteauroux rentrant en faveur, il eût pu espérer une dignité bien supérieure
à celle de premier gentilhomme de la chambre, l'ambassade
d'Espagne peut-être, le ministère des affaires étrangères,
vacant jusqu'au mois de novembre 1744, ou même la dignité
de connétable. Soulavie (t. VII, p. 80 et 81) donne encore une
autre raison à des regrets très réels et fait une scène ridicule
de M. de Richelieu craignant que le Roi ne fît saisir les papiers
de Mme de Châteauroux et n'y trouvât tout le détail de ses relations avec sa favorite.

1. Louis XV, suivant toutes probabilités, brûla cette précieuse correspondance, et il ne nous reste qu'une seule lettre,
ou une copie, qui a été publiée dans la *Vie privée*, t. II, p. 43.

ami [1], à cela près que M. de Richelieu ne trouva pas que le Roi fût aussi bien informé de ce qu'il savoit lui-même et de beaucoup de choses qu'il ne savoit pas directement.

1. Cf. *Vie privée*, t. II, p. 40 à 42. — M. de Luynes écrit à la date du 25 décembre 1744 : « M. de Richelieu arriva hier au soir, et vit le Roi vraisemblablement en particulier avant le coucher, car il est certain que, lorsque le Roi fut rentré de la chapelle, il s'enferma. La Reine ne savoit point l'heure de la messe pour aujourd'hui; elle l'envoya demander, et on lui dit que le Roi étoit enfermé » (t. VI, p. 193).

VI

BATAILLE DE FONTENOY [1]

(1745)

La guerre continua. Le Roi résolut d'entrer de très bonne heure en campagne et d'y aller des premiers.

A la première couchée [2], après souper, il reçut un courrier, par lequel il apprenoit que les ennemis marchoient à nous et qu'on ne pouvoit éviter une bataille. S. M. avoit voulu mener M. le Dauphin. Il résolut de partir sur-le-champ avec tous ses aides de camp, et partit en effet, et donna ordre de laisser dormir M. le Dauphin jusqu'au lendemain matin [3]. Le Roi rejoignit bientôt l'armée, et dit que tout se préparait à une bataille pour la journée suivante. Nous avions pris une très mauvaise position. M. le maréchal de Saxe étoit plus malade qu'il ne le

1. Le récit qu'on va lire se trouve reproduit avec des variantes assez considérables dans le Mémoire que M. de Richelieu fit présenter en 1783 à Louis XVI ; quoique cette version-là ait été publiée par l'auteur de la *Vie privée*, t. II, p. 59 à 61, puis reproduite par Soulavie (*Mémoires*, t. VIII, p. 136 et suiv.) ; nous en donnerons le texte ci-après en Appendice, p. 104 et suivantes. Cet épisode forme un fragment incomplet du Mémoire de 1783 conservé aux Archives nationales sous la cote K 143, n° 7³.

2. M. de Richelieu accompagnait le Roi (*Luynes*, t. VI, p. 434).

3. Le Roi arriva le 8 mai au matin, devant Tournay ; mais la bataille ne se livra que le lendemain..

fut la veille qu'il mourut, si malade même, que, le soir de la bataille, on lui fit la ponction. Il marchoit néanmoins dans un petit chariot, dans lequel il est aisé de comprendre qu'on ne peut pas tout voir assez vite et changer les dispositions, surtout les ennemis étant aussi près de nous. Le Roi se posta à une justice [1], sur une petite hauteur, d'où il pouvoit voir presque toute l'armée, et où il comptoit déjeuner. Dans un instant, il vit plusieurs régiments de cavalerie qui avoient plié et se retiroient très précipitamment, et de suite une grosse masse d'infanterie des ennemis qui avoit percé et étoit, pour ainsi dire, au milieu de notre armée. Chacun, dans son coin, venoit attaquer cette masse énorme, qui les recevoit avec confiance, voyant qu'elle n'avoit affaire qu'à une poignée de monde. Cependant, les ennemis étoient gênés par la faute qu'ils avoient faite de ne pas prendre des redoutes qui se trouvoient alors derrière eux. M. le duc de Richelieu demanda au Roi permission d'aller voir ce qui se passoit à la gauche de ce gros bloc d'infanterie pour lui en rendre compte tout de suite. M. de Richelieu doit dire, à propos de cela, à la louange de feu M. le Dauphin, qu'il mit sur-le-champ l'épée à la main pour le suivre, ce que l'on empêcha [2]. M. de Richelieu alla donc à la gauche, où il trouva la brigade du régiment des Vaisseaux qui marchoit

1. C'est-à-dire une éminence sur laquelle était un gibet.
2. M. de Richelieu semble avoir conservé un bon souvenir de la lettre que le Dauphin écrivit à la Dauphine le lendemain de la bataille, et dont les copies se répandirent partout. Le prince, qui n'était pas suspect de faveur pour le duc, ne par-

aux ennemis, ce qui l'obligea d'aller avec elle et
M. de Guerchy, qui la commandoit. M. de Richelieu reconnut donc que les ennemis n'étoient pas
fort à leur aise non plus, n'ayant que de l'infanterie et se voyant entourés de tous côtés ; mais,
comme ils ne voyoient venir à eux que des pelotons,
ils n'étoient nullement effrayés et recevoient fort
mal nos troupes. D'un autre côté, toutes les troupes
avoient été maltraitées en détail, et l'effroi étoit
grand, parmi les officiers généraux surtout. M. de
Richelieu alla rejoindre le Roi, après [avoir trouvé
dans son chemin des troupes fort effarées. Il rendit
compte de ce qu'il avoit vu, et, dans un conseil de
guerre qui se tint à cheval et assez hautement [1],
tout le monde pensa qu'il falloit se retirer et commencer par faire retirer le Roi. M. de Richelieu
hasarda seul de dire qu'il ne pensoit pas que tout
fût perdu, étant en force aussi près des ennemis, et
n'ayant qu'un pont à passer où l'armée ne pouvoit
éviter d'être détruite [2]. Il ajouta qu'il croyoit voir

lait que de lui et du service qu'il avait si heureusement rendu
au Roi. Voltaire, qu'on a accusé d'être trop partial pour son
patron et ami, aux dépens du maréchal de Saxe, suivit en cela
l'exemple du Dauphin et le courant de l'opinion publique. Cf.
Luynes, t. VI, p. 468 et 483.

1. *Mémoire de 1783* : « Il se tint alors un conseil de guerre
à cheval et à haute voix, de sorte que ceux qui étoient à portée pouvoient entendre tout ce qui s'y disoit. » Cf. le récit de
Voltaire, dans le *Siècle de Louis XV*, p. 145, et celui du duc
de Chevreuse, dans les *Mémoires de Luynes*, t. VI, p. 444.

2. La fin de la phrase est peu claire : le maréchal veut dire
que la retraite lui semblait dangereuse parce que notre armée
n'avait qu'un seul pont pour se retirer et qu'elle ne pouvait
éviter d'y être attaquée et détruite.

une ressource, et qu'il falloit au moins la tenter ; c'étoit celle, continua-t-il, d'avoir du canon chargé à cartouches, et de tirer sur l'infanterie ennemie. qui étoit très pressée, et d'attaquer ensuite de tous les côtés à la fois, et non par pelotons, comme l'on avoit fait. Quelqu'un répondit : « Mais où « prendre du canon ? » M. de Richelieu indiqua une batterie assez près qu'il venoit de voir. Une autre personne prit la parole et dit : « M. le maréchal de « Saxe a défendu que le canon de cette batterie fût « dérangé ». M. de Richelieu répliqua : « M. le maré- « chal de Saxe ne pouvoit prévoir ce qui arrive ; le « Roi est bien au-dessus de M. le maréchal de Saxe ; « le Roi n'a qu'à ordonner. » Et personne ne dit plus mot. S. M. étoit dans le plus grand embarras et la plus grande colère intérieure, ce qui se voyoit aisément. M. de Richelieu dit : « Votre Majesté « m'ordonne-t-elle de marcher avec ces canons ? » Après un petit moment de réflexion, le Roi avec vivacité, dit à M. de Richelieu : « Oui ! je vous « l'ordonne ». M. de Richelieu vit alors auprès de lui un nommé Isnard, officier du régiment de Touraine, qu'il connoissoit, et qui étoit aide de camp de M. de Tingry, à qui il ordonna, de la part du Roi, de mener le canon [1]. Le sieur Isnard courut vite à

1. Linguet, dans l'article nécrologique de M. de Richelieu (*Annales politiques*, année 1788, p. 119), nie que le duc ait eu une part quelconque à la victoire de Fontenoy. Il répète, à ce propos, un récit d'après lequel l'emploi du canon auroit été conseillé par un simple officier d'artillerie, M. de Saisseval ; celui-ci auroit communiqué son idée au duc de Chaulnes, qui, faute d'autre ressource, l'auroit transmise au maréchal de

la batterie, et plusieurs aides-de-camp allèrent avertir de tous les côtés, afin que, si l'on apercevoit de
l'ébranlement parmi les ennemis, tout le monde
chargeât à la fois. La batterie, arrivée, fut servie
admirablement bien, et, à la deuxième ou troisième
décharge, il y eut un ébranlement si grand, que
notre cavalerie, entra de tous côtés dans le gros de
l'infanterie des ennemis, qui se replièrent en se retirant de tous les côtés en fort grand désordre. Voyant
l'effet que produisoit le canon, M. de Richelieu
chargea avec la cavalerie [1] et, pensant que peut-
être M. le maréchal de Noailles mèneroit trop vite
le Roi passer la rivière, envoya prévenir [le Roi]
que tous les ennemis, plioient de tous côtés et que
la bataille seroit gagnée incessamment, ce qui
arriva peu après. M. de Richelieu alla alors au-devant
du Roi, qui revenoit bien content, et [qui] dit à

Saxe, et c'est dans l'entourage du maréchal que M. de Richelieu aurait saisi au vol la communication, pour en porter l'avis
au Roi, tandis que le duc de Chaulnes faisait jouer l'artillerie.
Voltaire, ajoute Linguet, rendit justice à **M.** de Saisseval dans
la première édition du *Poème de Fontenoy*; puis, dans les éditions postérieures, il sacrifia ce nom et celui du maréchal de
Saxe à ceux des ducs de Chaulnes et de Richelieu.

1. Le marquis d'Argenson dit dans la lettre si connue qu'il
écrivit à Voltaire : « Votre ami M. de Richelieu est *un vrai
Bayard*. C'est lui qui donna le conseil, et qui l'a exécuté, de
marcher à l'ennemi, comme des chasseurs, ou comme des
fourrageurs, pêle-mêle, la main baissée, le bras raccourci,
maîtres et valets, officiers, cavaliers, infanterie, tout ensemble.
Cette vivacité française dont on parle tant, rien ne lui résiste ;
ce fut l'affaire de dix minutes que de gagner la bataille avec
cette botte secrète ».

M. de Richelieu : « Je n'oublierai jamais le service
« que vous venez de me rendre [1] ».

Pendant tout le reste de la campagne, on prit
beaucoup de villes, et l'on revint à Paris. »

APPENDICE

A propos d'un événement aussi important que la victoire de Fontenoy, il est intéressant de rapprocher du texte
des *Mémoires authentiques* celui du Mémoire que le maréchal adressa à Louis XVI en 1783 ; on y trouvera quelques
détails que ne donnent pas les *Mémoires authentiques*, et
une rédaction plus châtiée et plus claire, écrite par un
secrétaire.

« La première fois que le maréchal de Richelieu put se
distinguer à la guerre, ce fut à la bataille de Fontenoy. Le
maréchal de Saxe, qui avoit été le général de l'armée
l'année précédente et qui le fut encore dans celle-ci, étoit
devenu hydropique. On lui fit même la ponction, le soir
de la bataille ; mais son courage, sa dureté pour lui-même
et l'amour du commandement lui firent cacher l'excès de
son mal, et il en partit pour se mettre à la tête de l'armée.
Les ennemis s'étoient empressés d'assembler la leur. Le
Roi, à la première nouvelle, partit, et, le soir du même

---

1. Le comte d'Argenson, dans la relation qu'il envoya à la
Reine et qu'on trouve dans les *Mémoires de Luynes*, t. VII,
p. 161 et suiv., fait la part moins belle à Richelieu. Il raconte
que ce fut le maréchal de Saxe qui rallia l'infanterie disloquée,
y joignit la brigade irlandaise et les régiments de Normandie
et des Vaisseaux et fit charger tout à la fois, tandis que Richelieu
menait la Maison du Roi, la gendarmerie et les carabiniers.
Cf. *Siècle de Louis XV*, p. 147-148.

jour de son départ, comme il s'alloit coucher, il apprit que les ennemis marchoient à nous et nous attaqueroient peut-être le lendemain, de sorte que le Roi, au lieu de se coucher, ordonna que Monsieur le Dauphin, qui l'étoit déjà, ne fût point éveillé, S. M. se mit en route sur le champ et arriva à temps pour la bataille, qui n'eut lieu que le lendemain, ce qui donna le temps à Monsieur le Dauphin d'arriver. Le maréchal de Saxe, qui étoit dans le plus cruel état et qui avoit été obligé de s'en rapporter à des officiers généraux, qui avoient pris une très mauvaise position, n'eut pas le temps ni la force d'y rien changer, ni de faire ce qu'il auroit peut-être fait si sa santé lui eût permis de se donner la peine qu'il auroit eue pour changer la position de toute une grande armée, étant aussi près des ennemis, et dans le moment surtout qu'ils marchoient pour l'attaquer, comme cela arriva en effet.

« Les ennemis commencèrent par attaquer le poste où étoit le régiment des Gardes, le culbutèrent et se trouvèrent au milieu de notre armée, sans que leur cavalerie eût pu percer. Dans cette position, ils étoient, ainsi que nous, fort embarrassés. Il eût été à désirer qu'il fût possible de les attaquer de toutes parts à la fois ; mais cela étoit impossible par la difficulté du grand circuit qu'il auroit fallu faire et celle d'envoyer chacun dans son poste pour donner au moment qui auroit été convenu. De sorte que nos troupes, qui attaquoient par pelotons cette masse énorme d'infanterie, étoient toujours repoussées, et, par cette raison, étoient rebutées d'aller visiblement se faire passer par les armes en détail.

« Un grand nombre de lieutenants généraux, qui ne savoient que faire, vinrent prendre les ordres du Roi et lui dirent qu'il n'y avoit aucun moyen d'attaquer l'infanterie ennemie et qu'il falloit se retirer. Le duc de Richelieu, aux premières charges qui avoient été faites, avoit demandé au Roi la permission d'aller voir de près ce qui se passoit et de lui en rendre compte. Il arriva au poste qu'occupoit la brigade du régiment des Vaisseaux, commandée par M. de Guerchy, comme elle étoit déjà ébranlée pour aller toute seule attaquer l'infanterie ennemie. Le duc de Richelieu, qui s'étoit joint à cette brigade déjà en marche, chargea avec elle et vit de très près le peu d'effet qu'elle produisoit ; aussi fut-elle repoussée et criblée. Le duc de Richelieu vit M. de Guerchy culbuté et son cheval tué. Quand il fut relevé, le duc de Richelieu examina la position de ce côté et revint en rendre compte au Roi.

« Il se tint alors un conseil de guerre à cheval et à haute voix, de sorte que ceux qui en étoient à portée pouvoient entendre tout ce qui s'y disoit. Il n'y eut aucun de ceux qui étoient avec S. M. qui ne proposât la retraite et n'exposât l'impossibilité de compter sur aucune ressource avec des troupes aussi effarouchées que les nôtres. Le duc de Richelieu osa seul être d'un avis contraire. Il observa que, de la manière dont on avoit attaqué par pelotons l'infanterie ennemie, il étoit impossible que nos troupes pussent avoir aucun succès. Il ajouta qu'il ne doutoit pas qu'en tirant du canon au milieu de cette infanterie, qui étoit très pressée et sans cavalerie, on n'y mît un fort grand désordre qui seroit vu bien vite de nos troupes, auxquelles cela donneroit le courage d'attaquer de toutes parts toutes à la fois, si on le pouvoit, et en en faisant passer l'ordre de tous les côtés ; mais que l'on pouvoit espérer que, si le gros de l'infanterie ennemie recevoit tranquillement les effets terribles que le canon pourroit faire et n'étoit point chassée ou détruite, on pourroit du moins retirer nos troupes, si l'on s'y voyoit forcé, et que sans cela on n'oseroit le faire sans le plus grand danger. Quelqu'un répondit : « Où prendre du canon ? » — « Tout près d'ici, reprit le duc de Richelieu, je viens d'en voir une batterie.»

On répliqua que le maréchal de Saxe avoit défendu que
cette batterie fût enlevée. Le duc de Richelieu reprenant et
disant que le maréchal de Saxe l'avoit ordonné avant ce
qui s'étoit passé et que le Roi étoit fort au-dessus d'un
général d'armée, personne ne répliqua, et il demanda à
S. M. si elle vouloit bien ordonner que l'on prît le canon
de ladite batterie. Le Roi, après avoir hésité, y consentit,
paroissant fâché et troublé. Le duc de Richelieu dit alors
à un officier du régiment de Touraine nommé Isnard,
qu'il connoissoit, de courir à l'endroit qu'il lui indiqua et
d'ordonner de la part du Roi au commandant de la batterie d'en amener les canons au plus vite, ce qui fut effectivement fait avec la plus grande diligence. Il n'y eut pas
un seul coup de ces canons qui ne produisît un carnage
affreux, et les deux premières décharges jetèrent les ennemis dans un si grand désordre, qu'ils ne perdirent pas de
temps pour se retirer. Alors on les chargea de tous côtés,
et on parvint à les chasser complètement, ce qui donna un
tel courage à nos troupes qu'il n'y eut presque pas d'ordres
à leur donner et que les ennemis ne songèrent qu'à fuir en
très grand désordre, étant poursuivis de toutes parts.

« Dans cet état le duc de Richelieu envoya son écuyer
avertir le Roi de ce qui se passoit. S. M., que le maréchal
de Noailles avoit emmenée, étoit prête de repasser la
rivière ; mais elle rebroussa chemin, et, quand le duc de
Richelieu fut assuré de la retraite complète des ennemis,
il vint lui-même au devant de S. M., qui eut la bonté de
lui dire en lui mettant la main sur l'épaule, qu'elle n'ou-
blieroit jamais le service qu'il venoit de lui rendre. Le
maréchal de Saxe se fit faire la ponction le soir de ce même
jour, et tout le monde est instruit du reste de la belle
campagne que nous fîmes. »

On peut comparer à ce récit les relations du duc de
Chevreuse et de M. de Vézannes, reproduites dans les

Mémoires du duc de Luynes (t. VI) et notamment cette dernière, p. 447, où il est rendu hommage au mouvement fait par Richelieu : « M. de Richelieu chargea si à propos, à la tête de la Maison, qu'il acheva de les mettre en déroute ». Voyez aussi la relation du comte d'Argenson (*Luynes*, t. VII, p. 161-167), et la note du général de Vault en faveur de Richelieu, d'après le volume 3084 du Dépôt de la guerre, pièce 173 *bis* (cette pièce porte par erreur, en marge : « Remis à M. le maréchal de Richelieu, 1789 ») ; enfin, la narration reproduite dans le *Correspondant*, t. LXXXIX, p. 98-131.

On trouve un récit de la bataille de Fontenoy dans les *Souvenirs du marquis de Valfons* (p. 139 et suiv.), et cet officier général ne manque pas, comme tant d'autres, de s'attribuer une grande part dans la victoire inespérée. Suivant lui, on avait déjà insisté pour que le Roi et le Dauphin se retirassent, et des ordres avaient été donnés de préparer l'incendie du pont du haut Escaut ; mais M. de Richelieu lui répéta plusieurs fois : « Sire, la seule présence de Votre Majesté peut rétablir l'affaire et la gagner. » Après quoi, il prit le commandement des Irlandais pour écraser la fameuse colonne.

Une autre relation, par l'officier qui commandait sous les ordres du duc de Penthièvre la 2ᵉ division de la droite de la cavalerie, attribue à son auteur et à son chef la pensée patriotique d'arrêter le mouvement de retraite et de lancer la cavalerie sur la colonne anglaise et sur quatre pièces de canon qui faisaient ravage. Ensuite, ce mouvement n'ayant pas réussi, il courut partout pour rallier l'infanterie, et rencontra, occupés de même, le duc de Richelieu, le comte d'Estrées, le marquis de Clermont-Tonnerre et M. de la Suze (Arsenal, mss. 4412).

Après la bataille de Salamine, chacun des chefs grecs s'attribua la plus grande part du succès, mais tous donnèrent la seconde place à Thémistocle : c'est un peu le cas du duc de Richelieu après Fontenoy. Ceux même qui ne l'aimaient pas ne laissèrent pas de le louer, et, au premier rang, le Dauphin : on remarqua (*Luynes*, t. VI, p. 468) que, dans sa fameuse lettre à la Dauphine, il ne parlait que de M. de Richelieu : la lettre fit tant de bruit que le Roi se la fit envoyer à l'armée.

Quant au poème de Voltaire, c'était l'œuvre d'un ami de Richelieu. « Roy, le poëte reproche à Voltaire un faux étonnant dans son poëme sur la bataille de Fontenoy, lorsqu'en parlant de M. le duc de Richelieu il le fait favori de l'Amour, de Mars et de Minerve. Roy dit que l'Amour n'a jamais eu pour favori un mignon ridé comme lui ; qu'il n'est point favori de Mars puisqu'il a manqué l'ouvrage à cornes de Tournay, et moins encore de Minerve, témoin les fêtes qui ont été données à Versailles, dont il étoit l'ordonnateur » (A. de Boislisle, *Lettres de M. de Marville au ministre Maurepas*, 12 juin 1745 ; voyez dans cette même correspondance, au 21 juin, de curieux détails sur Fontenoy, et aux 18 mai et 23 juillet des plaisanteries sur la lâcheté du duc de Noailles, tome II, p. 81-82, 90-91, 96 et 117). On sait d'ailleurs que, pour n'avoir pas voulu paraître flatter un seul des héros de Fontenoy et avoir voulu parler de tout le monde, Voltaire accumula dans son poème tant d'erreurs qu'il ne fallut pas moins de cinq éditions pour le mettre en état d'être présenté à la Reine ; le crédit de l'auteur faillit être compromis (*Luynes*, t. VI, p. 483). Voyez aussi le duc de Broglie, *Marie-Thérèse impératrice*, t. II, p. 8 et suiv.

La faveur de Richelieu fut très grande après la bataille : le duc de Luynes raconte (t. VI, p. 485, 489, 490) qu'il était chambre à chambre avec le Roi, et que c'était le Roi qui allait passer la première heure du jour chez son voisin ou qui assistait à son dîner.

Le 16 mai, du camp devant Tournay, le Roi adressait à l'archevêque de Paris la lettre missive suivante (Archives nationales, registre O¹89, fol. 194).

DE PAR LE ROI.

Mon cousin, quelque grands que soient les succès dont il a plu à Dieu de favoriser mes armes pendant la campagne dernière, je viens de recevoir des marques encore plus sensibles de sa puissante protection : mon cousin le maréchal comte de Saxe ayant ouvert la campagne en Flandre par le siège de Tournay, mes ennemis se sont aussitôt assemblés pour marcher au secours de cette place, et à peine ai-je été rendu à mon armée que j'ai eu la satisfaction de lui voir remporter une victoire des plus signalées. Le duc de Cumberland, à la tête des troupes unies des Anglois, Hanovriens, Autrichiens et Hollandois, s'est présenté devant nous le 10 de ce mois ; après avoir employé toute la journée à faire ses dispositions pour se former entre le ruisseau de Rumignies et le haut Escaut, il a commencé l'attaque le lendemain à la pointe du jour : le combat, longtemps incertain, s'est enfin décidé en notre faveur à une heure de l'après-midi, et mes ennemis, étant partout défaits ou rebutés, se sont retirés en désordre, abandonnant une partie de leur canon et laissant sur le champ de bataille plus de huit mille hommes de leurs morts et de leurs blessés. Je ne puis donner assez de louanges à la valeur que mes troupes, surtout celles de ma Maison et mon régiment des carabiniers, ont fait paroître sous mes yeux dans une occasion de cette importance. Mais, si je suis touché comme je le dois de cette nouvelle preuve de leur zèle, je dois pas moins reconnoître les bienfaits de la Providence dans l'heureux effet qu'il a produit, et c'est pour lui en rendre les actions de grâces les plus solennelles que je vous fais cette lettre pour vous dire que mon intention est que vous fassiez chanter le *Te Deum*, dans l'église métropolitaine de ma bonne ville de Paris et autres de votre diocèse, avec les solennités requises, au jour et à l'heure que le grand maître des cérémonies vous dira de ma part. Sur ce, je prie Dieu qu'il vous ait, mon cousin, en sa sainte et digne garde.

Louis.

Des lettres conformes furent envoyées, selon l'usage, aux cours souveraines, aux gouverneurs des provinces et des villes, aux archevêques et évêques du royaume, aux intendants, etc.

VII

MISSION A DRESDE

(1746-1747).

L'année d'après, l'infante femme de M. le Dauphin mourut, et on ne tarda pas à songer à remarier ce prince. Le choix tomba sur la fille du roi de Pologne. S. M. prit M. de Richelieu pour aller à Dresde faire la demande [1]. La fille aînée du roi de Pologne étoit déjà promise à l'électeur de Bavière ; cependant le roi de Pologne offrit le choix, si S. M. le vouloit, et M. de Richelieu eut plein pouvoir à cet égard. Il fut chargé aussi de voir comment le roi de Pologne étoit à la cour de Vienne et de savoir si, sans commettre S. M., ce prince se croiroit à portée de pouvoir entamer des propositions de paix. Le roi de Pologne accepta, et envoya sur le champ un premier commis du comte de Bruhl, premier ministre.

A peine la négociation étoit-elle commencée, que

1. C'était une compensation, soit à la mission analogue qui lui avait été enlevée en 1744, soit au projet de descente en Angleterre qu'il avait mis en avant et dont il était allé lui-même activer les préparatifs à Calais ; l'insuffisance des ressources mises à sa disposition et la supériorité redoutable de la marine anglaise avaient réduit tous ses plans à néant. Pour achever de l'en détourner ou pour le consoler, Mme de Pompadour le fit envoyer à Dresde en décembre 1746. (Cf. *Luynes*, t. VIII, p. 25 et 89.) — Le mariage par procuration eut lieu le 10 janvier 1747.

le Roi renvoya [1] M. d'Argenson, ministre des affaires étrangères, et mit à sa place M. de Puyzieulx, et, quand M. de Richelieu arriva [à Paris [2]], il le [3] trouva avec la petite vérole [4], de façon qu'il fut chargé seul de la négociation directe entre le roi de Pologne, S. M. et M. [Le Dran], qui étoit premier commis des affaires étrangères [5]. Cette négociation alloit fort bien, et l'Impératrice avoit déjà cédé Ypres et tout le côté de la mer, lorsque le Roi, à la tête de l'armée, marcha et donna la bataille de Lawfeld, qu'il gagna [6]. En allant à cette bataille, le Roi reçut un courrier, par lequel un favori de l'Impératrice, qui étoit chargé de la même négociation de son côté, demandoit que les François envoyassent un chargé de procuration.

Les deux parties étoient également d'accord sur ce point, mais non pas sur le lieu. Celui de Vienne craignoit de s'en éloigner, et dans le petit conciliabule qui se tint à Tournay [7], M. de Richelieu en fit sentir les inconvénients ; mais, pour ne pas trop éloigner, il représenta qu'on pouvoit choisir Augsbourg ou Ratisbonne, où l'on pourroit envoyer

1. Le 10 janvier 1747 (*Luynes*, t. VIII, p. 79-82).
2. Le 1er mars (*ibidem*, p. 99).
3. Le nouveau ministre.
4. *Ibidem*, p. 92.
5. Richelieu a laissé le nom en blanc. C'était Nicolas-Louis Le Dran (1686-1774), qui était premier commis depuis 1740. L'autre premier commis, La Porte du Theil, était alors aux négociations de Bréda, et Le Dran faisoit tout le travail du département politique.
6. Le duc de Richelieu assista à cette bataille
7. En marge : « ou Louvain ».

quelqu'un, sous prétexte de négociation avec des princes d'Allemagne. On lui demanda s'il connoissoit quelqu'un capable de cela ; il proposa un homme qui étoit déjà chargé des affaires du Roi à Francfort, qui connoissoit la routine des négociations, et qui en savoit plus qu'il en falloit pour aller et n'avoir pour ainsi dire à signer que des préliminaires[1].

1. On lit dans le Mémoire de 1783 : « Il fut convenu, de la part de l'Impératrice, de céder Furnes, Ypres, Audenarde et tout le côté de la mer, et l'on arrêta de s'expliquer plus amplement sur Tournay et Mons, que la France vouloit avoir. A cet effet, il fut proposé d'envoyer à Vienne, ou aux environs, un chargé de pouvoirs pour traiter définitivement ce dernier article ; mais il parut au duc de Richelieu que la France ne devoit pas aller si loin, ni même passer Augsbourg ou Ratisbonne, où il croyoit qu'il seroit plus à propos d'envoyer un homme qui étoit alors chargé des affaires de France à Francfort, lequel pouvoit aisément trouver un prétexte pour aller à Ratisbonne, où il étoit déjà connu. Et il est certain que, si l'Impératrice eût fait de même de son côté, on auroit pu signer le traité au milieu de tous les négociateurs allemands, sans qu'ils se doutassent de rien. » Ce négociateur était Malbran de la Noue, qui avait été envoyé à Ratisbonne de 1738 à 1742 ; accrédité à Francfort en 1743, il y resta jusqu'à sa retraite en octobre 1748 (B. Auerbach, *La France et le saint Empire romain germanique*, p. 327-334).

VIII

COMMANDEMENT A GÊNES [1]

(1748).

Après la bataille de Lawfeld, et lorsque le siège de Berg-op-Zoom fut commencé, M. d'Argenson et M. le maréchal de Noailles proposèrent au Roi de faire aller M. de Richelieu commander les troupes

1. Ce fragment est réuni au précédent, dans le Mémoire de 1783, par ces quelques phrases :

« Le duc de Richelieu pourroit parler bien longtemps et bien amèrement de l'étonnement où il fut à la fin de l'année qui suivit, en apprenant la paix honteuse que firent les François, sans avoir, par le traité, la moindre des choses qui leur avoient été cédées par l'Impératrice, quoique, depuis, le Roi eût gagné une bataille, qu'il eût pris Berg-op-Zoom, et que Maëstricht fût assiégé. Aussi, faut-il ici que le duc de Richelieu fasse bien des efforts pour ne pas accompagner le nom de M. de Saint-Sèverin de toutes les épithètes qu'il a si souvent méritées, au lieu de toutes les grâces qu'il a reçues. Le duc de Richelieu n'oubliera pas non plus, à son sujet, qu'il donna à l'Impératrice, pour l'exécution des conditions du traité qui concernoient l'Italie, six semaines de plus qu'aux autres puissances, après la signature de la paix, et que M. de Brown, général de l'empereur, se mit en devoir d'en profiter pour s'emparer de la république de Gênes et la mettre à contribution. Il fallut alors un miracle pour faire marcher les Espagnols, qui vouloient abandonner la république, sous le prétexte de la paix et comme ne pouvant agir sans de nouveaux ordres. Même, sans une action heureuse, M. de Brown n'auroit pas accepté de suspension d'armes, et jusque là il pouvoit encore faire la guerre sans manquer à aucun engagement. On seroit de Gênes, où M. de Boufflers venoit de mourir. Le maréchal de Noailles, qui avoit pris à cœur de l'y faire aller, et pour lequel M. de Richelieu avoit grande déférence et amitié, le décida. Il céda enfin ; mais son principal objet fut d'aller faire un tour à Rome, qu'il n'avoit pas vue, [quoiqu'il fut allé] deux fois en Italie, n'imaginant pas d'ailleurs qu'il pût y avoir de guerre, comptant la paix faite et les préliminaires devant être signés. M. de Richelieu prit donc congé et partit [1].

Il arriva à Gênes, après avoir été presque pris par un vaisseau anglois et avoir couru le plus grand risque qu'on puisse courir par une tempête dans une felouque. Peu de temps après, il vit qu'il couroit un autre danger, qui lui parut fort grand ; c'étoit celui de se défendre, avec un nombre d'hommes bien inférieur à celui des ennemis. Il fit tous ses efforts, et, sans entrer dans aucuns détails militaires [2], on sait qu'il finit la guerre heureusement

étonné des particularités très curieuses qui déterminèrent le commandant des Espagnols à faire marcher ses troupes. Le duc de Richelieu n'auroit pu tenir sans elles, et auroit été forcé de ne rien hasarder, ainsi que le lui avoit mandé M. d'Argenson : la république auroit été perdue. » — Suivant le marquis d'Argenson (*Mémoires*, t. VI, p. 380, à la date du 30 mars 1751), M. de Richelieu disoit publiquement que « le traité d'Aix-la-Chapelle étoit un chef-d'œuvre de stupidité, s'il ne l'étoit de corruption. » Cf. Soulavie, *Mémoires*, t. VII, ch. xvii.

1. Il faut ici se reporter à ce que dit le marquis d'Argenson du départ de M. de Richelieu, et du curieux portrait qu'il en fait à cette occasion (*Mémoires*, t. V, p. 87).

2. Voy. *Luynes*, t. VIII, p. 431, et t. IX, p. 167, 168. L'affaire de Voltri est racontée t. VIII, p. 474, et une tentative de M. d'Agénois sur Savone, t. IX, p. 8. — Voy. aussi les

pour les Génois [1] et pour les armes du Roi [2]. S. M.
le fit alors maréchal de France ; après quoi, il revint [3],
et fut assez sot pour se laisser entraîner dans une
dispute de charges et de prétentions des commen-
saux de Mme de Pompadour [4], et dans toutes sortes
de petits détails qui commencèrent à indisposer cette
dame contre lui, sans être fort bien ni fort mal.
Cela subsista quelque temps.

lettres du Roi et du comte d'Argenson (Arch. nat., KK 1369,
volume aux armes de Richelieu). — Les volumes suivants, KK
1370-1372, contiennent la correspondance avec le maréchal de
Belle-Isle, le marquis de Puyzieulx, M. de Bertillet, etc.

1. Pour marquer leur reconnaissance, les Génois inscrivirent
M. de Richelieu sur la liste des nobles de leur ville. M. d'Agénois reçut le même honneur (*Luynes*, t. IX, p. 112).

2. Sur cette affaire, voyez le fragment **du Mémoire de 1783**
qui est donné en appendice à la page suivante.

3. « M. de Richelieu, devenu maréchal de France, devoit
revenir de Gênes pour prendre son service d'année de premier
gentilhomme. Le bruit de ses succès, l'éclat des triomphes que
lui avoit décernés la reconnoissance des Génois, l'habileté généralement reconnue de ses manœuvres ou de ses négociations,
l'heureuse fortune qui sembloit l'accompagner partout, ceci et
cela en faisoit, aux yeux d'une partie de la cour, comme le
Messie qui devoit donner de bons coups de collier pour la
gloire et la sûreté du royaume, chasser la maîtresse roturière
et tyrannique de la cour, et... en donner une autre. » C'est le
marquis d'Argenson qui s'exprime ainsi et ne tarit point sur
ce sujet. Voy. *Journal*, t. V, p. 270, 274, 322, 333, 337, 345,
348, 353 et suiv. Quand, vers Noël, le nouveau maréchal
débarqua à Versailles « tout resplendissant de gloire, frais et
reposé », ce fut un « ébranlement » dans toute la cour.

4. C'est l'affaire dite *des cabinets* (*Luynes*, t. X, p. 79, 84,
85, 89).

APPENDICE.

A propos de l'affaire de Voltri et des opérations militaires autour de Gênes, voici ce qu'on lit dans le Mémoire de 1783 ; ce récit, encore très succinct, est cependant moins obscur que les quelques lignes de nos Mémoires : « Celui qui commandoit les troupes françoises avoit fait un très gros détachement, qui étoit fort exposé. Le duc de Richelieu tenta tout ce qui fut possible pour le faire revenir ; mais il n'étoit plus temps : le chef de ce détachement arriva avec cinq hommes seulement ; le reste avoit été tué ou fait prisonnier. Le duc de Richelieu se vit alors, avec une armée fort inférieure à celle des ennemis, obligé de se défendre et de garder une très grande étendue de pays, et, malgré cette infériorité, il n'eut pas le plus petit échec et fit assez de prisonniers pour pouvoir les échanger avec ceux qu'ils nous avoient faits et avec M. de Montal, lieutenant-général en Piémont, qu'ils retenoient. Il eut même deux avantages considérables. Le principal fut contre M. de Nadasti, qui étoit venu pour surprendre Voltri. Les officiers généraux qui y commandoient étoient venus à Gênes ; il n'y restoit que le marquis de Monti, avec son régiment, celui de Bavière, et quelques autres troupes. M. de Monti, qui étoit le colonel le plus ancien, commanda avec le talent et le courage qu'il a depuis montrés partout. Il avoit pris toutes les précautions nécessaires pour n'être pas surpris, et, dès qu'il vit les ennemis près de ses postes avancés, il envoya un courrier au duc de Richelieu, qui, sur le champ, fit marcher ce qu'il put rassembler de troupes, dont il donna le commandement au comte de Maupeou, et qu'il suivit de près. Le courage et la prudence du marquis de Monti, qui se défendoit aux Capucins de Voltri, laissèrent le temps à nos troupes d'arriver et de chasser M. de Nadasti, qui pensa même être pris. Peu de temps après, le duc de Richelieu prit l'offensive, et s'empara d'un bataillon ennemi tout entier dans Varaggio. Cette guerre défensive n'eut pas l'éclat des grandes actions ; mais elle pouvoit être plus difficile, et l'objet en étoit bien important, puisque le sort de la république en dépendoit à tous moments. On fut si content du duc de Richelieu, que le Roi le fit maréchal de France, et le duc peut assurer qu'il ne l'avoit demandé directement ni indirectement. »

IX

EXPÉDITION DE MINORQUE
(1756).

M. le maréchal de Belle-Isle s'étant fait donner
le commandement de la côte de l'Océan, et personne
n'ayant été nommé pour la Méditerranée, M. de
Richelieu, qui avoit trouvé cela déplacé, apprit
cependant qu'il y avoit des maréchaux de France
qui le demandoient. Cela réveilla son engourdissement, et il partit pour Versailles, débarqua chez
M. d'Argenson pour lui en parler, et fut fort étonné
de le trouver engagé à proposer M. le maréchal de
Mirepoix, par des circonstances particulières, hési-
tant cependant, et disant que M. de Maillebois
l'avoit fort pressé et qu'il devoit le savoir. Comme
M. de Richelieu le [1] connoissoit, il vit bien qu'il
étoit contre lui absolument, ce qui l'échauffa un peu,
de sorte qu'il fut tout de suite chez Mme de
Pompadour, pour lui en parler. S. M. entra dans ce
moment, lui dit ce qu'il venoit de faire pour le plus
ancien des maréchaux de France qui avoit commandé
des armées, ce que les autres n'avoient point fait
après lui [2]. M. de Richelieu retourna chez

1. Le ministre.
2. Cette phrase est très obscure, même incompréhensible.
Il semble qu'il y ait ici une lacune dans le récit ; le maréchal aurait dû mentionner sa nomination. Le marquis d'Argenson dit, à la date du 6 janvier : « Le maréchal de

M. d'Argenson l'en avertir. Celui-ci fit semblant d'en être fort aise, et effectivement il ne se soucioit que des choses qui pouvoient l'intéresser personnellement ou faire de la peine à ceux qu'il n'aimoit pas, et, comme M. de Richelieu, en cet instant-là, n'étoit ni bien ni mal avec lui, il ne songea plus qu'à faire ce qu'il falloit pour la réussite d'une entreprise importante et difficile, parce que, selon le grand usage de la cour de France, où l'on ne pense jamais aux choses qu'au moment, il auroit fallu, pour que celle dont on va parler réussît, prendre des mesures trois mois à l'avance. M. de Richelieu prit donc le ton qu'il falloit, étant une fois commandant, pour tout préparer, et il partit lui-même, trouvant des obstacles à tout : jusqu'à l'argent nécessaire pour une aussi grande et dispendieuse entreprise, il n'y avoit pas un écu de prêt. Il fallut, en attendant mieux, envoyer chercher des louis d'or chez tous les notaires, pour rassembler cinquante mille louis, qu'on lui envoya en poste. M. de Richelieu les suivit de près, et alla débarquer à Marseille, où il ne trouva rien de prêt, mais seulement qu'on avoit donné ordre de préparer trente vaisseaux marchands, auxquels on n'avoit pas encore touché. Il y établit un ordre avec les officiers de terre, par lequel il y avoit quatre

Richelieu vient d'être nommé commandant général sur les côtes françoises de la Méditerranée, comme M. de Belle-Isle l'a été sur l'Océan ; sous lui trois lieutenants généraux, pour les trois provinces maritimes que nous y avons : M. de Maillebois, M. de Mirepoix et M. de Gravelle... » Selon d'Argenson, on avait l'idée de faire des descentes en Angleterre, à Gibraltar, ou à Minorque (*Journal*, t. IX, p. 168).

officiers qui se relevoient, dont un étoit toujours présent, pour faire travailler les ouvriers aux différents objets, pour empêcher les querelles et que les uns n'embarrassassent les autres. Le commissaire de marine qu'il y trouva étoit intelligent et de bonne volonté. M. de Richelieu, ayant vu le peu de soin qu'on avoit pris et qui y avoit des ordres pour commander à la mer comme à la terre, ordonna que l'on prît de l'artillerie partout où l'on en trouveroit. Il n'y en avoit que très peu, et c'étoit sur le plan que l'on avoit du fort Saint-Philippe, quand les Anglois le prirent aux Espagnols, qu'on dirigeoit les opérations et que l'on avoit fait prononcer à M. de Vallière, commandant notre artillerie et le génie, que vingt-quatre pièces de canon suffiroient pour le prendre, et que la seule difficulté étoit de débarquer. Sur ce point, la seule instruction qu'il [1] eût sur la désignation de l'endroit [étoit de débarquer] où les Anglois avoient débarqué eux-mêmes, étant maîtres de la mer et n'y ayant aucunes troupes dans l'île, de sorte que c'étoit au milieu d'une plaine. Il y avoit quarante ou cinquante ans. M. de Richelieu avoit cependant pris assez de connoissance, pour savoir que les Anglois avoient travaillé au fort et dépensé des sommes immenses, comme il n'étoit que trop vrai. Les nouvelles qu'il put savoir par le peu de gens qui étoient à Marseille ou à Toulon, ayant connoissance de l'île de Minorque, l'effrayèrent. Le seul homme capable de l'éclairer un peu sur l'endroit du débarquement des Anglois, qu'il ne savoit

---

1. Le duc de Richelieu.

qu'en général, fut un capitaine marchand, qui étoit dans le port de Marseille et qui parut fort instruit sur l'endroit du débarquement, qui est une plage fort découverte et très belle, mais assez proche du fort, et dans laquelle un détachement de la garnison auroit pu aisément empêcher tout débarquement, puisque cette plage est à portée du canon de la place.

M. de Richelieu revint aux préparatifs, qu'il trouva heureusement le moyen de faire, et la manière dont il fut secondé pour y parvenir le mit en état de partir, contre l'assurance que tous les marins avoient donnée que la flotte ne pourroit jamais être prête à partir avant le 20 ou 25 de juin [1], ce que les espions que les Anglois avoient dans nos bureaux avoient mandé également, comme on le trouva dans les papiers du secrétaire de M. de Blackney, gouverneur et commandant de l'île de Minorque et du fort Saint-Philippe, par lesquels on a vu que ces espions mandoient journellement ce qui se passoit dans notre marine. Cependant M. le duc de Richelieu établit un ordre, comme on l'a dit ci-devant, pour que tout fût prêt pour partir, mais toujours avec l'incertitude de savoir où l'on débarqueroit, et le projet que l'on avoit alors paroissoit très difficile à M. le maréchal de Richelieu. Sur tout ce qui regardoit cette île, il falloit bien qu'il suivît ce que portoient ses instructions, et ce qu'il savoit d'ailleurs.

1. M. de Richelieu écrit, de Marseille, le 26 mars 1756, au garde des sceaux, que les ordres sont donnés pour embarquer tout, que cela ira vite, et que, si les matelots ne manquent pas à Toulon, il sera prêt le 5 ou le 6 avril.

En partant [1], il essuya une tempête qui sépara tous ses bâtiments de transport (il en avoit rassemblé cent quatre-vingt-dix-huit), de façon qu'il croyoit tout perdu ; mais, au jour, ils se rassemblèrent peu à peu, quelques-uns furent jetés jusques aux îles d'Hyères ; mais, comme il avoit fait désigner aux mâts tous les bâtiments de transport, pour savoir ce qu'ils portoient et connoitre, dans les cas d'accident, ce qui arriva effectivement, ce qui pouvoit rester en état de faire le siège qu'il alloit tenter, au jour que le temps se raccommoda, il s'aperçut qu'il avoit de quoi achever son entreprise. Le soleil fut même très beau, et, avec un petit vent favorable, il arriva à la vue de l'île de Minorque, avec un nombre de bâtiments imposant pour les habitants de l'île. Comme il se trouva vis-à-vis de la pointe de l'île où est Ciutadella, il aperçut un mouvement fort grand de gens qui paroissoient très embarrassés, et, avec la lunette d'approche, il crut voir des gens effrayés de son approche. N'ayant nulle nouvelle, il chargea

1. Le tome XV des *Mémoires de Luynes* contient, sur l'expédition de Minorque, les relations détaillées du maréchal et de ses officiers. Grimoard a publié, sur cette même campagne : 1° en 1789, la *Correspondance particulière et historique du maréchal de Richelieu en 1756, 1757 et 1758 avec Paris-Duverney, suivie des mémoires relatifs à l'expédition de Minorque et précédée d'une notice sur la vie du maréchal* (2 vol. in-8°) ; 2° en 1798, une *Collection de pièces originales inconnues et intéressantes sur l'expédition de Minorque ou de Mahon en 1756* (très rare). On peut encore consulter un volume de la collection de Vault au Dépôt de la guerre. Enfin les archives du château de Mouchy contiennent de très curieuses lettres du maréchal au comte de Noailles, son neveu, datées de Mahon, etc.

le chevalier de Bedmont, avec lequel il étoit dans la chambre du Conseil, d'aller chercher M. de la Gallissonnière, qu'il amena et à qui M. le maréchal proposa d'envoyer une chaloupe parlementaire sommer la ville de se rendre et lui offrir une bonne capitulation. M. de la Gallissonnière y consentit, et fit signal à l'avant-garde de s'arrêter. On mit une chaloupe à la mer, et l'on envoya M. le chevalier de Castellane pour sommer cette ville, qui se trouva Ciutadella, comme on l'avoit imaginé. Il n'y avoit ni troupes ni défenses, ou très peu de monde, et elle envoya des ôtages pour faire la capitulation, ce qui fut, comme on peut le juger, une grande satisfaction. Toute l'armée débarqua pendant le reste du jour et de la nuit, dans le petit port qu'il y avoit. Le lendemain matin, à la pointe du jour, M. le maréchal envoya M. le prince de Beauvau, avec un très gros détachement, à Marcadal, village qui est presque au milieu de la distance de Ciutadella à Mahon, et dans la journée qu'il passa à Ciutadella avec le curé et quelques habitants, il prit plus de connoissances de l'île et de ce qui pouvoit regarder son expédition, qu'il n'en avoit eu jusque-là. Le lendemain, il marcha avec toute l'armée, et fit avancer M. le prince de Beauvau pour se porter en face des débouchés de la place, et prendre les reconnoissances nécessaires en pareil cas. En arrivant, il aperçut une très jolie petite maison, de bois à la vérité, mais très bien arrangée, qui étoit à un quart de lieue de la ville de Mahon, et dans laquelle il plaça le chevalier de Lorenzi, son aide de camp, pour la lui garder, quand les maréchaux des logis

viendroient pour marquer les logements. Cette circonstance, qui paroît fort indifférente, est cependant
très essentielle, comme on va le voir, parce que
cette maison appartenoit au secrétaire de M. de
Blackney, lequel avoit toute sa confiance et tous ses
papiers. Il fut effrayé, comme tout ce qui étoit dans
la ville, de voir arriver les François, ne se doutant
de rien, et, quand il apprit que nos troupes étoient
à Marcadal, il ne songea qu'à renfermer tout ce qu'il
avoit de plus précieux, et lui-même. Il fut donc des
premiers à vouloir aller dans la place, et emporta
des papiers, dont il fit un triage apparemment ;
mais il ne voulut pas mettre le feu au reste d'une
quantité considérable de papiers qu'il laissa, et enfin
il oublia la table des signaux de la flotte de l'amiral
Byng, et une relation très exacte et un journal bien
tenu de nos bureaux de France, par lequel toutes
nos opérations maritimes étoient marquées dans
leur véritable degré et avec la plus grande exactitude. M. de Richelieu envoya la table des signaux
à M. de la Gallissonnière, et elle lui fut fort utile le
jour du combat, que M. de Fabri, aujourd'hui chef
d'escadre et qui étoit major-général de la flotte, et
avoit connu l'exécution exacte de tous les signaux
que l'armée avoit faits selon la table et voyant celui
de mettre un pavillon jaune aux mâts d'artimon, ce
qui signifioit de faire semblant de s'allonger comme
pour envelopper les ennemis, pour que nous en
fissions autant et qu'ils prissent le moment de
resserrer plus vite et de couper notre flotte, sur quoi
nous fîmes nous-mêmes semblant d'y être attrapés
et nous fîmes ce qui étoit nécessaire pour les attra-

per eux-mêmes. Nous gagnâmes le combat [1] ; les ennemis se retirèrent à Gibraltar, en nous laissant le champ libre jusqu'à la fin du siège, que M. de Richelieu tâcha d'abréger de son mieux, malgré tous les obstacles qu'il trouvoit dans son armée même, où M. de Maillebois [2] avoit excité et persuadé que M. de Richelieu avoit pris mal son parti pour la façon d'attaquer. Souvent M. de Richelieu recevoit des lettres de M. d'Argenson, dont il ne comprenoit pas toute la valeur, disant que l'on disoit qu'il auroit dû attaquer la place par une redoute détachée, que l'on appeloit « Marlborough ». M. de Richelieu ignora longtemps que ces propos vinssent de son armée, quoique M. de Maillebois lui eût d'abord fait cette proposition, et qu'il eût dû reconnoître, avec tous les autres aussi que le succès prouvoit la justesse de son opération, et comme l'a encore mieux prouvé l'examen que M. de Richelieu, en fit faire après la prise du fort. Il examina alors tous les beaux diseurs sur cette attaque, qui en reconnurent le danger et l'inutilité. Toutes les lettres de l'armée mandoient que M. de Richelieu ne prendroit jamais la place,

1. On sait que l'amiral Byng paya sa défaite de sa vie ; Richelieu s'honora par les démarches qu'il fit en sa faveur (Voltaire, Corresp. gén., 20 décembre 1756, et réponse, 3 janvier 1757, etc. ; cf. *Luynes*, t. XV, p. 442 et 465).

2. Il est facile de reconnaître là les procédés habituels de Maillebois, procédés qui eurent une si fâcheuse influence lors de la campagne du maréchal d'Estrées en Hanovre (1757) et qui aboutirent d'abord au rappel du maréchal, puis à la disgrâce irrémédiable et à la prison de Maillebois lui-même (Rousset, *le Comte de Gisors*, p. 195 et suiv., et un mémoire sur la bataille d'Hastenbeck, dans *Luynes*, t. XV, p. 308.

par son obstination à ne vouloir pas suivre les conseils. M. de Richelieu d'après cela, se détermina à ne
parler à personne de ce qu'il vouloit faire ; il ne
disoit ce qu'il pensoit qu'au seul (*un blanc*), commandant de l'artillerie et du génie, qui venoient d'être
fondus sous la même autorité et qui se trouvoient
réunis la première fois pour une opération militaire ;
mais, M. le maréchal avoit eu avec lui à Gênes cet
officier [1], de sorte que, la veille de l'attaque défini-
tive, M. de Richelieu rassembla les officiers généraux
pour leur dire son projet. Presque tous, qui étoient
dans la terreur de passer l'hiver dans l'île, les ayant
assurés qu'il l'y passeroit plutôt que de lever le siège,
furent si contents d'avoir une lueur d'espérance
pour finir, qu'ils approuvèrent tous son projet, hors
M. de Maillebois, qui en étoit fâché et faisoit mauvaise mine, mais ne put pas désapprouver le projet,
le succès [2], le lendemain, ayant pleinement justifié

1. Les opérations de l'artillerie furent des plus difficiles,
comme l'avait b'en prévu le maréchal. Dans une lettre écrite
par lui devant Mahon, le 2 juin, il dit qu'on'ne peut rien
attendre de décisif avant que les batteries soient terminées, et
que la maladresse de l'artillerie, sortie de sa routine ordinaire,
allonge le travail ; mais « il est impossible à toute l'Angleterre
et trois fois plus de forces qu'elle n'en peut réunir, de me
déposter. »

2. Voyez des relations de la prise de Mahon dans les
volumes *France* 1350 et 1351 au Dépôt des Affaires étrangères ;
voyez aussi la *Prise de Port-Mahon, recueil général des
pièces, chansons et fêtes données à l'occasion de la prise de
Port-Mahon, précédé du journal historique de la conqueste de
Minorque*, 1757, *in-8°*. — Un tableau du temps représentant cette victoire est à Versailles, n° 1424.

M. de Richelieu, et il fut porté de même à Paris [1] ;
mais ce qu'on pourroit avoir peine à comprendre,
c'est que M. de Richelieu trouva, en arrivant à Toulon,
une lettre de M. d'Argenson, qui lui marquoit que
le Roi désiroit qu'il restât en Provence, pour la
contenir et la garantir, si elle étoit attaquée. M. de
Richelieu envoya un courrier au ministre, pour lui
marquer que la prise de Minorque mettoit la Provence
hors de portée de toute crainte, et qu'il étoit bien
éloigné de penser de même pour sa santé ; que le
Roi devoit savoir qu'elle avoit été bien altérée, et
étoit à peine rétablie, quand il partit pour Mahon,
et que, pendant cette expédition, il avoit été obligé
de faire des remèdes, qu'il détailla. Il ajouta qu'il ne
pouvoit rester en Provence, dont le climat étoit pour
lui trop sec, et qu'il ne pouvoit se dispenser de
retourner à Paris. L'objet de M. d'Argenson étoit de
ne pas laisser arriver M. de Richelieu dans un
premier moment où l'on étoit si engoué de cette conquête et de celui qui l'avoit faite, craignant qu'il
n'en abusât et ne lui fût pas soumis. En arrivant,
cependant, il dit à M. de Richelieu que c'étoit

1. Ce fut le duc de Fronsac qui porta la nouvelle ; il fut reçu
à merveille, et le Roi lui donna la croix de Saint-Louis. Son
beau-frère, M. d'Egmont, apporta quelques jours après les
détails, et fut fait maréchal de camp (*Luynes*, t. XV, p. 448). —
Le récit donné par Soulavie (*Mémoires*, t. IX, p. 118) est la
reproduction intégrale de la lettre particulière écrite par le
maréchal au ministre de la guerre le 28 juin ; une copie de cette
pièce est dans la collection du Dépôt de la Guerre, vol. 3413,
n° 102, et, en outre, un rapport officiel du 29 juin, qui est beaucoup plus détaillé.

Mme de Pompadour qui l'avoit exigé du Roi, et M. de
Richelieu le trouva en effet fort embarrassé, au travers de la bonne mine que S. M. sentoit qu'elle
devoit lui faire. Par ce que M. de Richelieu a su
depuis, il y a lieu de croire, à n'en pas douter, que
c'étoit M. d'Argenson qui avoit été le principal
auteur de l'espèce d'ordre qui lui fut donné pour
rester en Provence. Tout le monde en fut révolté,
même ceux qui n'en étoient peut-être pas fâchés dans
le fond, de sorte que Mme de Pompadour dit publiquement qu'elle en pensoit comme les autres et
s'écria beaucoup contre M. d'Argenson, qui de son
côté assuroit le contraire et donnoit à M. de Richelieu
de petites fêtes pour marquer encore plus sa noir-
ceur. M. de Richelieu avoit été élevé avec lui : il
connoissoit à fond son caractère. Il avoit une figure
très agréable et très douce, qui cachoit des qualités
tout opposées, avec tout l'art imaginable, et M. de
Richelieu a eu lieu de croire que c'est lui qui a
imaginé un traitement aussi monstrueusement
méchant et ridicule. Il n'avoit aucun objet directement utile à Mme de Pompadour ; mais elle n'avoit
pas assez de nerf dans l'esprit pour l'avoir imaginé ;
elle ne fut pas fâchée néanmoins que M. d'Argenson
eût employé ce moyen, pour avoir le plaisir de rejeter
cela sur lui dans toute sa force et avoir celui d'en
dire du mal.

APPENDICE

Nous croyons devoir encore, pour l'expédition de Minorque, rapprocher du récit des *Mémoires authentiques* celui du Mémoire de 1783 adressé à Louis XVI :

« Après une paix assez longue, le Roi crut devoir faire la guerre aux Anglois et la commencer par la prise de l'île de Minorque. S. M. voulut donner le commandement de l'armée destinée à cette entreprise au maréchal de Richelieu, qui n'étoit pas encore bien rétabli d'une maladie cruelle qu'il venoit d'essuyer. Il crut cependant pouvoir se charger de cette expédition ; mais, lorsqu'il fut question d'exécuter ce projet, qui ne pouvoit avoir quelque succès qu'en prévenant les Anglois, il n'y avoit pas la plus petite chose de prête. Aucune troupe de terre et de mer n'étoit encore commandée ; on n'avoit même pas de plan ni d'idée du pays, et bien moins encore de la place que l'on vouloit prendre. Le maréchal de Richelieu et le ministère également en furent effrayés, sachant bien que l'on ne s'étoit encore occupé d'aucune des choses nécessaires. Cependant, le maréchal de Richelieu, ayant accepté le commandement et étant persuadé que le seul moyen de réussir étoit la promptitude de l'exécution, demanda un commandement absolu sur mer comme sur terre, et même jusque dans les provinces voisines de l'embarquement. On avoit poussé si loin l'oubli de ce qui étoit indispensablement nécessaire que l'on n'avoit pas seulement préparé aucun fonds, de sorte qu'il fallut envoyer au Trésor royal et chez tous les notaires de Paris pour trouver d'abord cinquante mille louis, que l'on fit partir en poste. Le maréchal de Richelieu se rendit aussitôt après à Toulon. Il y fut reçu par M. de Massiac, qui fut depuis ministre de la marine, et qui commandoit alors en Provence. Il assura le maréchal de

Richelieu qu'il étoit impossible qu'il pût s'embarquer
avant le commencement de juillet ou la fin de juin au plus
tôt. On avoit donné des ordres à Marseille et aux commissaires des classes de fournir des matelots pour vingt-cinq
bâtiments de transport seulement et dix vaisseaux de
guerre. Le maréchal de Richelieu fit des dispositions qui
étonnèrent beaucoup, mais auxquelles tout le monde se
prêta avec zèle : il avoit donné des ordres pour travailler
jour et nuit et multiplier les ouvriers, de manière cependant qu'ils ne pussent s'embarrasser ni se nuire et que tout
pût se faire à la fois et sans confusion. Enfin tout se trouva
prêt. Le maréchal de Richelieu partit le 12 avril 1756 avec
douze vaisseaux de ligne et cent quatre-vingt dix-huit
bâtiments de transport, et il débarqua à Ciutadella le jour
de Pâques 1756.

« Les ordres du maréchal de Richelieu étoient de des-
cendre où les Espagnols avoient débarqué quand ils prirent
la ville ; mais on avoit de la place des idées si différentes
de ce qu'elle étoit réellement, qu'il eût été insensé d'en
entreprendre le siège avec seulement ce que le maréchal
de Richelieu avoit pu rassembler avant son départ. A peine
fut-il embarqué, qu'il essuya dans la nuit une tempête qui
dispersa toute la flotte, de manière qu'il pouvoit croire
son expédition manquée absolument ; mais, dès le commencement du jour, les bâtiments se rassemblèrent en assez
grand nombre ; le vent devint très favorable, et le soleil
si beau, que de très loin encore on aperçut l'île. On
manœuvra pour la côtoyer le plus près qu'il seroit possible.
En très peu de temps le maréchal de Richelieu fut à portée de distinguer la ville de Ciutadella et d'apercevoir aux
environs avec sa lunette beaucoup de gens qui couroient
de tous côtés, ce qui annonçoit un grand trouble dans la
ville. Le maréchal de Richelieu envoya alors chercher
M. de la Gallissonnière, à qui il dit de faire mettre une

chaloupe à la mer pour envoyer un officier sommer la ville de se rendre, avec assurance de bon traitement. On fit signal en même temps à l'avant-garde de s'arrêter. L'officier ne tarda pas à revenir avec le curé et les magistrats de la ville, qui apportèrent leur soumission. Le maréchal de Richelieu leur accorda bien facilement les bons traitements qu'ils demandèrent.

« Les troupes françoises furent débarquées dans la nuit avec la plus grande facilité. Le maréchal de Richelieu commença, le lendemain matin, par détacher le prince de Beauvau avec un détachement assez fort pour aller d'abord à moitié chemin de Mahon et ensuite masquer la place, pour que rien n'en sortît. Le maréchal le suivit avec le reste de l'armée. Il donna ordre de débarquer l'artillerie ; son empressement pour l'avoir avec lui étoit très grand. L'officier qui la commandoit étoit un homme plein de zèle et d'intelligence ; mais il demandoit six mois pour la transporter de Ciutadella à Mahon, qui sont à une distance égale à peu près à celle de Paris à Fontainebleau, mais avec un chemin infiniment plus beau. On peut juger de l'étonnement et de l'effroi du maréchal de Richelieu. Il fallut chercher de nouveaux moyens, qui furent de faire venir en détail toutes les munitions de guerre par des barques jusques à la calle, que l'on trouve en la cherchant et dont M. de Crillon vient de se servir sans la chercher, l'ayant connue par le maréchal de Richelieu. Ce furent les soldats qui traînèrent le canon et les munitions. Les batteries éprouvèrent pour leur établissement des difficultés infinies, que la valeur seule des troupes surmonta. Ces batteries furent dirigées avec autant d'ordre et en aussi grand nombre qu'il fut possible ; mais l'effet en fut complet.

« Jamais expédition cependant ne fit autant d'ennemis au maréchal de Richelieu. M. d'Argenson, qui étoit

informé de son retour, commença par lui envoyer un ordre
pour rester en Provence, sous le prétexte d'empêcher l'effet
de la colère qu'avoient les Anglois de la conquête qu'il
venoit de faire sur eux, et prévenir le désir qui pouvoit
leur venir de s'en venger. Le maréchal de Richelieu lui
répondit que la prise de Minorque qu'il venoit de faire
mettoit la France hors de toute crainte de la mauvaise
humeur des Anglois, mais qu'en ayant de plus justes des
suites de sa mauvaise santé, qui étoit déjà si délabrée avant
de partir, et qui l'étoit devenue encore davantage, comme
cela est aisé à croire, il ne pouvoit rester en Provence.
M. d'Argenson n'osa alors lui faire refuser de revenir à
Paris, ainsi qu'il l'avoit projeté jusqu'au moment où toutes
ses intrigues l'auroient fait venir à bout de mettre toutes
sortes d'entraves pour l'empêcher de commander l'armée
que l'on pouvoit douter d'être obligé d'assembler pour la
guerre qui alloit être déclarée, et dont il vint à bout ; mais
il ne tarda pas à recevoir le prix de pareilles manœuvres,
qui le conduisirent à être chassé.

« Le maréchal de Richelieu ne manqua pas d'en éprouver de nouvelles d'une autre sorte, dont il n'allongera pas
ce mémoire. Il dira seulement que tout le monde paroissoit persuadé que l'entreprise sur Mahon étoit impossible
et ne pouvoit avoir aucun succès, que l'on attendoit à tous
moments la nouvelle de la levée du siège et une honteuse
retraite. On fut si étonné du succès que tout le public
neutre porta la démonstration de son admiration aux actes
les plus singuliers ; mais tout ce que l'envie et la jalousie
peuvent inspirer fut employé. Cela étoit embarrassant néanmoins à laisser voir. M. d'Argenson, qui vers la fin de l'expédition en avoit soupçonné le succès, avoit fait partir M. de
Vallière, ingénieur, afin que, dans le cas de réussite, il
pût ôter au moins les trois quarts du mérite au général.
Mais ce moyen lui fut enlevé, parce que M. de Vallière

apprit à Lyon la prise de la place et le retour du maréchal de Richelieu, ce qui fâcha autant cette partie de la cour que la joie éclatoit dans l'autre et surtout dans le public. On imagina alors contre toute espèce de bon sens d'envoyer un courrier qui porta l'ordre au maréchal de Richelieu de rester en Provence, avec la plus pitoyable et la plus indécente raison pour prétexte. Cela donna cependant le temps de pouvoir tourner les affaires de manière à faire penser qu'il étoit nécessaire d'envoyer un militaire à Vienne pour prendre de concert des arrangements pour la sorte de guerre que nous avions à traiter. On ne dira rien ici de la négociation ni du négociateur ; mais le but en étoit de le faire maréchal de France, et général, de préférence à celui de Minorque, qui l'étoit déjà. »

X

DISGRÂCE DU COMTE D'ARGENSON

(1757).

Tout ceci [1] se développa dans la suite, qui ne tarda pas infiniment. Ce fut en 1757 que leur haine réciproque [2] se déploya et que la guerre fut déclarée. M. de Richelieu a toujours vu à Mme de Pompadour depuis la même façon de penser, jusqu'au moment où elle le fit chasser, le jour de la Chandeleur. Elle avoit commencé par le tâter, et trouvoit à son renvoi tant de peine, qu'elle vouloit se raccommoder, huit jours auparavant, avec lui. La condition d'un objet aussi important pour tous deux étoit de cesser de voir Mme d'Estrades, sa cousine [3], qui étoit la plus sotte femme qu'il y ait jamais eue, qu'elle avoit

1. Ce qui est dit à la fin du dernier fragment, p. 133.
2. Entre le comte d'Argenson et Mme de Pompadour.
3. Mlle Huguet de Sémonville avait épousé Charles-Jean, comte d'Estrades, qui était fils de Charlotte le Normant, et petit-fils de Charles le Normant du Fort, père de M. d'Étiolles, mari de Mme de Pompadour. M. d'Estrades étant mort à Dettinghen, Mme d'Estrades avait obtenu, par le crédit de sa cousine, une place de dame d'atour dans la maison de Madame Adélaïde, et une entrée d'intime dans la société des petits cabinets. Au mois d'août 1755, le Roi lui fit subitement demander sa démission et l'exila, avec une pension. Cela fit grand bruit dans Paris. — Voy. *Barbier*, t. IV, p. 91 ; *Marmontel*, t. II, p. 30 ; *d'Argenson*, t. VI, p. 356, 358, 394.

amenée à la cour, quand elle y vint. Elle étoit sa complaisante dans sa maison bourgeoise, quoiqu'elle eût épousé un homme de condition. Elle avoit encore augmenté tout cela à son arrivée à la cour, et étoit cependant parvenue à prendre un ascendant sur l'esprit de M. d'Argenson, qui en avoit beaucoup, parce qu'elle ne s'étoit montrée à lui que comme un surveillant ou espion pour ses intérêts auprès de Mme de Pompadour et du Roi, dont elle avoit été, dans les commencements, seule dépositaire des secrets, et les rapportant fidèlement, ce qui avoit été d'un grand secours à M. d'Argenson ; mais, dans ce moment, elle ne pouvoit servir à grand'chose ; elle lui disoit au contraire beaucoup de mensonges d'après ses liaisons, qui ne pouvoient le soutenir, et des confidences dans lesquelles M. d'Argenson s'égaroit souvent. On auroit pu croire enfin que c'étoit un bon et généreux procédé de sa part [1] et qu'il étoit affecté d'abandonner une femme dans la disgrâce ; mais tout le monde savoit bien qu'il avoit abandonné père, mère, enfants et toute sa famille ; mais, pour la première fois que, se croyant sûr de faire chasser Mme de Pompadour, il voulut avoir l'honneur, cela lui coûta définitivement sa place, par la préoccupation où il étoit qu'il tenoit le Roi de façon qu'il ne pourroit jamais le déplacer. Effectivement, Mme de Pompadour eut beaucoup de peine. Sans M. Berryer, le lieutenant de police [2], elle n'en

1. De la part de M. d'Argenson.
2. Nicolas-René Berryer, d'abord intendant de Poitou, était devenu lieutenant de police en 1747 ; ministre de la marine en 1758 et garde des sceaux en 1761, il mourut en 1762.

seroit jamais venue à bout ; aussi fut-il bientôt après garde des sceaux. Elle le sentoit ; elle voulut même se raccommoder avec M. d'Argenson, huit jours auparavant, en sentant peut-être toute la difficulté et n'étant pas assez sûre d'une fin heureuse, ou elle pensa qu'il falloit jouer à quitte ou double, ou, si l'on peut le penser, qu'elle voyoit une guerre prête à commencer et que l'autorité de M. d'Argenson et le besoin d'un ministre de la guerre déjà ancré procureroient quelque diablerie pour la faire renvoyer elle-même, si elle ne le chassoit, et ce parti-là bien sûr, après qu'il eut refusé de se raccommoder avec elle, puisqu'il ne vouloit pas sacrifier la victime qu'elle en exigeoit.

Il étoit bien sûr du moins que l'un des deux seroit obligé de s'en aller, et une femme des amies de M. d'Argenson, Mme de Monconseil [1], qui l'attendoit chez lui, au sortir de cette audience avec Mme de Pompadour, et dont il lui rendit compte, lui dit : « Vous êtes donc sûr, Monsieur, qu'elle sera « chassée d'ici à quatre jours ? » Et, quand il lui répondit : « Non ! » et qu'il n'en savoit même rien, elle lui dit : « Hé bien ! Monsieur, je le sais bien : « je vous dis bonjour et adieu, car, dans huit jours, « vous ne serez pas ici. » Il crut que c'étoit une

---

1. Cécile-Thérèse Rioult de Cursay, fille de Séraphin Rioult de Cursay, et de Jeanne-Marie Blondot, mariée en novembre 1725 à Louis-Étienne Guénot, marquis de Monconseil, lieutenant général des armées, commandant pour le Roi à Colmar, était dame d'atour de la reine de Pologne. C'était une femme d'esprit, et l'on possède d'elle un *Portrait du maréchal de Richelieu*, qui a été imprimé parmi les *Portraits* de Sénac de Meilhan. On disait aussi Mauconseil.

plaisanterie, ou bien [qu'elle étoit] mal informée et ne pouvoit croire que le Roi l'aimât autant, mais cela fut vérifié. Cependant, il avoit toujours quelques soupçons ; car, la veille qu'il fut renvoyé, M. de Richelieu eut occasion d'entrevoir quelque tribulation dans sa confiance, et la lui vit reprendre au bout d'une demi-heure. La mort de Monsieur son frère en étoit le prétexte[1], parce qu'il y avoit eu des exemples fort rares, sous le règne de Louis XIV, dans ce genre[2]. Le premier dans ce temps-là regarda M. de Maurepas, qui fut d'envoyer un gentilhomme ordinaire, de la part du Roi, pour faire compliment sur la mort d'un père, mère ou frère, comme aux ducs et aux gens titrés. Le duc de Gesvres, qui avoit toujours cent ravauderies à demander à tous les ministres et étoit le plus officieux de tous les hommes, étoit devenu le doyen des gentilshommes de la chambre, et presque le seul dont l'âge fût proportionné à celui du Roi, qui avoit fait demander la charge à MM. de la Trémoïlle et d'Aumont[3], dont les pères étoient morts, et qui paroissoient à la cour

1. Le marquis d'Argenson, l'ancien ministre des affaires étrangères, mourut le 26 janvier 1757.

2. La suite va faire comprendre ce que M. de Richelieu veut dire, en expliquant le témoignage de condoléance que le ministre attendait du Roi à cette occasion.

3. Le maréchal veut dire sans doute que le Roi avait fait demander aux ducs de la Trémoille et d'Aumont de céder l'exercice de leurs charges au duc de Gesvres. Celui-ci était François-Joachim-Bernard Potier ; il exerçoit sa charge depuis 1717, et il mourut le 19 septembre de la présente année 1757. Le duc de la Trémoïlle, Jean-Bretagne-Charles-Godefroy, n'avait que vingt ans à peine ; le duc d'Aumont, Louis-Marie-Augustin, était premier gentilhomme de la chambre depuis 1723.

comme gentilshommes de la chambre, mais sans
fonctions ; M. de Gesvres les faisoit toutes. Cela lui
avoit donné l'habitude de hasarder toutes sortes de
choses qui lui plaisoient fort, et que M. le duc
d'Orléans, régent, et M. le cardinal de Fleury souf-
froient fort aisément, parce que ces bagatelles-là leur
étoient fort indifférentes, et qu'avec un jeune Roi,
dont on ne savoit encore quelle seroit l'humeur, il
falloit ménager quelqu'un à portée de la connoître
et qui exerçoit une charge aussi intime, de façon que
le Roi permît au duc de Gesvres d'envoyer à M. de
Maurepas un gentilhomme ordinaire, pour lui faire
compliment sur la mort de M. de Pontchartrain, son
père [1], et, d'après cet exemple, M. d'Argenson, qui
étoit fort curieux des petites choses, comme des
grandes, fut forcé de passer par M. de Richelieu qui
étoit d'année d'exercice pour tâcher d'avoir ce gentilhomme ordinaire de la part du Roi pour le com-
plimenter sur la mort de son frère [2]. Il comptoit
aussi peu sur l'excès de la bonne volonté de M. de
Richelieu que celui-ci comptoit sur la sienne ; mais,
à la cour, ces sortes de méfiances n'arrêtent pas un
certain cours de procédés réciproques que tout
homme sensé sait observer, et qui est un excessif
superlatif de la politesse, [surtout] à l'égard de M. de
Richelieu dans cette occasion-là ; car il étoit dans
une espèce de disgrâce avec Mme de Pompadour, par

1. Jérôme, comte de Pontchartrain, père de M. de Maurepas,
mourut le 8 février 1747.

2. Voyez sur cette question d'étiquette les *Mémoires de
Luynes*, t. IV, p. 240, et t. VIII, p. 94.

des tracasseries particulières [1]. M. de Richelieu dit au Roi ce qui s'étoit passé entre lui et M. d'Argenson sur la visite du gentilhomme ordinaire. S. M. lui fit une mine de fort mauvais augure, et passa son chemin sans répondre. Ce fut dans ce moment-là que M. d'Argenson arriva dans le cabinet du Roi, pendant que S. M. se faisoit poudrer dans l'intérieur. M. de Richelieu le vit, la porte étant ouverte ; il [2] alla à lui, et lui parla d'abord du compliment. M. de Richelieu lui dit que le Roi ne lui avoit rien répondu et qu'il attendoit un bon moment pour lui en reparler. M. d'Argenson lui dit que le temps passoit ; que, plus tard, le compliment seroit suranné, et le pria d'en reparler encore. M. de Richelieu lui promit d'en reparler de nouveau, et, en effet, quand le Roi fut poudré, comme il entroit dans son intérieur, il lui dit que M. d'Argenson étoit là ; qu'il lui avoit parlé et paroissoit désirer beaucoup ce qu'il demandoit. S. M. fit d'abord une mine de mauvaise humeur, et, un instant après, prenant un air riant, dit qu'il le vouloit bien. Si M. de Richelieu n'avoit pas su que M. de Machault, garde des sceaux et ministre de la marine, devoit être renvoyé le surlendemain [3], il auroit bien vite fait des commentaires sur les deux mines du Roi, vu la connoissance qu'il avoit de son carac-

---

1. C'est seulement en mars 1758 que le maréchal se justifia auprès de la favorite et se raccommoda avec elle (*Mémoires de Luynes*, t. XVII, p. 96 et suiv.).

2. Le comte d'Argenson.

3. Jean-Baptiste de Machault d'Arnouville, garde des sceaux depuis décembre 1750 et ministre de la marine depuis 1754, et qui devait mourir en 1794 dans la prison des Madelonnettes, fut disgracié le 2 février 1757.

tère ; mais il avoue qu'avec ce qu'il vient de dire qu'il
savoit et toutes les raisons qu'on avoit de croire
M. d'Argenson dans la perfection avec S. M., il ne
lui vint dans l'esprit que le mouvement d'aller
apprendre une nouvelle aussi inopinée à quelqu'un
à qui elle feroit un grand plaisir. M. de Richelieu
rentra dans le cabinet du Roi et dit à M. d'Argenson
qu'il venoit d'obtenir ce qu'il demandoit et qu'il
s'en allât chez lui , qu'il alloit lui envoyer le gentilhomme ordinaire lui faire le compliment d'usage en
pareil cas. Il en parut dans une joie inexprimable.
M. de Richelieu le lui envoya en effet, et le suivit de
près. M. d'Argenson étoit si content dans ce moment-
là, qu'il ne doutoit pas d'être premier ministre.
M. de Richelieu avoit aussi raisonné avec lui sur le
renvoi de M. le garde des sceaux et sur toutes sortes
de choses différentes, et ils se couchèrent ce jour-là
persuadés de la grande faveur dans laquelle
M. d'Argenson alloit être le lendemain, quand le garçon de la chambre qui vint avertir M. de Richelieu
de l'heure du lever du Roi, lui dit en même temps
que M. de Saint-Florentin, secrétaire d'État, étoit
venu apporter à S. M. les sceaux de l'État et que
M. de Machault étoit exilé. Comme il savoit que cela
ne devoit pas tarder, il n'en fut pas surpris. Il
descendit de suite, et, comme il entroit dans le grand
appartement, il trouva un autre garçon de la chambre
qui vint lui dire que M. d'Argenson était renvoyé [1].

1. Le 2 février 1757, M. Rouillé porta à M. d'Argenson
un ordre écrit de la main du Roi de se retirer sous quarante-
huit heures à sa terre des Ormes, en Touraine. Il partit le 4.
La lettre de cachet très sèche qui l'exila est datée du 1er février,

M. de Richelieu lui dit qu'il se trompoit très fort ;
ce garçon de la chambre lui assura qu'il sortoit de
chez lui, qu'on n'y laissoit plus entrer personne, et,
quelque surpris qu'en fût M. de Richelieu, il pria le
garçon de la chambre de retourner chez M. d'Argenson,
de s'en informer plus positivement et de revenir
dans la chambre du Roi, que l'on étoit accoutumé
de voir rester un temps plus ou moins long à causer
avec ses grands officiers. Ce garçon vint dans la
chambre rendre réponse à M. de Richelieu, qui étoit
dans le balustre du lit du Roi, dont les rideaux
étoient tirés au pied, de manière qu'il ne put demander ce que ce pouvoit être [1], et le garçon de chambre
confirma à M. de Richelieu la même nouvelle qu'il
avoit dite ; mais celui qui fut plus confondu que
M. de Richelieu, un moment après, ce fut M. de
Maillebois, maître de la garde-robe [2], qui arriva et dit
tout bas à M. de Richelieu, avec un air joyeux, en
entrant dans le balustre : « Le Machault vient de
partir. » M. de Richelieu lui répondit aussi bas : « Et
votre oncle aussi [3] ! » Il regarda M. de Richelieu avec

et lui fut remise le 2 au matin ; le duc de Luynes en donne le
texte. Dès la veille, le bruit avait couru à la cour de sa disgrâce
imminente (*Mémoires de Luynes*, t. XV, p. 394-395 ; *Souvenirs
du marquis de Valfons*, p. 251).

1. C'est-à-dire que, par suite de la disposition des rideaux,
le Roi ne vit pas le garçon de la chambre et ne put demander
ce qu'il venait dire.

2. Yves-Marie Desmaretz, comte de Maillebois, fils du maréchal, était maître de la garde-robe du Roi en survivance de
son père depuis 1736.

3. Le comte de Maillebois avait épousé en 1745 Marie-
Madeleine-Catherine de Voyer d'Argenson, fille de l'ancien
ministre des Affaires étrangères et nièce de celui de la guerre.

un air étonné et lui demanda ce que cela vouloit
dire. Il lui répondit : « Cela ne veut dire autre chose
« que ce qui est » ; et il ajouta : « Je crois que vous
« feriez bien d'aller vous-même vous en assurer. »
M. de Maillebois sortit sur le champ très surpris, et
trouva bientôt la nouvelle beaucoup plus véritable
qu'il ne l'auroit désiré. Tout le monde en fut également étonné. Ceci se passa le jour de la Chandeleur. Il y avoit peu d'exemple que, le lendemain de
la déclaration d'une guerre, on renvoyât le ministre
de la guerre et celui de la marine ; mais, comme il
y a toujours autant de gens bien aises qu'on en
trouve qui sont fâchés dans ces occasions, chacun
joua son personnage du mieux qu'il put.

M. le marquis de Paulmy [1] avoit la survivance de la
charge de secrétaire d'état de la guerre, et M. de
Rouillé [2] fut chargé de la marine comme secrétaire
d'État [3]. M. le maréchal de Belle-Isle, s'offrit à M. de
Paulmy pour l'aider plus qu'il ne vouloit, et M. de
Rouillé, qui étoit le meilleur homme du monde et
avoit encore plus besoin d'aide, en cherchoit où il
pouvoit. Mais l'administration de la guerre étoit un

1. Antoine-René de Voyer (1722-1787), fils du marquis
d'Argenson et neveu du ministre disgracié, avait la survivance
de la charge de son oncle depuis octobre 1751.

2. Antoine-Louis Rouillé, comte de Jouy, était depuis 1754
secrétaire d'État des Affaires étrangères.

3. Ici on lit en note, mais non pas de l'écriture du maréchal
ou de son copiste : « Savoir si M. Rouillé ne passa pas aux
affaires étrangères. » — M. Rouillé possédait en effet ce département, où il avait succédé à M. de Saint-Contest. Il ne fut pas
chargé alors de la marine, qui fut donnée le 9 février à M. de
Moras (*Luynes*, t. XV, p. 401).

département dans lequel il falloit bien des réflexions, toute l'attention étant portée à la guerre de terre, et la marine n'étoit presque remplie que de Provençaux et de Bretons, avec fort peu de gens d'ailleurs, auxquels la cour donnoit peu d'attention. Mais le moment n'étoit pas arrivé d'en sentir toute l'importance, toute l'attention étant fixée sur la guerre et les affaires étrangères.

XI

L'ABBÉ DE BERNIS

(1757).

Ce fut fort peu de temps après qu'il parut dans le ministère une comète qui avoit bien une queue très longue, mais à qui il manquoit une tête pour remplir dignement l'étonnante attention qui fit en bien peu de temps son égal [1]. M. de Richelieu veut parler ici de l'abbé de Bernis, qui étoit le fils cadet d'un gentilhomme de Languedoc [2] qui avoit une affaire très grande et très intéressante avec un magistrat de sa communauté, qui sont toutes administrées en petit sous la forme des grands états, et leurs magistrats sont des gens fort dangereux pour la noblesse à qui ils ont affaire. Mme de Rochechouart [3], dont M. de Richelieu étoit parent et ami, le sollicita pour tâcher d'accommoder son affaire, et il y réussit, à sa grande satisfaction. Mme de Rochechouart et le père

1. Tel est bien le texte du manuscrit.

2. François-Joachim de Pierre de Bernis, qui devint cardinal en 1758, était fils de Joachim de Pierre, seigneur de Bernis en Vivarais.

3. Marie-Françoise de Conflans d'Armentières, comtesse de Rochechouart, dame de la Dauphine, — ou Charlotte-Françoise Faucon de Ris de Charleval, marquise de Rochechouart, dame de Mesdames de France. Nous n'avons pu trouver de parenté entre M. de Richelieu et l'une ou l'autre de ces deux dames.

de l'abbé, prièrent le marquis du Mesnil, fort attaché à M. de Richelieu, de lui amener l'abbé, quand il seroit à Paris, pour le remercier et lui marquer sa gratitude du service qu'il avoit rendu à son père [1].

1. Cf. *Vie privée*, t. II, p. 153 et suiv. ; *Soulavie*, t. IX, p. 102 et 103, et Goncourt, *Madame de Pompadour*, éd. de 1831, p. 204. — On nous excusera facilement d'emprunter le portrait de l'abbé de Bernis à ce dernier ouvrage, que le travail consciencieux des deux auteurs n'a pu toujours préserver de marquer trop de confiance dans certains ouvrages apocryphes, mais qui du reste, sur le chapitre de M. de Bernis, et de ses origines, présente une grande conformité avec le récit de **M. de Richelieu.**

« De bonne race, de vieille noblesse, d'une maison qui possédait dès le douzième siècle le château de Gange, Bernis, comte de Brioude, né dans le Vivarais, près le Pont-Saint-Esprit, destiné dès son enfance à l'état ecclésiastique, passait sa jeunesse au séminaire de Saint-Sulpice, dans cette sorte d'école des pages de l'épiscopat, avec aussi peu d'argent que tous les cadets de noblesse visant aux dignités et aux bénéfices de l'Église ; puis, après s'être fait recevoir au chapitre de Lyon, il venait vivre à Paris. Il avait, pour plaire, une jolie figure d'ange bouffi, un caractère franc, ouvert, expansif, une imagination vive et méridionale, beaucoup d'esprit, relevé par un accent demi-gascon, le génie facile des petits vers, des impromptus, des madrigaux, qui nouaient autour d'un portrait de femme comme un fil de perles autour d'une miniature. Ses manières tenaient de la femme et du prêtre ; il possédait la douceur, l'enjouement, un tour de caractère voluptueux et tendre, une onction galante ; il était actif, frétillant, et il était plutôt encore que l'ami des hommes, l'ami des femmes, dont l'amitié, dit-il dans ses *Mémoires*, est plus tendre, plus délicate, plus généreuse, plus fidèle, plus *essentielle*. Que fallait-il de plus en ce temps pour faire un délicieux abbé ? L'abbé de Bernis devenait bientôt, comme disait le temps, « rare et de mode » naturellement, par lui-même, et sans qu'il soit besoin de s'arrêter à la légende d'une marchande de modes le proté-

Cet abbé étoit nouvellement sorti du séminaire ; il avoit fait connoissance chez des caillettes, qui n'étoient pas du plus haut parage [1], mais qui étoient fort aise d'avoir un abbé dans leur société, qui faisoit des vers le plus joliment du monde [2] ; et, de caillettes en caillettes, il arriva à la fin, comme on le verra par la suite, jusqu'à Mme d'Étioles [3], femme d'un fermier général, depuis marquise de Pompadour [4]. Il étoit avec elle dans ces sociétés qui l'ennuyèrent et qu'elle avoit quittées quelques mois avant d'arriver au faîte de la grandeur. Dès que M. de Richelieu eut connu l'abbé et son talent pour la versification, avec les conséquences des sociétés qui aiment ce genre-là et qui font une classe dans le général du public, M. de Richelieu songea à lui rendre les services qu'il lui avoit demandé, ainsi que son père, et à le protéger

geant et le présentant aux dames avec les chiffons qu'elle leur portait. Introduit par Duclos dans le bureau d'esprit de Madame de Tencin, où quelques poésies annonçaient joliment sa petite muse, il continuait à demeurer au cul-de-sac Dauphin, et à solliciter avec résignation le privilège du Mercure de France, lorsqu'une bonne fortune lui arrivait : il devenait le cavalier servant de Madame de Courcillon, la veuve du prince de Rohan, et s'occupait fort à la consoler du veuvage. »

1. Sur ces pénibles débuts de Bernis, voy. *Luynes*, t. VIII, p. 88.

2. L'abbé avait publié, dès 1744, chez Coignard une série de « *Poésies diverses de M. L. D. B.* », épîtres sur les mœurs, le libertinage, la cour, la superstition, la mode, la volupté, etc.

3. Ce fut, dit le *Conteur* de 1784, Mme de Courcillon qui présenta l'abbé chez Mme d'Étioles.

4. Selon M. de Luynes (t. VIII, p. 87), la première et la plus forte liaison de l'abbé fut avec Mme d'Estrades.

dans le monde. Pour cela, il mena l'abbé chez Mme la duchesse d'Aiguillon, sa cousine [1], qui aimoit à entendre toutes ces choses-là et à avoir toutes les petites nouvelles des gens de lettres, parmi lesquels il y en a qui sont très bons à connoître. L'abbé alloit presque tous les jours dîner chez elle et lui rendre compte de toutes les petites nouveautés qu'il pouvoit ramasser ; Mme d'Aiguillon le présentoit dans des classes plus élevées, dans lesquelles il se conduisoit avec prudence, sagesse, modération et esprit. Ce fut quelque temps après que Mme d'Étioles devint maîtresse du Roi, et l'abbé se repentoit beaucoup de l'avoir quittée mal, et se crut obligé d'aller lui faire des compliments, à quoi il ne pouvoit que gagner. Quand une jeune femme est au comble de la joie et d'une élévation d'état aussi considérable, elle est moins disposée à chercher une petite rancune ; d'ailleurs Mme d'Étioles sentit qu'elle alloit avoir grand besoin des secours de l'abbé, pendant la campagne que le Roi alloit faire en Flandre, où elle se seroit trouvée embarrassée pour écrire au général [2]. Tout ceci se passa fort bien, l'abbé fort bien reçu et fort content. Au retour de l'armée, S. M. séjourna plusieurs jours à Paris et y avoit été reçu comme le roi tutélaire qui avoit conquis une grande

1. Anne-Charlotte de Crussol-Florensac.

2. L'abbé fit non seulement des lettres, mais des vers, et c'est sans doute à sa verve poétique, qu'il faut attribuer les odes triomphales que Mme de Pompadour adressait au Roi, sur papier galamment encadré, après Fontenoy, Berg-op-Zoom, Lawfeldt, etc., et qui font aujourd'hui les délices des collectionneurs d'autographes.

part de la Flandre, et avec des démonstrations de joie qui passent toute imagination. Elle trouva plaisant d'aller en fiacre, le soir, voir Mme d'Étioles, et elle encore plus plaisant de le recevoir, et d'aller le voir souper, dans une foule où elle étoit bien assurée de n'être pas trop pressée, et de jouir du crédit et de la considération qu'elle a eus depuis jusqu'à sa mort. Tout le monde sait le reste de son histoire ; M. de Richelieu ne parlera de celle de l'abbé de Bernis qu'à propos de ce qui le regardera.

L'abbé se conduisit avec sagesse fort longtemps ; le dernier degré de ses désirs étoit d'être chargé de faire la Gazette [1], emploi qui vaut environ quinze mille livres de rente et qui a des conséquences amusantes pour un homme de lettres qui est honnête, et avantageuses pour un homme qui n'a rien. En attendant, Mme d'Étioles voulut lui faire avoir une petite pension de mille écus. Le Roi l'avoit promis ; il en étoit tourmenté. Enfin il vint un jour à Fontainebleau chez Mme d'Étioles et lui dit qu'il accordoit à l'abbé la pension de mille écus. Elle vint l'apprendre avec

1. Une nouvelle à la main adressée par M. de Marville, le 30 avril 1747, à M. de Maurepas (*Lettres de M. de Marville*, t. III, p. 205), dit : « Il n'est point encore question que le privilège de la Gazette de France soit accordé à l'abbé de Bernis, comme on l'avoit dit : la proposition en a été faite par Mme la marquise de Pompadour, en demandant au Roi de vouloir bien donner 200.000 livres à M. de Verneuil en dédommagement de la Gazette. Le Roi en a parlé à M. le contrôleur général qui a répondu qu'il étoit hors d'état de payer cette somme, par la destination indispensable des fonds. Quoique ce soit là un refus, Mme de Pompadour ne s'en plaint point. Elle attend des temps plus favorables pour procurer ce privilège à M. de Bernis. »

une grande joie, et fut fort étonnée, n'ayant pas encore un grand usage de ces choses-là, que M. de Richelieu lui demandât si Monsieur de Mirepoix [1], chargé de la feuille des bénéfices, pauvre d'esprit, dévot et obstiné, avoit signé la feuille ou le lui avoit dit. Elle fut encore plus surprise de ce que M. de Richelieu voulût parier que l'abbé n'auroit pas la pension, quand elle lui dit que Monsieur de Mirepoix n'en savoit rien. C'étoit un théatin, que l'on connoissoit pour sot et cagot, qui croyoit faire une œuvre méritoire devant Dieu et les hommes de tenir tête au Roi dans une affaire pareille, l'abbé étant accusé de mener une vie un peu mondaine et même licencieuse. Mme d'Étioles ne tarda pas à voir que M. de Richelieu avoit raison, et l'abbé n'eut pas sa pension sur un bénéfice ; mais le Roi, l'ayant promise et ne voulant pas lui manquer tout à fait, la lui donna sur sa cassette, où M. de Bernis se piqua encore de la toucher, étant cardinal [2].

Il fut question de meubler aux Tuileries pour l'abbé un petit appartement, que Mme d'Étioles et toute sa société meublèrent. Cet appartement étoit une espèce de cellule que Mme d'Étioles venoit de lui faire avoir [3]. L'abbé continua de faire sa cour à

1. Boyer, ancien évêque de Mirepoix, précepteur du Dauphin. Il avait eu la feuille des bénéfices à la mort du cardinal de Fleury, et la garda jusqu'en 1755.

2. Cf. *Luynes*, t. VIII, p. 88. — Ce fut seulement bien peu de temps avant la mort de M. de Mirepoix, que l'abbé de Bernis obtint une abbaye, Saint-Arnoul de Metz. Voy. *Barbier*, t. IV, p. 95.

3. M. Sainte-Beuve a conté ce curieux épisode des commencements du futur ministre : « Louis XV, de guerre lasse, fit une

Mme d'Étioles très convenablement et très sagement, et il obtint enfin d'être ambassadeur à Venise, quoiqu'il eût beaucoup de concurrents [1]. Cette place le tiroit de l'état où il étoit, étant toujours à la veille de mourir de faim, ce qui ne peut arriver à un homme qui a été dans une place semblable et qui s'y est conduit sagement ; mais ce qui est bien marqué au coin du bonheur et de ces espèces de miracles de fortune, c'est que, Madame, fille du Roi, ayant épousé l'Infant d'Espagne, duc de Parme [2], il étoit tout naturel que l'ambassadeur de France à Venise allât voir la fille du Roi. L'abbé s'acquitta donc de ce devoir. Madame l'Infante étoit bonne françoise, et aimoit par conséquent les François, qui s'aiment tous bien davantage quand ils se trouvent dans un pays étranger, au milieu de gens qu'ils trouvent toujours

pension de quinze cents livres sur sa cassette, et accorda un logement dans les combles des Tuileries ; Bernis avait été logé jusque-là chez le baron de Montmorency, un de ses parents. Un jour que Bernis sortait de chez Mme de Pompadour, emportant sous son bras une toile de perse qu'elle lui avait donnée pour meubler son nouvel appartement, le Roi le rencontra dans l'escalier et voulut absolument savoir ce qu'il portait ; il fallut le montrer et expliquer le pourquoi : « Eh bien, dit Louis XV en lui mettant dans la main un rouleau de louis, elle vous a donné la tapisserie, voilà pour les clous. » (*Causeries du lundi,* t. VIII, p. 9).

1. La correspondance de l'abbé de Bernis, ambassadeur à Venise, avec Du Verney, à été publiée en 1790, et, malgré les notes ridicules de l'éditeur, M. Sainte-Beuve a fait ressortir l'intérêt et le piquant de ces lettres familières tout à l'avantage de celui qui les a écrites (*Causeries du lundi,* t. VIII, p. 9 et suiv.).

2. Louise-Élisabeth de France, fille aînée de Louis XV, avait épousé, en 1739, Philippe d'Espagne, duc de Parme.

si extraordinaires. Quand l'ambassadeur retourna à Venise, Madame l'Infante l'engagea à revenir, et il en avoit encore plus d'envie. M. de Richelieu ne se souvient plus à quel voyage le chancelier de Milan porta à Madame l'Infante le projet que M. de Richelieu lui avoit vu longtemps auparavant, pour réunir solidement, par des intérêts communs, la maison d'Autriche avec la maison de France. Cela étoit fort spécieux, ou auroit pu l'être, si les hommes pouvoient voir leur intérêt solide et particulier sans jalousie, envie, etc. ; mais le hasard fit que Madame en écrivit au Roi, et ensuite vint à Paris, où elle parla elle-même et fit venir l'abbé avec tout ce qu'il avoit étudié avec le chancelier de Milan, et l'on oublia l'abbé de Bernis freluquet, et l'on ne le vit qu'avec le titre d'ambassadeur. C'étoit dans un moment où S. M. venoit d'apprendre que le roi de Prusse avoit fait des plaisanteries très piquantes sur son amour pour Mme de Pompadour. Mais, dans toutes celles qu'il s'étoit permises, il avoit eu l'attention de parler du Roi avec une retenue infinie et même respectueuse ; néanmoins il n'y gagna point, Mme de Pompadour et les ministres n'oubliant rien pour mettre le Roi de la partie. Le traité de Vienne ne tarda pas à nous engager dans une guerre où, heureusement pour la solidité de l'État, nos généraux et nos ministres firent tant de sottises que l'on fut obligé de faire une paix où nous perdîmes comme à l'ordinaire. Pendant ce temps-là, l'abbé de Bernis avoit cheminé, avoit apporté son traité de Vienne, dont le Roi avoit été d'abord fort engoué, et l'Empereur encore plus, avec raison. Il fut très fêté à la cour, où l'on sentit bien qu'un homme qui avoit été l'âme d'un traité qui renversoit toute l'Europe devoit renverser tous les ministres et devenir le seul, et que par conséquent l'abbé devoit monter à une fortune qu'il n'auroit pas pu espérer ; mais sa tête qui avoit été assez bonne pour résister dans l'état où il avoit été et pour parvenir au dernier période de sa force jusqu'à Venise, se trouva un peu trop foible pour aller un degré plus haut, et il n'osait presque pas y aspirer.

Il étoit toujours bien avec Mme de Pompadour et travailloit sur ledit traité avec les ministres, dont plusieurs y sentoient des conséquences et une révolution, de sorte qu'il étoit très en peine de ce que cela deviendroit. Il venoit tous les soirs chez Mme la duchesse de Lauraguais [1], dans le voisinage de qui étoit un petit logement qu'il avoit obtenu à Versailles, et M. de Richelieu n'étoit pas celui qui lui donnoit le moins de courage. Ils se contoient réciproquement ce qu'ils avoient appris et faisoient des réflexions. Enfin, on arriva au point que tout le monde voyoit, encore mieux que l'abbé ne pouvoit l'espérer, qu'un traité entre les deux plus grandes monarchies de l'Europe, qui avoient toujours été, depuis leur existence, ennemies et qui tout d'un coup redevenoient amies et alliées, au grand étonnement de toutes les têtes des deux nations, ayant été adopté de part et d'autre, ne pouvoit être bien traité et soutenu que par le même homme qui en avoit jeté les fondements [2], de sorte que tout cela

1. Diane-Adélaïde de Mailly.

2. Comparez Sainte-Beuve, *Causeries du lundi*, t. VIII, p. 14 et suivantes.

conduisoit à faire l'abbé de Bernis ministre des affaires étrangères, d'autant que tout le monde ne pouvoit connoître que la surface de l'esprit de l'abbé et croire qu'elle étoit si mince et le tuf si près. Toutes les conséquences en étoient bonnes, hors le principe, et, si tant est qu'il pût y en avoir, c'étoit celui qui avoit donné le traité qui en pouvoit avoir le secret, et, quoiqu'on pût douter de toute l'énergie et de la capacité de l'abbé de Bernis, M. Rouillé, qui étoit dans la place, n'en avoit pas assez pour qu'on pût craindre de faire une perte effrayante dans l'échange. Mais aussi M. Rouillé étoit bien éloigné de vouloir quitter. Le Roi, dans toutes les choses qu'il faisoit les plus bizarres et qui pouvoient passer même quelquefois pour indécentes, avoit peine à en faire de cette espèce et n'aimoit pas à faire de peine aux gens pour qui il avoit de l'amitié, ainsi qu'il en avoit pour M. Rouillé, qui étoit honnête homme et bon homme, de sorte que le projet n'avançoit point.

M. de Richelieu offrit à l'abbé de le servir et de tâcher de déterminer M. Rouillé par les bonnes raisons qu'il avoit à lui dire. Il étoit ami intime dès l'enfance de M. Pallu, son beau-frère, sur lequel il avoit un grand crédit, qui en avoit un infini sur sa sœur, femme de M. Rouillé [1], qu'elle gouvernoit

---

1. Marie-Anne Pallu avait épousé le 8 février 1730 Antoine-Louis Rouillé, comte de Jouy, secrétaire d'État de la marine en 1749, puis des affaires étrangères en juillet 1754. Son frère, Bertrand-René Pallu du Ruau, conseiller au Parlement en 1718, maître des requêtes en 1724, intendant à Moulins (1734), puis à Lyon (1738), était alors conseiller d'État et intendant général des classes de la marine.

absolument. M. de Richelieu représenta à M. Pallu,
et lui mit bien dans la tête, qu'il étoit impossible
que celui qui avoit fait le traité ne continuât pas les
conséquences d'un principe que personne ne pouvoit concevoir ; que ce même principe étoit à la
portée de tout le monde, et que, si M. Rouillé
attendoit qu'il fût au période de maturité à ne pouvoir plus l'empêcher , il seroit renvoyé tout à fait,
le Roi n'ayant pas de milieu dans les efforts qu'il
faisoit pour prendre un parti, et que M. Rouillé
deviendroit [alors] bourgeois de Paris, sans occupa-
tion ni considération ; au lieu qu'en donnant sa
démission à condition de rester dans le Conseil, il
auroit toujours une considération quelconque d'un
état grand par lui-même, et encore peut-être celle
de n'avoir pas voulu poursuivre quelque chose
contre nature, pour ainsi dire. Cela étoit si vrai,
que l'esprit du frère et de la sœur s'en pénétrèrent
aisément ; ils eurent la sagesse de ne pas risquer
tout perdre, et de se mettre à l'abri du port honorable qu'on leur présentoit. M. Rouillé donna sa
démission, et l'abbé de Bernis fut installé ministre
des affaires étrangères et secrétaire d'État [1]. Ce fut

1. C'est le 28 juin 1757 que l'abbé de Bernis remplaça
M. Rouillé comme secrétaire d'État des affaires étrangères. Le
duc de Luynes écrivait à ce propos, le 26 (*Mémoires*, t. XVI,
p. 86) : « M. Rouillé obtint hier sa démission de la place de
secrétaire d'État des affaires étrangères ; M. l'abbé de Bernis
est nommé à sa place. Il y a longtemps que M. Rouillé vouloit
quitter, sa santé ne lui permettant pas de soutenir un travail
aussi considérable, et il étoit aisé de juger que cette place étoit
destinée à M. l'abbé de Bernis ; mais cet arrangement n'a été
déclaré qu'aujourd'hui après le Conseil. M. Rouillé verra après-

peu de temps après que sa tête, qui avoit paru bonne pour tout ce qu'on lui avoit présenté, parut bientôt après bien mauvaise pour les affaires et beaucoup trop foible pour la grandeur des objets qu'elle avoit à y digérer, et elle lui tourna de tous les points [1].

demain pour la dernière fois à l'audience les ministres étrangers. M. de Bernis arrivera pendant l'audience, et là se feront les adieux et les compliments d'arrivée. M. l'abbé de Bernis prêtera serment mercredi. »

1. L'abbé de Bernis quitta le ministère le 9 novembre 1758, renversé par Mme de Pompadour, qui s'en était dégoûtée. Sa politique a été diversement appréciée, et en général avec moins de sévérité que n'en montre M. de Richelieu.

XII.

CLOSTER-SEVEN

(1757).

M. de Richelieu partit dans ce temps-là [1], content, et croyant que l'abbé étoit un des meilleurs amis qu'il laissât à la cour ; mais il ne fut pas infiniment de temps à s'apercevoir qu'il s'étoit bien trompé et que l'abbé lui jouoit un tour, qui fut encore plus cruel pour l'État que pour lui. M. de Richelieu veut parler ici de la capitulation de Closter-Seven [2]. Il avoit pris l'armée angloise prisonnière de guerre ; ce fut l'abbé de Bernis qui fit rompre la capitulation [3], et par conséquent entraîna tous les malheurs qui l'ont suivie.

Et on va voir combien les plus petits hasards

1. Il fut nommé en juillet 1757 au commandement de l'armée du Hanovre à la place du maréchal d'Estrées.

2. Closter-Seven est un bourg de Prusse, près de la place forte de Stade, le duc de Cumberland, commandant l'armée anglo-hanovrienne, y fut acculé par Richelieu et dut signer le 8 septembre une capitulation par laquelle il s'engageait à ne plus servir contre la France. Sur cet événement, voyez les *Causeries du lundi*, t. VIII, p. 21 ; *Luynes*, t. XVII, p. 20 et suiv., 56, 95 et suiv., 121, etc ; voyez aussi une lettre au prince de Soubise, British Museum, Ms. Add. 15945, fol. 61-68.

3. Il ne la fit pas rompre ; mais il en retarda tellement la ratification que le prince Ferdinand de Brunswick, successeur du duc de Cumberland, put reprendre sa parole à la suite de la défaite des Français à Rosbach.

11

ont quelquefois des conséquences terribles. Le lendemain du malheureux jour où le Roi fut assassiné par Damiens [1], après avoir été pansé et que les esprits furent un peu reposés, il ordonna à Monsieur le Dauphin d'assembler le Conseil, et, comme M. de Richelieu étoit d'année de service auprès de S. M., il lui dit de donner des ordres à Lemoine, huissier du cabinet, d'avertir pour le Conseil, lequel, un moment après être parti, revint lui demander si c'étoit le conseil d'État ou celui des Dépêches. M. le maréchal de Richelieu ayant demandé l'explication à Monsieur le Dauphin, celui-ci lui répondit que c'étoit le conseil des Dépêches. Lemoine, à qui M. de Richelieu le dit, répliqua : « Il arrive donc un cas unique peut-être ; c'est que M. l'abbé de Bernis est entré dimanche dernier au conseil d'État et n'a pas pris séance encore au conseil des Dépêches ; dois-je l'avertir ? » continua-t-il. M. de Richelieu n'avoit garde de résoudre la question. Il va à Monsieur le Dauphin lui demander ce qu'il en pense, et ce prince lui dit : « Il faut demander au Roi cette explication. » Monsieur le Dauphin ajouta que, dans l'état ou étoit le Roi, il ne vouloit pas l'importuner de cette question. On rappela alors Lemoine, à qui on demanda ce qu'il en pensoit, qui dit avoir vu beaucoup de gens être du conseil des Dépêches sans être de celui d'État, et qu'il n'en avoit jamais vu être du conseil d'État sans être de celui des Dépêches. Cela ne détermina pas encore Monsieur le Dauphin, qui redemanda à M. de Richelieu ce qu'il en pensoit. M. le maréchal lui répondit que, dans la situation

---

1. L'attentat de Damiens eut lieu le 5 janvier 1757.

unique où il se trouvoit, de la nécessité de tenir un
conseil des Dépêches et ne voulant pas parler au
Roi ni décider lui-même, il lui paroissoit que ce
que venoit de dire Lemoine l'engageoit à donner
l'ordre conséquent. On ne pensa plus à cela de part
ni d'autre. Le conseil des Dépêches se tint, et M. de
Bernis y assista. Cet événement très léger resta
entre Monsieur le Dauphin, M. de Richelieu et
Lemoine ; l'un et l'autre n'y firent aucune attention
et le crurent oublié aisément. M. de Richelieu n'en
parla ni à l'abbé de Bernis ni à personne, et vécut
avec lui dans la même amitié et correspondance qui
avoient existé jusque-là. Il ne parut aucune trace de
discussion dans leur façon de vivre ordinaire ; mais
longtemps après, Monsieur le Dauphin causant avec
l'Infante, sa sœur, sur cet événement et tout ce qui
étoit arrivé, celle-ci, comme toutes les femmes en
usent pour les gens pour qui elles ont de l'amitié, et
elle en avoit beaucoup pour l'abbé de Bernis, se
dépêcha de lui rendre compte de tout ce que son
frère lui avoit dit, et, soit que sa politique prît un
travers sur cela, ou que l'abbé, devenu tout politique et courtisan tracassier, crût tout d'un coup que
le duc de Richelieu avoit cherché à l'exclure du
Conseil, l'incertitude de M. de Richelieu sur ce qu'il
vient de rapporter fit imaginer qu'elle étoit un germe
de l'envie qu'il avoit d'empêcher l'abbé de rester
dans le Conseil. D'après cela l'esprit et la conduite
de l'abbé à son égard changèrent. Il fut d'abord
très fâché à cause que cela [1] alloit entraîner une paix

1. Cette capitulation de Closter-Seven.

avant qu'il eût obtenu son chapeau de cardinal [1]. M. de Richelieu n'en pouvoit deviner la cause, et le premier fruit de toutes ces réflexions fut l'incroyable effet de la capitulation de l'armée angloise que M. le maréchal de Richelieu avoit faite à Closter-Seven, dont les funestes effets ont été cause de tous les malheurs qui sont arrivés depuis. Cela peut servir d'exemple pour connoître à quel point il faut être circonspect à la cour, où les hasards les plus singuliers ont des suites et des effets si prodigieux. M. de Richelieu pense que, si l'on veut examiner celui-là, on aura peine à en trouver de pareils.

Pour ne pas quitter le chapitre de l'abbé de Bernis en si beau chemin, M. de Richelieu peut dire que la tête tourna tout à fait à l'abbé, et que, par ses façons de tous points, il déplut si fort au Roi que S. M vouloit révoquer sa nomination au cardinalat, et cela auroit été fait sans l'esprit de barguignage que le Roi mettoit à tout, ne pouvant imaginer d'ailleurs que le pape fût si pressé, et, quand le Roi vit arriver le courrier de Sa Sainteté avec la barette pour l'abbé, il se mit dans une telle fureur qu'il ne vouloit pas le recevoir. Ce fut Mme de Pompadour, étant plus de sang-froid, qui représenta au Roi le scandale prodigieux que cela alloit faire vis-à-vis du pape et de toute l'Europe. Cette nouvelle Éminence, seule à la cour, ne s'aperçut pas de l'embarras du Roi, et quatre ou cinq nouvelles sottises que l'abbé fit tout de suite le firent renvoyer des affaires étrangères. La cir-

1. Cf. *Causeries du lundi*, t. VIII, p. 28.

constance d'un conclave obligea le nouveau cardinal d'y aller, et le Roi le laissa partir. S. M. fut très contente de le voir à trois cents lieues de lui et d'y être dans une place à laquelle assurément son entrée dans le monde ne pouvoit lui faire imaginer de pouvoir atteindre.

APPENDICE

Voici comment ces souvenirs sur l'affaire de Closterseven et ses suites sont consignés à la fin du mémoire de 1783 ; ils sont assez différents de ce qui précède.

« Trois semaines ou un mois environ avant la bataille de Rosbach, le duc de Richelieu fit prisonnière l'armée ennemie, lui fit signer une capitulation, et, après que ces troupes eurent pris les chemins qu'elles devoient suivre, il crut bon de son côté, de ne pas perdre un instant pour marcher au roi de Prusse. Pendant ce mouvement, il trouva à Brunswick un homme qui lui apporta la lettre du roi dont on va donner la copie, ainsi que de la réponse du duc à Sa Majesté Prussienne. On verra que ce prince se remettoit entre les mains du roi de France pour faire la paix.

« Ce fut cette même lettre qui acheva de perdre le duc de Richelieu, après le malheur qu'il avoit déjà eu de faire l'armée ennemie prisonnière, et de la laisser en état d'exécuter tout ce qu'elle entreprît après qu'il eut quitté l'armée et que le roi de Prusse fut sûr que ses propositions avoient été rejetées.

« La France alors fut entraînée dans les plus grands malheurs, malgré la supériorité bien marquée de ses troupes en qualité et en nombre ».

Copie de la lettre du roi de Prusse.

Rote, le 6 septembre 1757.

« Je sens, Monsieur le Duc, que l'on ne vous a pas mis
« dans le poste où vous êtes pour négocier. Je suis cepen-
« dant très persuadé que le neveu du grand cardinal de
« Richelieu est fait pour signer des traités comme pour
« gagner des batailles. Je m'adresse à vous par un effet de
« l'estime que vous inspirez à ceux qui ne vous connoissent
« pas même particulièrement. Il s'agit d'une bagatelle,
« Monsieur : de faire la paix, si on le veut bien. J'ignore
« quelles sont vos instructions ; mais, dans la supposition
« qu'assuré de la rapidité de vos progrès, le Roi votre
« maître vous aura mis en état de travailler à la pacifica-
« tion de l'Allemagne, je vous adresse M. Delchetet, dans
« lequel vous pouvez prendre une confiance entière.
« Quoique les événements de cette année ne devroient pas
« me faire espérer que votre cour conserve encore quelque
« disposition favorable pour mes intérêts, je ne puis
« cependant me persuader qu'une liaison qui a duré seize
« années n'ait pas laissé quelque trace dans les esprits.
« Peut-être que je juge des autres par moi-même. Quoi
« qu'il en soit enfin, je préfère de confier mes intérêts au
« Roi votre maître plutôt qu'à tout autre, si vous n'avez,
« Monsieur, aucune instruction. »

Le texte de la lettre du roi de Prusse, donné par M. de
Valfons, n'est pas le même que celui de Richelieu. D'après
le marquis de Valfons (*Souvenirs*, p. 312 et suiv.), le duc
expédia un courrier à Versailles pour demander la permission de traiter ; mais Bernis, convaincu par l'ambassadeur
d'Autriche, Stahrenberg, qui représentait toujours le roi de
Prusse comme à bout de ressources, interdit toute négociation et ne permit même pas de profiter de la suspension

d'armes. D'un autre côté, Du Verney, qu'une de ses créatures, Bernier, fait lieutenant de Roi à Halberstadt, avait persuadé de la nécessité de garder cette place, fit défendre à Richelieu de l'évacuer avant l'arrivée de Crémille, alors adjoint au ministère de la guerre et envoyé pour se rendre compte de la situation. Finalement Halberstadt fut abandonné le 7 novembre : mais il était trop tard. Soubise qui n'avait cessé de demander qu'on marchât vers lui avait été vaincu à Rosbach. Sur la campagne de Richelieu et sur son remplacement par Clermont, voyez les documents réunis par M. Cousin dans *Le comte de Clermont, sa cour,* etc., t. II, p. 104 et suivantes.

La dictée du maréchal s'arrête avec cet épisode de Closter-Seven. Il ne semble pas douteux que ces Mémoires ne dussent être continués, si le temps ne lui eût manqué ou si sa nonchalance habituelle ne lui eût fait négliger d'y travailler. Le cahier des Mémoires contient encore quelques feuillets blancs. Sur les quatre dernières pages le maréchal a écrit de sa propre main le curieux fragment autobiographique qui va suivre. Nous le reproduisons textuellement, quoiqu'il ne puisse être regardé comme un spécimen fidèle de l'orthographe de l'auteur ; car ce court morceau, écrit certainement dans les tout derniers temps de la vie du maréchal, se ressent de l'affaiblissement des facultés du vieillard.

XIII.

NOTE AUTOGRAPHE

DU MARÉCHAL DE RICHELIEU

M. le maréchal de Richelieu fut mis trois fois à la Bastille, la première, le 22 avril 1711, et en sorti le 19 jeun 1712 ; la seconde foi fut le 4 mars 1716, et en sorti le 21 aoust 1716 ; la troisième foi fut le 28 mars 1719, et en sorti le 30 aout 1719.

Il y fut mis à la premiere foy pour vivre avec sa premiere femme, Mlle de Noailles, fille de sa belle-mère, que par arrengement de famille il épousa et malgré lui [1] ; elle étoit beaucoup plus âgé, point jolie et l'humeure acariade, et comme il ne vouloit pas vivre avec elle, et que sa famille desiroit qu'il eu des enfans, M. son père pria Mme de Mintenont doptenire du Roy un ordre pour le faire mettre à la Bastille et y restere jusqua que sa femme devienne grosse, qui pour cela alloit le voir deux foy la semaine a la Bastille. M. de Mintenon, qui aimoit le jeune duc et le protegeoit et qui cependant vouloit faire plaisire à sa famille, en parla au Roy, qui fit sur le champ assemblé son conseill et dit à ses ministre la demande de M. le duc de Richelicu, et Sa Majesté adjouta quil desiroit que le jeune homme profita de

---

1. *Mémoires de Saint-Simon*, édition des Grands Écrivains, t. XX, p. 303-304.

cette retraite pour son instruction, et alors il eû la
bonté de dire à M. de Ponchardain et autre, quils
les chargeoient de trouvé un homme desprit écleré
aimable et à demis sous-ordre, pour lui tenir compagnie et qui puisse suivre son éducation sen ennuie.
On lui donna labbée Saint Remis qui resta le reste
de ses jours avec M. de Richelieu. Mme de Maintenont,
à qui le jeune duc écrivoit, lui mendoit son chagrin
de ce que sa femme ne devenoit pas grosse, quoique
par de la suite [elle] engagea M. son père de le faire
sortire, ce qu'il fit.

La seconde foi, qu'il fut mis à la Bastile fut à
l'occasion d'un duelle qu'il eû avec M. de Matignon,
s^r de Gacé[1] ; il étoit defendu, et les ordres les plus
sevère étoient donné contre ses sortes de duelle ;
quoique M. de Richelieu fut blaisée, il ala à l'opera
pour que cette affaire ne se découvri pas, mais le
regent, qui en fut instruit par les énemis du jeune
duc, donna ordre de le mettre à la Bastille. Ont
nomma des commissaire et sirurgien pour examinere
ses blaisures, mais comme il sen doutois il les fit
paindre, les sirurgiens de bonne grasse ne sen apper-
sure point, leur rapore [fut] tout a son avantage, et cette
affaire n'eut pas de suite.

La troisiemme foy, ce fut par intrigue de coure.
Ont pretexta l'affaire despagne contre le regent[2], ou
il y eu tans de personne de compromis, pour faire
avoire la couronne au Roy despagne ; mais la suitte
et les recherches que lon fit prouva que M. le maré-

---

1. Au commencement de 1716 : voy. le tome XXIX des
Mémoires de Saint-Simon.

2. C'est-à-dire la conspiration de Cellamare.

chale de Richelieu n'étoit entré pour rien dans cette affaire, mais bien pour des liaison intime avec Mme la duchesse de Modene [1], que quande ont auroit fait sortir M. de Richelieu[2]. Ont a crue aussy que la premiere foy qu'il fut a la Bastille, setoit pour déconserté des abidute de société que lon craignoit quil se forma avec Mme la duchesse de Bourgongne qui regardois alors le jeune duc de Richelieu comme un enfans sans consequance, mais que les courtisans, toujour mechans jaloux et inquiette, voioient autrement [3].

M. le Maréchal de Richelieu a été marié trois foy, et sous trois regne diferent. La premiere foy fut avec Mlle de Nouaille, sous Louis 14 regnant[4] ; la seconde foy, ce fut avec Mlle de Guise de la maison

1. Mlle de Valois, fille du Régent.

2. Phrase incomplète : il faut penser que Richelieu a omis : « qui ne consentit à épouser le prince de Modène, que quand, etc. », ou une phrase analogue.

3. Selon Carra (*Mémoires historiques et authentiques sur la Bastille*, t. II, p. 145), le premier emprisonnement du maréchal fut pour avoir été surpris par Cavoye dans le lit de la duchesse de Bourgogne et dénoncé à Mme de Maintenon ; le 2e, en 1716, pour avoir divulgué une orgie de Mme de Gacé et été blessé par le mari, et pour le soustraire au Parlement ; — l'arrêt du 21 août 1716, ordonna un plus ample informé de trois mois et cependant la liberté ; — le 3e en 1719 pour Mlle de Valois. — Sur ce troisième embastillement, que Richelieu croyait devoir lui être fatal, voy. les *Correspondants de la marquise de Balleroy*, t. II, p. 43 et 45. Le 25 août 1786, âgé de 90 ans cinq mois et 12 jours, le maréchal revint voir la Bastille et monta sur les tours.

4. Jeudi 12 février 1711, à Saint-Sulpice (Jal, *Dictionnaire critique*, p. 1063).

de Lorreine, sous le regne de Louis 15[1] ; la troisiemme foy, sous le regne de Louis 16, avec Mlle de
Lavaulx, fille de calité de Lorreine, et qui avoit été
chanoinesse dans un des 4 chapitre de cette province[2]. M. de Richelieu cest marie avec derniere a

1. 14 avril 1734, dans la chapelle du château de Montjeu,
(Jal, *ibid.*).

2. Le mariage avec Jeanne-Catherine-Josèphe de Lavaulx
n'a pas été retrouvé par M. Jal. C'était, selon les contemporains,
une femme jeune et jolie, d'excellente famille de Lorraine,
parente des Choiseul et chanoinesse de Remiremont, veuve à
trente-cinq ans d'un Irlandais (Michel Rothe, irlandais d'origine,
lieutenant général, et Catherine Middleton, sa première femme,
avaient été naturalisés en 1736) mort au service de la Compagnie
des Indes, en lui laissant environ dix mille livres de rente et
cinq enfants. Il y avait quatre ans que le maréchal la poursuivait, et le bruit avait même couru d'une grossesse avancée,
malgré les quatre-vingt-quatre ans du galant. Les articles du
mariage furent signés le mercredi des cendres, contre tout
usage. M. de Richelieu reconnaissait 150.000 fr. de dot, faisait
25.000 fr. de rente et transmettait sa pension de maréchal de
12.000 fr. Le mariage eut lieu à la fin de février 1780. Selon
Mme du Deffand, il fut approuvé de tous comme devant lui
rendre la tranquillité et le bonheur. Quelque temps après,
Mme du Deffand soupa chez M. Necker avec M et Mme de
Richelieu ; elle dépeint celle-ci « ni belle, ni laide ; ni jeune,
ni vieille ; ni sotte, ni spirituelle : on ne peut être plus dans
l'ordre le plus commun. » — La Reine demanda un jour au
maréchal si sa femme était grosse : il répondit qu'il ne le pensait
pas, « à moins, ajouta-t-il, qu'elle ne le soit d'hier ou de ce
matin. » Vers la même époque il donna un bal costumé pour le
mariage du duc de Chinon avec Mlle de Rochechouart, et toute
l'assemblée, aussi brillante que l'hôtel était splendide, admira
encore une fois la jeunesse, l'entrain et l'esprit de cet étonnant
nonagénaire. Cependant il était difficile de retrouver sur ce
visage qu'une contemporaine peu respectueuse traite de vraie
pomme cuite, les traits charmants de l'ami de la duchesse de Bour-

lage dé 84 ans moin deux moy [1]. Lanné danssuitte estant devenue grosse, elle a eu le malheur, a leur grand regret, de faire une fauches [2] de trois moy.

Tout le monde a voulu que ce soie M. de Richelieu qui avoit produit Mme du Barris à Louis 15. Cependans cela est des plus fau [3]. Il étoit à son gouvernement de Bordeau quand il apris cette liaison

gogne. Le maréchal mourut en son hôtel de la rue Neuve Saint-Augustin, le 8 août 1788, âgé de quatre-vingt-onze ans et demi ; il fut enterré à la Sorbonne. En 1791, sa veuve obtint une pension de dix milles livres. Enfin en 1794, on la voit faire viser son certificat de civisme, en même temps que Sanson, exécuteur des jugements criminels du département de Paris, fonctionnaire public (*Journal de Paris*, 17 janvier 1794).

1. En même temps, le maréchal de Mailly d'Haucourt, âgé de près de quatre-vingts ans, épousait Mlle de Narbonne qui n'en avait que seize.

2. Il a voulu écrire sans doute : une fau[sse cou]che·

3. L'auteur de la *Vie privée de Louis XV* (Moufle d'Angerville), qui invoque en plusieurs endroits l'autorité de Madame Adélaïde, attribue au duc de Richelieu la liaison avec Mme Dubarry. « Le maréchal de Richelieu, sous prétexte de le distraire de sa douleur (pertes successives du Dauphin, de la Dauphine et de la Reine), étoit venu le ramener au péché. » L'abbé Proyart affirmait également tenir cette assertion de la bouche de Mesdames, et, d'après Mme du Deffand, ce fut le maréchal qui, étant d'année, fit toute la présentation ; M. de la Vauguyon osa se charger d'agir sur Madame Adélaïde et sur ses sœurs : « M. de Richelieu joue dans tout cela un rôle misérable. » Le 19 octobre 1768 la Roi soupa pour la première fois chez la favorite et Richelieu fut des invités. Mais dans une lettre que le duc de Choiseul a publiée en 1829 (*Revue de Paris*, t. IV, p. 57-58), voici ce que dit Louis XV lui-même au duc de Choiseul : « Vous connoissez Mme du Barry. Ce n'est sûrement point M. de Richelieu qui me l'a fait connoître, quoiqu'il la connût ; et il n'ose pas la voir, *et la seule fois qu'il l'a vue un moment, c'est par mon ordre exprès.* »

avec le Roy et qu'il l'étonna beaucoup. A son
retoure de son gouvernement, il ala à Versaille, ou
il en apris toutes les particuliarité. Le Roy fut longtemps sans lui en parlere, et lui profita de se silence
pour ne pas etre obligé d'allere chez laditte dame.
Cependans, quelque joure le Roy lui demanda s'il
aimoit le caffait aux lais damande. M. de Richelieu
lui répondit quil ne le connoissoit pas de cette maniere ;
alors le Roy lui dit quil voulois lui en faire goutté le
lendemain pour son dejeuné, et quil avoit qu'a
venire chez lui sur les neuf heure du matin et qu'il
le meneroit chez une belle damme quil le savoit
faire. M. de Richelieu ce doutta qui pouvoit etre
cette belle dame et il suivi les ordre du Roy [1]. Quoique tout les courtisans vouloit faire croire quil etoit
tres bien dans cette coure, et confondans alors son
cousin daiguillon, M. de Richelieu a toujour été tres
reservé vis a vis cette favorite, même a éloigné le
moment de sa présentation. Il étoit trop attachez à la
gloire du monarque pour ne pas crinde que cela
pouvoit un peut la compromette.

1. Cela s'accorde bien avec le passage de la lettre du Roi cité
dans la note précédente.

APPENDICES

————

I

LE DUC DE RICHELIEU ET L'ALCHIMIE

[On a vu ci-dessus, p. 30-31, que le duc de Richelieu,
pendant son ambassade à Vienne, avait été accusé de s'être
mêlé de sorcellerie et de magie. Il s'en défendit, et cependant le curieux document qu'on va lire montre qu'auparavant, à Paris, il avait fréquenté les alchimistes, souffleurs,
faiseurs d'or et autres escrocs, qui abusaient de la crédulité
publique. — M. Delavaud[1] a bien voulu nous communiquer
un petit volume in-18 qu'il possède et qui vient de la
bibliothèque du couvent des Franciscains de Paris. Il est
intitulé : *Les secrets les plus cachés de la philosophie des
anciens découverts et expliqués à la suite d'une histoire
des plus curieuses*, par M. Crosset de la Haumerie. A Paris,
chez d'Houry fils, rue de la Harpe, MDCCXXII. Cet ouvrage contient d'abord l'histoire d'un certain philosophe
ou plutôt alchimiste et le récit de certaines de ses opérations accomplies à Paris à l'époque de la Régence du duc
d'Orléans ; à la suite sont sept petits traités sur les
« semences métalliques », sur « la manière d'extraire les
essences séminales des trois règnes de la nature », sur « la
médecine universelle », sur « la pierre philosophale », etc.

1. M. Delavaud a publié en 1894, dans le *Bulletin de la Société
de géographie de Rochefort*, diverses lettres relatives à un capu-
cin, qui, en 1705, prétendait avoir le secret de convertir le
cuivre en argent et en or.

Un des premiers possesseurs du volume a inscrit sur les
feuilles de garde une longue note sur le véritable auteur
de l'ouvrage et surtout sur le philosophe dont l'histoire est
racontée. Il y est question des relations de l'un et de l'autre
avec le duc de Richelieu ; c'est ce qui nous engage à donner
le texte intégral de cette note.]

« L'auteur véritable de ce livre se nommoit M. de
Colonne, originaire d'Italie. Il demeuroit au Palais-
Royal, où il fut brûlé malheureusement, âgé de quatre-
vingt-cinq ans ou plus, le feu ayant pris à son cabinet pendant la nuit[1]. Il étoit fort lié avec le duc de Richelieu et
quelques autres seigneurs. Le philosophe dont il parle se
faisoit nommer Diesbach[2] ; ce n'étoit pas son nom, mais il

1. Ce Colonna, Italien qui n'avait probablement aucun rapport avec la grande famille du même nom, n'habitait plus au
Palais-Royal lors de sa mort. Voici ce qu'on lit dans le *Journal
de Barbier*, au mois de mars 1726 (édit. Charpentier, t. I,
p. 418-419) : « Il est arrivé une grand malheur dans la nuit du
mardi gras. M. Colonna, Italien, et l'abbé Laurent, deux gens
de lettres, savants, âgés de près de quatre-vingts ans, logeoient
et travailloient ensemble dans la rue Saint-Anastase, au Marais.
Ils logeoient au second étage. Ils avoient coutume, comme bien
d'autres, de lire dans leur lit avant de s'endormir. Ils avoient
par devers eux une longue expérience que cela se pouvoit
faire sans malheur ; une bonne fois paye pour toutes. L'un des
deux qui lisoit s'est apparemment endormi. Le feu a pris à la
maison si extraordinairement que ni M. Colonna ni M. Laurent
n'ont pas pu sortir chacun de leurs chambres par la fumée et
le feu ; ils y ont été brûlés et consumés entièrement. On a
trouvé le reste de leurs corps pas plus grand qu'un enfant qui
naît. Mme Colonna, qui logeoit au premier, s'est sauvée en
chemise avec sa servante. »

2. Joseph-Marie Girard, dit Diesbach, fut enfermé à la Bastille comme imposteur le 25 avril 1715 et en sortit le 22 juillet,
à la sollicitation de Boudin, médecin du Roi, qui s'occupait de
chimie (*Mémoires de Saint-Simon*, éd. Boislisle, t. XX, p. 232-

en approchoit. Diesbach vînt à Paris et mangeoit chez la marquise de Perne[1], qui étoit folle des secrets de l'alchimie, et prétendoit savoir l'ouvrage universalissime, qui se fait par le moyen de l'esprit universel. Elle traitoit Diesbach de trompeur et d'ignorant, mais d'habile joueur de gobelets, et qui faisoit de ses mains ce qu'il vouloit, et me dit une fois que ses végétations argentées et dorées n'étoient que des feuilles d'argent et d'or qu'il ajustoit, etc. Diesbach néanmoins la dupa comme les autres. M. de Colonne y fut pris aussi. Il réduisit une fois une livre d'or en mercure jaune et une livre d'argent aussi, et les mêla avec une livre de mercure commun préparé. Le tout mis dans un matras à feu de lampe devint plombé et livide ; puis, ayant augmenté le feu, le tout changea de figure et donna pendant un an les plus belles couleurs du monde. Le P. de Maubuisson ou Godefroy, de l'Oratoire, qui avoit fourni l'or et l'argent par le moyen de son frère et qui conduisit l'ouvrage dans sa chambre dans la rue Saint-Honoré, fut dupé à la fin. Diesbach substitua d'autre mercure et emporta celui du matras. Il avoit aussi une minière végétante, qui devoit lui produire du profit et qui ne se trouva que du plomb qui végétoit par des sels que le feu faisoit agir sur le métal.

« Après bien de pareils tours, Diesbach s'en alla et fut arrêté à Lyon et dépouillé de tout l'or qu'il emportoit et qui étoit transparent et exubéré[2], en sorte qu'à la Monnoie il fallut le dégrader. Il écrivit à M. Boudin, médecin à

233) et qui voulait travailler avec lui. Il était arrivé à Paris vers la fin de l'année précédente. On trouvera dans les *Archives de la Bastille*, t. XIII, p. 183-187, et dans le dossier Bastille 10620 à la Bibliothèque de l'Arsenal, divers documents sur son emprisonnement et sur les opérations auxquelles il se livrait.

1. On ne peut lire ici que *Perne* ou *Perné*; mais nous ne savons quelle était cette dame.

2. Terme de chimie qui signifie condensé au point d'être devenu cristallin.

Versailles, pour se tirer de là, et lui faisoit les plus belles promesses du monde ; mais, comme il l'avoit aussi dupé, il déclara qui il étoit, de sorte qu'il fut longtemps prisonnier [1]. On lui trouva quantité de fioles avec des titres magnifiques, qui contenoient des liqueurs pour achever des ouvrages bien principiés et qui auroient été manqués, etc., d'autres pour rajeunir, etc., et une lettre du roi des roses-croix à un abbé pour l'agréger à la société des roses-croix. C'étoit le P. Godefroy. Tout cela fut saisi, et enfin, par amis et par la protection de Monsieur le Duc, il sortit de prison et eut des billets de banque pour le montant de son or. Il revint à Paris, où un nommé M. Le Riche [2] et un autre, qui étoient aux gages de Monsieur le Duc, prirent Diesbach chez eux. Il voyoit Monsieur le Duc et lui promettoit les plus belles choses du monde. Il y eut plusieurs procédés commencés ; mais tous finissoient par des vaisseaux cassés, parce que sur la fin Diesbach s'absentoit et laissoit la conduite du feu à quelqu'un, et il en étoit quitte pour pester et jurer contre l'imprudence du domestique, qui avoit fait le feu trop fort. Le Duc lui offrit plusieurs fois de l'argent ; mais je lui fis toujours conseiller de n'en point prendre par son confident et sa dupe le P. Godefroy, de peur de la corde, s'il venoit à tromper ce prince, ou plutôt ce duc. Il crut l'avis. Une fois, le Duc étant venu à Paris avec le Roi, il vint trouver Diesbach à un rendez-vous, qui lui fit voir en deux heures plusieurs belles curiosités. Il avoit entre autres apprêté de l'or dans un plat sur un réchaud, et, dès que la chaleur commença à agir, il s'éleva une liqueur dorée en jet, qui retomboit dans le plat par une circulation qui ravissoit Monsieur le Duc et qui dura tant que le feu brûla dans le réchaud.

1. Nous n'avons pas trouvé de renseignements sur ce second emprisonnement de Diesbach.

2. Serait-ce M. Le Riche de la Popelinière, dont la femme eut une aventure si connue avec le duc de Richelieu ?

« M. de Colonne revit Diesbach et entreprit un [travail] particulier sur l'huile de vitriol que Diesbach avoit donnée avant son premier départ de Paris à un bourgeois de cette ville nommé Dumas. Ce bourgeois le dirigeoit ; Diesbach y venoit quelquefois, et l'opération se faisoit chez le M. duc de Richelieu, qui fut obligé d'aller à Forges, et le tout se continua chez M. de Colonne, et se termina à rien.

Le sieur Crosset[1], ayant eu communication de ce que M. de Colonne avoit mis par écrit des expériences que Diesbach avoit faites chez lui et de quelques dissertations sur le grand œuvre, en tira copie, et, quelques années après, chercha à tirer quelques pièces d'argent de cette copie. Il l'offrit à Pépingué, libraire[2], qui la montra à M. Aignan, médecin[3], lequel avoit lui-même vu une bonne partie de semblables expériences que Diesbach avoit faites chez lui. Je vis ce manuscrit, que M. Aignan me montra, et Pépingué ne s'étant pu accommoder avec le sieur de la Haumerie, celui-ci le fit imprimer chez d'Houry[4].

« Un nommé Alexandre avoit suivi Diesbach de Lyon à Paris et ne le quittoit point, dans l'espérance d'apprendre quelque chose de lui ; mais Diesbach ne lui apprit rien. Il se dégoûta de lui et l'évitoit tant qu'il pouvoit, si bien qu'Alexandre en perdit l'esprit et mourut fol.

« Un bourgeois de Paris, nommé Dumas, s'attacha de même à lui et l'accompagna à Rouen et ailleurs, et fut même jusqu'en Suisse, pays de Diesbach, et n'en revint pas plus riche.

1. M. Crosset de la Haumerie est l'auteur du livre sur lequel est inscrite la présente note.

2. Edme Pépingué avait sa boutique dans la grand'salle du Palais, du côté de la cour des aides.

3. Il ne faut pas confondre ce médecin avec l'abbé Aignan, médecin empirique, qui mourut en 1709 (*Mémoires de Saint-Simon*, éd. Boislisle, t. XXVII, p. 292 et 387).

4. Laurent d'Houry, dont la boutique était rue de la Harpe en face la rue Saint-Séverin, à l'enseigne du Saint-Esprit.

« Ce Diesbach avoit un fondant et précipitant pour les mines, qui étoit admirable. Un jour, il fit mettre sur le feu un grand pot plein d'une matière de mine qu'on vouloit éprouver. Ce fut chez M. Aignan, médecin, que cela se passa. Il y fit mêler un petit paquet de son précipitant, et, pendant que la matière étoit sur le feu, il se promenoit dans la salle avec ceux qui lui avoient apporté le minerai. Après une heure ou deux, ayant fait découvrir le pot, il dit : « L'opération n'est pas encore finie. » Un peu après, ayant fait encore découvrir le pot, il dit : « C'est fait ; vous allez voir ce que cette matière contient de parfait. » On trouva toute la matière en poussière légère et qui s'envoloit au moindre vent comme la poudre de noir à noircir, et au fond on trouva un petit noyau qu'il prit, et d'un petit coup de marteau le sépara en deux portions, dont l'une étoit argent et l'autre or ; ce qui est admirable.

« Enfin Diesbach, ayant amassé de ses dupes bonne somme d'or et d'argent, devoit encore recevoir d'un seigneur de la cour cent mille écus pour lui apprendre à faire le grand œuvre. Il en avoit même déjà touché vingt-cinq mille livres ; mais un ami fit ouvrir les yeux à ce seigneur, qui ne voulut plus fournir le reste, et Diesbach, voyant qu'il ne faisoit plus bon pour lui à Paris, décampa et s'en retourna en Suisse avec Dumas, qui revint aussi gueux qu'il étoit parti, et depuis je n'ai point entendu parler du sieur Diesbach.

« Il est certain qu'il avoit de la poudre de projection et qu'il savoit quantité d'opérations très curieuses : la réduction d'or en mercure jaune, celle d'argent en mercure blanc ; ses végétations, qui sont des plus surprenantes. Mais, avec tout cela, personne de tous ceux à qui il a eu affaire n'a tiré aucune connoissance utile ni aucune opération avantageuse ; au contraire tous ont été dupes, et il s'est en tout conduit comme un vrai filou et un fripon. S'il est de la Société des philosophes d'Allemagne, ces Messieurs devroient bien empêcher de pareils aventuriers de rendre leur corps méprisable comme celui-ci a fait. »

Ce qui suit a été ajouté postérieurement :

« Ce misérable est revenu depuis à Paris, où il a trompé
encore plusieurs personnes par les espérances frivoles de
cabale, magie, etc., et enfin s'est trouvé réduit à loger
dans un galetas ou chambre au quatrième ou cinquième
étage. Sa femme n'avoit pas de souliers. Il y est devenu
hydropique, et, au bout de quelques années, il y est mort
au mois de novembre 1744 et enterré par charité à Saint-
Sulpice. Il étoit âgé de soixante-dix ans ou environ. »

II

DEUX LETTRES DU DUC DE RICHELIEU

Le duc de Richelieu
au comte de Chatte, lieutenant de Roi en Dauphiné [1].

A Paris, ce 24 octobre 1740.

« Vous êtes devenu bien provincial, Monsieur, de pouvoir penser que nous ayons la guerre. Chat échaudé craint
l'eau froide, comme on dit, et soyez persuadé, quoi qu'on
dise, que nous ne l'aurons point. Je ne suis pas surpris que
vous entendiez parler misère. Il y en a assurément en ce
pays-ci ; cependant cela n'est pas au point qu'on le dit, et
je voudrois de bon cœur que les provinces fussent
aussi bien. Mais celles que je connois du dedans du royaume
sont assurément dans un fâcheux état. Vous ne vous en
ressentez pas, non plus qu'en Languedoc, et je ne suis pas

1. Arch. nat., K 143, n° 7¹, autographe non signé. —
Cette lettre ne porte pas de nom de destinataire, mais elle est
certainement adressée à la même personne que la suivante.
Or au verso du second feuillet de celle-ci on lit la mention suivante : « M. le comte de Chatte, au Péage. » François-Ferdi-

surpris que vous, vous trouviez bien chez vous. Je compte
passer dans votre pays les premiers jours de décembre [1].
Je serai assurément bien aise de pouvoir vous faire ma cour
dans vos états, sinon de me rendre partout où vous voudrez. Si vous voulez que je vous rende compte du jour
précis, je vous le manderai dès que je le saurai. Ma santé,
dont vous voulez que je vous mande des nouvelles, n'est pas
meilleure que vous l'avez vue. Pour la vôtre, Monsieur,
[elle] est hors de soupçon. Conservez la bien de même et
soyez bien persuadé de tout l'intérêt que j'y prends. »

Le duc de Richelieu au comte de Chatte [2].

A Paris, ce 10 novembre 1740.

Dans mes conditions pacifiques, Monsieur, je n'avois pas
compris la mort de l'Empereur [3], et cet événement change
évidemment ma façon de penser. Il me paroît même
impossible d'imaginer que cela se termine sans armée en
campagne. Il y a des gens ici cependant qui assurent que,
au contraire, cela doit tout pacifier. Je crois qu'il faut les
mettre au rang de ceux qui parlent sans savoir ce qu'ils
disent ; du moins, c'est fort mon sentiment. La flotte
angloise est partie avec huit mille hommes de débarquement,
et il me semble, que tout s'apprête à de grands troubles

nand de Clermont-Chatte (1701-1751), titré comte de Chatte
(Isère, canton de Saint-Marcellin), était lieutenant de Roi en
Dauphiné. Le Péage ou Péage-de-Roussillon est une localité du
département de l'Isère, proche du Rhône, canton de Roussillon.

1. Pour aller tenir les états de Languedoc.

2. Arch. nat., K 143, n° 7², autographe non signé. Cette
lettre a déjà été donnée en partie, ci-dessus, p. 44, note 2,
d'après une copie défectueuse, où le nom du destinataire avait
été mal lu par M. de Boislisle. Nous croyons intéressant de la
reproduire ici intégralement pour la rapprocher de la précédente.

3. Charles VI était mort le 20 octobre.

dans toutes les arties du monde. Le ministre de l'électeur de Bavière a débuté à Vienne à demander satisfaction sur l'exécution du testament et des dispositions de Ferdinand [1], par lesquelles la majeure partie de la succession de l'Empereur appartient à la maison de Bavière. Vous voyez que, par ce que nous savons, sans parler de ce que nous ne savons pas, on ne sauroit guère penser que cette succession se partage sans procès. Chaque jour on en apprendra des nouvelles, et je compte peut-être vous en dire devers le 4 ou le 5 de décembre, que je serai à Lyon. Je ne manquerai assurément pas de voir le cardinal d'Auvergne en passant à Vienne [2], vous pouvez l'en assurer. Je ne suis point surpris de tout ce que vous m'en dites ; mais vous pouvez être fort tranquille sur ma discrétion, et sur mon empressement à vous prouver en toutes occasions mon sincère attachement. »

III

LE DUC DE RICHELIEU A GÊNES

[M. de Richelieu a mentionné en quelques lignes dans ses Mémoires (ci-dessus, p. 117-119) son commandement à Gênes en 1747-1748, après la mort du duc de Boufflers. Nous croyons intéressant de donner ici comme complément de son récit, d'abord un mémoire du secrétaire de M. de Boufflers sur l'état de la République à cette époque, et ensuite trois des lettres que le secrétaire d'État de la Guerre, le comte d'Argenson, lui écrivit pendant le temps de ce commandement. Ces documents sont extraits du

1. L'empereur Ferdinand III, mort en 1657.
2. Henri-Oswald de la Tour d'Auvergne (1671-1747), archevêque de Vienne en Dauphiné en 1722, cardinal en 1737.

registre KK. 1369 des Archives nationales, qui provient des archives du maréchal.]

Mémoire de M. de Forceville,
ancien secrétaire du duc de Boufflers,
sur la situation de la république de Gênes à la fin de 1747.

« Sans vouloir donner d'inquiétude sur la situation actuelle de la ville de Gênes, on ne peut cependant se dispenser de la représenter dans l'état le plus critique où elle se soit encore trouvée depuis l'époque de la révolution. Épuisée d'hommes, d'argent et peut-être même de volonté, elle a, pour se servir d'une expression fort commune, jeté tout son feu, et l'on ne doit plus attendre les mêmes efforts ni la même activité de la part de ses habitants pour leur défense, si, par des circonstances, qu'on n'ose prévoir, l'ennemi tente cet hiver une nouvelle entreprise sur Gênes.

« Dès le moment même de la retraite des ennemis, le gouvernement a agi comme s'il n'en devoit plus rien appréhender. Cette sécurité a passé dans l'esprit du peuple, et est tellement en général établie dans tous les esprits qu'après la malheureuse affaire d'Exilles, on n'en a pas paru plus empressé pour la continuation et l'augmentation des ouvrages et le rétablissement des troupes.

« Les bruits de paix de la part de l'Espagne, et les espérances qu'avoit la République d'y être comprise, n'ont pas peu contribué à lui faire différer des précautions, qui, dans le cas d'un accommodement, devenoient inutiles et lui étoient fort onéreuses.

« Mais, quand bien même la République, détrompée actuellement, recommenceroit sérieusement à mettre en usage ses précédents moyens de ressource et d'activité, réparera-t-elle jamais une inaction de deux mois, pendant lesquels elle auroit pu du moins faire mettre dans un plus grand état de défense des ouvrages faits sous le feu des ennemis et qu'il n'avoit pas été possible de faire dans les premiers moments avec toute l'exactitude de l'art.

« C'est cette prétendue défectuosité dans les ouvrages de Saint-Pierre d'Arène et d'Albaro, à laquelle M. le duc de Boufflers se proposoit bien de remédier, lorsque les ennemis lui en donneroient le temps, qui a donné des armes à M. Siker, maréchal de camp et ingénieur en chef de la République, pour persister à établir l'inutilité de faire perfectionner ces retranchements et d'en corriger les défauts. Revenant toujours à sa première idée, que M. le duc de Boufflers avoit tant de fois combattue dans les conseils de guerre, il a continué à vouloir réunir dans deux seuls points de défense celle des faubourgs de Saint-Pierre d'Arène et d'Albaro, au moyen d'un fort à Sainte-Thècle pour Albaro et du poste de Belvedère bien retranché pour Saint-Pierre d'Arène. La facilité qu'il a trouvée à faire approuver ce projet lui a donné de nouveaux moyens d'entrer dans les vues de la République, qui ne se soucioit pas de faire de nouvelles dépenses. On a été six semaines à délibérer sur la construction de ces forts, et, après bien des longueurs, des devis et des marchés, à peine y en avoit-il un de commencé le 30 du mois dernier. On peut juger par là du temps que demandera l'exécution. Elle sera nécessairement susceptible des mêmes longueurs, et la saison des pluies arrivera sans qu'il y ait rien de fait. Alors, forcé comme on le sera de se détacher des forts en maçonnerie, on ne pourra que difficilement reprendre les retranchements en terre, qui se dégradent de jour en jour et dont il ne restera que les vestiges.

« N'étoit-il pas plus naturel de suivre les errements de feu M. le duc de Boufflers ? Son objet en général étoit de fortifier de plus en plus les retranchements commencés, indépendamment des autres qu'il comptoit faire sur les hauteurs dont on est redevenu maîtres par la retraite des ennemis. Mais sa plus grande idée pour tous ces retranchements étoit, s'il en avoit le temps, d'en faire palissader la plus grande partie au moyen de bois de sapin, qui sont en assez grande quantité sur des sommités voisines de la ville et qu'il est essentiel de faire abattre pour en découvrir les approches. M. le duc de Boufflers comptoit profiter aussi des premiers moments de tranquillité pour faire épaissir des parties entières de remparts, où l'on est vu jusqu'aux pieds, et faire palissader ce qui ne l'est pas encore des chemins couverts.

« Mais en même temps il ne bornoit pas ses vues à fortifier seulement la ville de Gênes ; il avoit trop senti l'importance dont il étoit que tous les petits bâtiments qui l'ont ravitaillé pendant le blocus ou qui ont apporté des troupes, eussent des retraites sûres dans la rivière du Levant contre le mauvais temps et les vaisseaux anglois, pour négliger de mettre en état de défense les villes et ports de Portofino et de la Spezzia.

« En effet si les ennemis reviennent en force dans le territoire de Gênes, il est vraisemblable que leur première opération sera d'envoyer un corps de troupes dans la rivière du Levant pour s'emparer de ces deux villes, et la résistance n'en sera pas longue si on ne pense sérieusement à les pourvoir de tout ce qui est nécessaire pour une défense. Les Autrichiens une fois maître de Portofino et de la Spezzia, il en résulte les plus grands inconvénients pour la ville de Gênes. Outre la perte de la rivière du Levant, dont elle ne laisse pas de tirer des subsistances, elle perd une communication assurée avec Livourne, d'où elle en tire une grande quantité par le moyen de ces petits bâtiments, qui, n'étant pas assez forts pour soutenir la mer, viennent terre à terre, et qu'il sera impossible de faire arriver lorsque les ennemis seront maîtres de ces deux ports.

« Les galères mêmes de la République, qui sans contredit sont les meilleures de la Méditerranée, deviendront inutiles. Il ne leur sera pas possible de risquer le trajet de Gênes à Livourne, lorsqu'elles n'auront aucune retraite le long de la côte. Elles pourront tout au plus aller en Corse. Mais, outre que les secours que l'on tire en subsistances ne sont pas bien considérables, ce ne sera pas sans des dangers infinis, puisqu'elles seront obligées d'y aller directement de Gênes et de se commettre au milieu de la flotte angloise, dont toute l'attention sera réunie sur ce port. Il deviendra par conséquent très difficile, pour ne pas dire impossible, aux convois venant de France ou de Corse d'entrer dans le port de Gênes, lorsqu'il faudra qu'ils y entrent directement. Ces inconvénients seront nécessairement suivis des suites les plus fâcheuses ; car, dès le moment que la ville de Gênes ne peut plus être ravitaillée par mer, ses ressources intérieures sont trop modiques pour pouvoir fournir à la subsistance de ses habitants pendant un hiver tout entier. C'est un fait qu'il n'y a peut-être pas pour six semaines de vivres en farines dans les magasins des magistrats de l'Abondance, qui seuls font vivre le peuple.

« On croit avoir suffisamment démontré la nécessité de prendre les mesures les plus sérieuses pour la conservation des ports de la Spezzia et de Portofino, puisque celle de Gênes en dépend. On ne parle pas de la subsistance en viande, qui, quand bien même la rivière du Levant seroit libre cet hiver, ne seroit pas abondante ; mais la frugalité ordinaire des Génois y supplée : le peuple n'en mange presque jamais et ne vit que de pâtes.

« Mais ce qui contribuera toujours, si Gênes est resserré, à y accélérer la disette, est la quantité de gens de la campagne, qui quitteront leurs habitations pour s'y réfugier. C'est une précaution que devroit avoir le gouvernement dans un cas semblable, de n'y laisser entrer que des hommes en état de porter les armes et d'obliger les femmes, enfants et vieillards à rester chez eux. Il doit se souvenir combien, dans le dernier blocus, cette quantité de gens de la campagne, qu'il a été obligé de nourrir, a été à charge et a accéléré la consommation des subsistances, qui commençoient même à être en très petite quantité au moment de la retraite des ennemis.

« Quoique les précautions qui ont été prises pour avoir de la poudre, des mortiers et des bombes ne laissent rien à désirer, on ne sauroit cependant trop inviter le gouvernement à presser l'arrivée de ce qu'on attend de Barcelone. Il seroit même prudent de préparer dès à présent, en cas de prise de cette artillerie ou de quelque autre accident qui en retarderoit ou empêcheroit l'envoi, des moyens subséquents de remplacement. Le royaume de Naples seroit une ressource, si le ministère de cette cour vouloit céder en payant une certaine quantité de bombes ; mais il paroît en général que l'on n'y doit pas compter. Il ne reste donc que les arsenaux de Provence, d'où, dans la dernière extrémité, on pourroit tirer quelque secours. Les risques du trajet seroient même moins considérables que de partout ailleurs en y envoyant des « pinques » génois, espèces de bâtiments assez gros avec des voiles latines, que tous les marins du pays assurent, dans un temps frais et avec des vents comme ceux qu'il fait l'hiver, ne pas craindre un vaisseau de guerre, parce qu'ils vont infiniment plus vite.

« On pourroit se servir avec utilité de ces mêmes bâtiments pour transporter des troupes. On trouveroit aisément à Gênes des marins qui feroient ces transports à leurs risques pendant l'hiver, à tant par homme rendu dans le port de Gênes. La dépense en seroit moins considérable que celle des felouques, qui ne peuvent être d'aucune utilité, ne pouvant pas tenir la mer en hiver. Et, en continuant à se servir des bâtiments appelés « caprayés », qui reçoivent à Calvi les troupes que les tartanes y apportent des ports de France, on auroit toujours deux moyens de faire passer du monde à Gênes, en supposant qu'on veuille grossir le corps qui y est avec célérité et avec sûreté.

« Après avoir exposé la situation de la ville de Gênes quant à ses dispositions extérieures et ses ressources de défense, on hasarde quelques réflexions sur la disposition intérieure des esprits dans les grands et dans le peuple.

« Le gouvernement est actuellement fatigué de la guerre

et très disposé à sacrifier quelque considération pour avoir
la paix, s'il pouvoit trouver des prétextes de la faire hono-
rablement et sans manquer aux engagements qu'il a con-
tractés avec le Roi.

« La plus grande partie des nobles, étant feudataires de
l'Empire, ont un intérêt particulier qui leur fait désirer
intérieurement un accommodement qui les fasse rentrer
dans la jouissance des biens qu'ils ont dans le pays de la
domination de la reine d'Hongrie et qu'elle a confisqués.
C'est par cette raison qu'on ne doit pas être sans inquiétude
sur l'élection qui doit se faire dans quelques mois d'un
nouveau doge. Il est essentiel que la faction autrichienne
ne fasse pas tomber le choix sur un sujet attaché à la maison d'Autriche.

« Quoique le pouvoir du doge à Gênes soit bien limité,
il a cependant toujours la principale influence dans les
délibérations, et il seroit à souhaiter pour le bien des affaires
que ce fût ou M. Jean-Baptiste Grimaldi ou M. Augustin
Grimaldi ; car il ne faut pas penser à la continuation de
M. Brignole ; jamais le gouvernement ne se prêtera à faire
cette exception à la règle ordinaire.

« Le peuple ne désire pas la paix avec moins d'ardeur
que les grands, mais par des motifs différents. Il ne voit
pas sans une espèce de mécontentement que le gouvernement ait été si pressé d'éteindre le peu d'autorité qu'il
avoit, et que, la révolution ayant été son ouvrage, on ne
lui ait pas donné le temps de le consommer. D'où il résulte
que, si la République se retrouve dans les moments de crise
où elle a été, il n'aura pas, par une antipathie naturelle
pour la noblesse, le même égard pour les ordres qui éma-
neront du gouvernement que pour ceux de ses chefs, lorsqu'il avoit des conseils composés de gens de son état.
C'étoit alors sa propre cause qu'il se faisoit gloire de
défendre, et il étoit flatté d'obéir à ses semblables. Il est
bien à craindre que cela ne produise un schisme, dont les
suites ne peuvent être que terribles.

« Les nobles en général ont été trop tôt alarmés des conséquences que pouvoit avoir l'autorité qu'exerçoit le peuple dans ses conseils. Ils devoient se contenter d'avoir su y introduire des gens affidés et même des nobles, et ils ne devoient pas penser à les abolir [avant] que la République ne fût rétablie dans tous ses droits par une paix solide. Ils se seroient ménagé dans un cas de malheur la ressource de rejeter sur le peuple, avec d'autant plus de raison qu'il en a été réellement l'auteur, une guerre dont ils se chargent personnellement vis à vis de la reine d'Hongrie.

« Mais, quand bien même les craintes de la noblesse sur l'autorité que le peuple vouloit usurper auroient été fondées, le gouvernement devoit avoir assez de confiance en la justice du Roi pour croire que S. M. n'auroit jamais retiré ses troupes de Gênes sans avoir fait auparavant rentrer le peuple dans l'obéissance qu'il doit à ses légitimes souverains.

Lettres du comte d'Argenson,
secrétaire d'État de la guerre, au duc de Richelieu.

A Versailles, le 12 décembre 1747.

« J'ai différé, Monsieur, de vous renvoyer votre courrier, parce que je voulois attendre à vous mander, si je le pouvois, quelque chose du succès des démarches que M. de Puyzieulx a faites auprès de M. le duc d'Huescar pour établir entre vous et M. de la Humada la subordination qui est due à la supériorité de votre grade et à la quantité de troupes françoises rassemblées à Gênes par proportion à celle des Espagnols. Cet article qui m'a paru le plus important de vos lettres a été aussi celui qui a été traité avec le plus de force ; mais, comme, suivant les apparences, M. le duc de Huescar ne donnera point de réponse décisive à ce sujet qu'il n'y soit autorisé par des

ordres de sa cour, tout ce que je puis vous mander, pour
ne point retarder davantage le départ de votre courrier,
c'est que le Roi n'entendra sur cet article à aucune modifi-
cation et qu'il ne cessera pas d'insister pour que votre autorité soit pleinement et entièrement reconnue, telle qu'elle
le doit être pour le bien du service et l'intérêt de la cause
commune. M. de la Humada, dont vous paroissez d'ailleurs
avoir tout sujet d'être content, ne sauroit disconvenir de la
vérité de ce principe, et, les circonstances dans lesquelles
il se trouve ne lui permettant pas d'attendre pour chaque
expédition les ordres de M. de la Mina, je ne comprends
pas comment il peut imaginer avoir à en recevoir d'autres
que de vous. Comme il est cependant important que vous
continuiez à bien vivre avec lui jusqu'à ce qu'il ait la liberté
de vous obéir sans restriction ni réserve, c'est à votre prudence à ménager les choses de façon qu'il ne se trouve pas
dans le cas de se refuser à ce qu'il vous doit, en exigeant
de lui dans ce moment rien de contraire à ses instructions.

« A l'égard de la question qui regarde la défense et la
conservation de la côte du Levant, je n'ai encore vu ici
aucun militaire qui pensât que c'en fût une, et l'opinion
contraire étoit réservée à M. de la Mina tout seul. Ce n'est
pas que le Roi ne sente l'inconvénient de la dispersion de
nos troupes dans les différents postes que vous aurez à
garder. Ce sera aussi dans l'intelligence, la prudence et
l'activité que vous mettrez à les soutenir que doit consister
aujourd'hui le principal mérite de votre commandement.

« Rien n'étoit plus nécessaire que le voyage que vous
venez d'entreprendre sur toute cette côte, qui vous aura
mis en état de connoître par vous-même un pays dont la
défense dépend des différents postes qui peuvent être sou-
tenus jusqu'à l'arrivée du secours, et de ceux qu'on doit
céder à l'ennemi, pour n'y être point enlevé lorsqu'il vien-
dra les attaquer en forces, et qu'on pourra ensuite reprendre
sur lui. S. M. m'a ordonné de vous réitérer les assurances
de la confiance avec laquelle elle s'en rapporte à vous sur

tous ces articles, et qu'elle ne prétend ni vous rien prescrire, ni vous rendre garant des opérations militaires que vous jugerez à propos d'entreprendre et dont elle sent d'avance toute la difficulté.

« L'animosité qui s'élève de la part des paysans de la Polsevera (?) contre nos troupes est un objet qui mérite la plus sérieuse attention. Je n'ai pas besoin de vous faire sentir combien il est important de redoubler de vigilance pour la discipline des troupes et de punir la plus petite faute en ce genre, en même temps que vous exigerez du gouvernement de Gênes des exemples de sévérité contre ceux de leurs sujets qui montreront un esprit de révolte et d'intelligence avec nos ennemis, la dissimulation dans ce genre étant le plus dangereux des partis...

« Le Roi a appris avec plaisir que toutes les difficultés qui s'opposoient à l'exécution du cartel entre nos troupes et celles du général Nadasti sont enfin levées et que vous avez commencé à faire l'échange des prisonniers de part et d'autre. Il seroit fort à désirer que vous puissiez parvenir de même à l'échange des Génois et à leur faire rendre leurs otages. Le peu de zèle que témoignent quelques membres de la République pour terminer cette affaire doit les rendre suspects à ceux qui sont bien intentionnés, et c'est un point que vous ne sauriez trop vous appliquer à démêler..... »

Versailles le 26 mars 1748.

« Les ennemis ont voulu prendre à Voltri leur revanche de l'affaire de Varaggio ; mais ils n'ont pas été plus heureux dans une occasion que dans l'autre, et le Roi a appris avec une grande satisfaction par M. de Chabrillan le nouvel avantage que vous venez de remporter sur eux. Il faut espérer qu'après les précautions que vous avez prises et les soins infatigables que vous vous êtes donnés, ils ne réussiront pas mieux sur la côte du Levant, qui est, suivant les apparences, le point d'attaque auquel ils vont s'attacher. Il est heureux que les ennemis vous aient laissé le temps d'accommoder la Spezzia, Sarzane et le reste de la côte de Levant de façon que vous ayez sujet d'être content de l'état où vous avez mis ces postes, et il ne reste plus qu'à désirer que vous puissiez en confier la défense à un nombre de troupes capable de la soutenir. C'est à quoi pourra vous servir le parti sage que vous avez pris et que S. M. a approuvé, de retirer vos postes de la côte du Ponant pour vous borner de ce côté-là à la garde de Saint-Pierre d'Arène.....

A l'égard des difficultés que vous continuez d'éprouver de la part de M. de la Humada, je ne pourrois que vous répéter ici ce que j'ai déjà eu l'honneur de vous mander à ce sujet. La douceur et la patience sont les seules ressources que vous puissiez employer avec un homme à qui vous ne pouvez faire entendre raison et sur qui on ne vous laisse pas toute l'autorité que vous devriez avoir. Cependant M. l'évêque de Rennes vous aura apparemment fait part des derniers ordres que la cour de Madrid a donnés à cet officier. Suivant ce que j'en ai appris, il me semble que, s'ils ne sont pas tels que nous le pouvions désirer, au moins sont-ils un peu plus conformes à ce que nous avons tant et si fortement sollicité.

« On ne peut qu'approuver la façon dont vous vous y êtes pris pour vous rendre maître du château de Massa, et la lettre que vous avez écrite à cette occasion à la duchesse. Cependant il y a apparence que, si vous aviez reçu à temps la dernière lettre que j'ai eu l'honneur de vous écrire,... vous vous seriez déterminé plutôt à vous contenter d'enlever l'artillerie de ce château qu'à garder le château même, qui par sa position ne paroît utile ni à empêcher un débarquement ni à masquer le chemin de Sarzane, et par conséquent ne doit pas être regardé comme fort important. N'est-il pas à craindre au contraire que les cinquante hommes que vous y avez laissés ne soient coupés, et par une suite nécessaire perdus, ainsi que l'artillerie, dont vous pourriez peut-être tirer plus de parti, si vous la faisiez enlever, au nom de M. le duc de Modène et avec les précautions nécessaires pour en assurer la restitution, et si vous la faisiez passer dans quelque endroit de la côte ou même à Gênes ?....

« La tranquillité où vous paroissez être sur la Corse nous rassureroit entièrement, si nous n'avions pas d'ailleurs des avis certains des desseins des ennemis sur cette île. Je laisse à M. de Puyzieulx le soin d'entrer sur cela avec vous dans un plus grand détail....

« Vous avez bien fait d'envoyer en Sardaigne quelqu'un qui pût vous rendre compte des mouvements qui se passent dans cette île ; mais il me semble que, dans ce moment-ci, il est à propos de se borner à savoir l'état des choses, afin que, suivant le rapport qui vous en sera fait et dont vous voudrez bien nous informer, le Roi prenne le parti qu'il jugera convenable, d'autant plus que S. M. n'est point en guerre avec le roi de Sardaigne. »

Versailles, 30 juin 1748.

«... Le Roi s'attendoit bien que la cour de Vienne auroit envoyé à M. de Brown des ordres conformes à la teneur des engagements qu'elle avoit pris en accédant aux préliminaires, et S. M. cependant n'a pas été surprise que ce général ait cherché à profiter de sa supériorité pour tâcher de rendre sa situation meilleure au moment où la suspension d'armes seroit déclarée. Vous avez eu grande raison de votre part de faire tout ce qui a dépendu de vous pour l'empêcher de s'étendre autant qu'il auroit voulu, et, de quelque façon que l'affaire de M. de Moya se soit engagée, elle a été très utile, tant pour contenir le général autrichien de l'autre côté de la Vara, que pour finir les hostilités d'une façon honorable et imposante à l'ennemi.

« Je conviens que, par la position que vous avez été

obligé de prendre immédiatement après la publication de
l'armistice, la côte du Levant se trouveroit fort exposée si
les Autrichiens étoient de mauvaise foi ; mais il étoit indispensable que vous rapprochassiez de Gênes vos principales
forces, l'objet le plus important étant d'assurer votre communication avec cette place, et il est d'ailleurs à supposer
que la difficulté de subsister dans les montagnes aura également contraint M. de Brown à ramener une partie de ses
troupes vers le Parmesan, en sorte qu'il ne se sera pas
maintenu plus en force que vous sur la Vara.....

« Il me reste à vous parler de ce qui vous regarde personnellement. S. M. sent parfaitement jusqu'à quel point
vous devez être excédé de la situation difficile et inquiétante
où vous vous êtes trouvé depuis que les Autrichiens ont
menacé la côte du Levant, et, autant elle est satisfaite de la
manière dont vous y avez pourvu, autant elle est persuadée que la suite d'une affaire aussi délicate, et que vous
avez conduite avec tant de capacité en tout genre, ne pourroit passer sans inconvénient dans d'autres mains. Elle
espère donc que, tous actes d'hostilités étant cessés, vous
allez à l'avenir jouir d'un peu plus de tranquillité ; mais
elle vous exhorte à attendre sans impatience que le temps
soit venu de vous rappeler auprès d'elle, en vous reposant
avec confiance sur le désir qu'elle a d'en avancer le
moment autant que son service pourra le permettre. »

<hr>

IV

LETTRES DU MARÉCHAL DE BELLE-ISLE
AU DUC DE RICHELIEU

(1748).

[Pendant que le duc de Richelieu était à la tête du corps
français à Gênes, il se trouvait nominalement sous les

ordres du maréchal de Belle-Isle, qui commandait en chef toutes les troupes du Roi en Provence et dans la rivière de Gênes. Cette situation nécessita entre eux une correspondance active. Toutes les lettres envoyées par M. de Belle-Isle à Richelieu ont été conservées par celui-ci et forment aujourd'hui le registre KK 1370 des Archives nationales. Parmi elles, les unes sont de caractère officiel, écrites par un secrétaire et simplement signées par le maréchal ; d'autres, exactement cinquante-cinq, sont des lettres particulières, non signées, mais toutes écrites entièrement de la main de M. de Belle-Isle. Il est facile de comprendre que ces dernières ont un caractère beaucoup plus intime et familier ; elles parlent librement sur tous les sujets : la cour, les ministres, les négociations de la paix d'Aix-la-Chapelle, les difficultés avec les commandants des corps auxiliaires espagnols, la promotion de M. de Richelieu comme maréchal de France, etc. ; elles sont de beaucoup les plus intéressantes. C'est ce qui nous a engagés à donner ici la plus grande partie de ces lettres particulières ; nous n'avons supprimé que celles qui étaient sans importance ou faisaient double emploi, et, dans celles que nous publions, les passages d'un intérêt trop minime. Il est regrettable que nous n'ayons pas pu mettre en regard les lettres particulières de M. de Richelieu, auxquelles M. de Belle-Isle fait souvent allusion ; la correspondance ainsi échangée entre ces deux hommes eût formé un ensemble qui n'aurait sûrement pas manqué de piquant.]

« A Bizy [1], ce 21 janvier 1748.

« Je suis ravi, Monsieur, que la lettre particulière que vous a écrit M. d'Argenson se soit trouvée conforme à ce que je vous avois annoncé ; car, comme il ne me l'a pas montrée, je ne pouvois en être aussi certain ; mais j'ai tout lieu de croire, par ce qui s'est passé de lui à moi sur votre

1. Château du maréchal de Belle-Isle, près de Vernon.

sujet, que vous aurez de plus en plus sujet de vous en louer dans ce que j'ai désiré bien vivement. Je continuerai à faire tout ce que j'imaginerai qui pourra y contribuer.

« Quant à ce qui regarde l'affaire d'intérêt où Bissy se trouve impliqué, je comprends aisément quelle est sur cela votre façon de penser. M. d'Argenson s'est conduit à cet égard comme vous pouvez le désirer ; il vous a gardé un secret inviolable, et le commissaire, qui nie tous les faits, a jeté ses vues sur tout autre. Il a même dit qu'il ne pouvoit y avoir d'homme compétent pour l'accuser que vous qui aviez le commandement, et que, dès que c'étoit des anonymes ou personnes qui ne paroissoient pas, on ne devoit y avoir aucun égard. Il a même désiré que M. d'Argenson vous en écrivît, et, sur tout ce qu'il a dit, l'on seroit tenté de croire que Garibaldi n'auroit pas accusé juste. Je ne sais pas comment tout cela finira ; mais vous avez rempli votre charge. Je voudrois bien que l'on vous envoie quelqu'un pour toute cette partie de finance, et je ne vois point M. d'Argenson que je ne lui en parle, sachant combien cela vous est nécessaire ; mais, au bout du compte ce n'est pas à vous à y pourvoir, et, si vous aviez besoin de conseil, je vous dirois de tenir ferme à n'en jamais proposer. Je continuerai de presser, parce que en effet cela est indispensable.

« Quant à la paix, il n'y faut pas compter. Dieu veuille que la prolongation de la guerre n'en éloigne pas la fin ; car, depuis que j'ai appris les détails de la Flandre, je suis encore bien plus inquiet des événements de l'avenir ; c'est une occasion (?) sur laquelle on ne peut s'étendre par lettre.

« Votre expédition de Varaggio est tout au mieux, et je crois, par le peu que m'en mandent M. le cardinal de Tencin et M. d'Argenson, qu'elle a parfaitement réussi.

A Marly.

« N'y a-t-il pas de quoi se désespérer que M. de Mirepoix soit arrêté tout court faute de douze ou quinze mille rations de fourrage que je demande depuis trois mois. Si la campagne avoit duré huit jours de plus, il eût fallu montrer le cul, et actuellement je ne vois pas encore ni quand ni comment nous aurons de quoi assembler l'armée. Vous croyez bien que je dis et fais sur cela tout ce qui peut dépendre de moi, et peut-être trop fortement ; mais cela ne suffit pas. Vous savez mieux que personne où le bât nous blesse. Je vais voir à Marly ce qui nous sera répondu de Madrid, ce ne sera que de là que je finirai ma lettre.

« Nous avons été en commerce de lettres avec le Trésor [1], la saison n'ayant pas permis de commercer autrement dans un aussi court séjour. Madame votre sœur m'a promis une lettre pour vous par mon fils [2], qui, plus jeune, alla hier lui rendre ses respects et les miens. Mme de Belle-Isle me charge de mille compliments ; elle ne vous écrit pas parce que je le fais. Sa santé est un peu moins misérable. »

A Marly, ce 26 janvier 1648.

« M. d'Argenson doit vous écrire par M. d'Artignosc, qui sera, à ce que j'espère, expédié demain, qu'il n'a réellement rien pu obtenir de M. le contrôleur général, au-delà de 250.000 francs par mois. Je suis témoin des efforts qu'il a faits ; je n'y ai pas agi avec moins de vivacité. Cependant, comme ce fonds vous est indispensable, ce dont je suis mieux informé que qui que ce soit, je vous conseille d'écrire sur cela tout au plus fort à M. le contrôleur général, en accompagnant votre lettre d'un état détaillé desdites dépenses par chapitres, afin de le mettre au pied du mur. Les affaires d'argent vont devenir excessivement difficiles, et, comme la préférence se donne, ainsi que vous savez, à l'armée du Roi, il est bien à craindre que vous et

---

1. Abbaye de Cisterciennes du diocèse de Rouen, non loin des Andelys, dont étoit abbesse depuis 1724 la sœur du duc de Richelieu, Marie-Gabrielle-Élisabeth.

2. Louis-Marie Foucquet, titré comte de Gisors.

moi ne manquions de choses essentielles. Vous croyez bien
que je ferai à cet égard tout ce qui dépendra de moi pour
y obvier ; mais je suis bien éloigné de répondre du succès.....

« Ce 28. — Je ne viens que de m'apercevoir qu'on a
oublié hier de mettre ma lettre dans mon paquet ; je l'envoie avec une que vous envoie M. d'Argenson, qui sera
encore remise demain matin à temps au chevalier d'Artignosc.

« Je vous renouvelle toujours avec plaisir, Monsieur le
duc, les assurances de mon tendre et inviolable attachement.

« M. de Puyzieulx vient de recevoir une lettre de Monsieur de Rennes [1], qui lui mande que les Espagnols ne se
pressent point de répondre à nos lettres et mémoires, et
que M. de la Ensenada [2] dit que, après le secours efficace
que l'Espagne a donné pour la Provence, il y a de la
tyrannie de notre part d'exiger que le roi d'Espagne four-
nisse exactement le tiers des troupes et des munitions ; et
tirez de là vos conséquences. »

A Marly, ce 27 janvier 1748.

« Quoique je sois ici depuis cinq jours, je ne suis guère
ni plus instruit ni plus avancé ; j'espère pourtant que votre
courrier partira ce soir. J'ai fait ce que j'ai pu pour faire
entendre raison au chevalier d'Artignosc, que l'on remet
au même état, dont il eût été très content après Lawfeld.
Ce sera à vous à faire le reste ; car c'est à votre seule considération que l'on a accordé d'antidater la commission.

« En général le public vous rend justice, et le Roi plus

---

1. Louis-Guy de Guérapin de Vauréal, évêque de Rennes,
ambassadeur à Madrid.

2. M. de la Ensenada, chargé des finances, de la guerre, de
la marine et des Indes, fut, de 1743 à 1754, le plus important
des ministres espagnols.

que personne ; c'est là la récompense la plus pure. L'on connoît les entraves où vous vous trouvez, et l'on vous saura plus de gré du bien, sans vous imputer le mal. Ce que je dis là est : 1° pour le Roi, 2° pour les personnes censées et impartiales ; car je ne dirai pas qu'il en soit de même de tout le monde. Mais vous vous y êtes bien attendu, et, quand on a fait ce qu'on peut et ce que l'on doit, il faut se mettre au-dessus. D'ailleurs nous n'avons encore aucune réponse d'Espagne, et je ne saurois vous rien dire de ce que nous ferons ou ne ferons pas. Monsieur de Rennes a du vous envoyer en droiture la réponse de M. de la Ensenada sur l'article de M. de la Humada. Je n'y ferai point de commentaires ; je trouve que ce sera plus de la moitié du mal de moins si M. de la Humada est maître de ses résolutions et actions sans dépendance directe de M. de la Mina. Vous n'aurez du moins à disputer qu'en face, comme moi quand je suis à l'armée ; vous saurez plus tôt à quoi vous en tenir, et je présume que vous aurez plus beau jeu que moi. Cela dit, je conviens que tout cela est en dépit du bon sens et insoutenable à la longue.

« Il est certain que M. Walle est à Londres et qu'il y négocie. Je crains que les espérances qu'on forme peut-être à Madrid sur cette négociation ne ralentissent tous les préparatifs de la campagne prochaine, qui n'étoient déjà pas trop vifs. Voilà M. de Saint-Séverin qui sera déclaré lundi et qui partira dans deux ou trois semaines pour se rendre à Aix-la-Chapelle ; mais nous n'en ferons pas moins la campagne, et ce sera elle qui éloignera ou qui rapprochera la paix. Les Russes sont en mouvement ; reste à voir s'ils arriveront jusque dans l'Empire. Les électeurs Palatin, Cologne et Bavière ont renouvelé leur traité d'union ; ils ont, conjointement avec le duc de Wurtemberg, écrit une lettre aux rois de Prusse et de Pologne pour s'opposer à l'entrée des Russes dans l'Empire. Vous ferez tel cas que vous jugerez à propos de cette démarche.....

A Versailles, le 8 février 1748.

« J'ai attendu de voir M. d'Argenson prêt à envoyer votre courrier pour répondre à la lettre particulière dont vous m'avez honoré du 22, finie le 25. Je vais y répondre en suivant le même ordre des articles qu'elle contient, afin de n'en omettre aucun.

« Je ferai du côté des bureaux de la guerre ce que vous désirez de moi, et j'ai déjà commencé sur plusieurs points.

« Je suis, je vous assure, bien fâché que vous ayez à faire usage de patience. Je m'étois toujours méfié des facilités que vous croyiez trouver de la part de M. de la Humada, et je vois avec douleur qu'il est personnellement tout aussi difficultueux que M. de la Mina. La lenteur des Génois m'étoit connue, et j'avoue que je ne supporterois pas tout ce que vous et ceux qui vous ont précédé avez eu à en essuyer. Mais à tout cela quel remède ? Il ne se peut puiser que dans les ressources de ceux qui ont à agir de concert avec eux. Le mérite est d'autant plus grand que l'on en sait ici très peu de gré, et il faut tout faire pour le bien de la chose publique et pour soi-même.

« Vous avez tout à fait raison sur l'article de l'intendant. Vous avez tout dit ; j'en ai fait autant ; c'est à présent au ministère à en répondre. Il ne me paroît pas, malgré vos instances, que l'on songe à vous envoyer quelqu'un. Ainsi vous n'avez aucune demande à faire pour Farconet [1] ; car, selon toute apparence, il restera ainsi que son camarade. Vous avez pris acte, et j'en ai usé de même et pour vous et pour moi.

« Les amis communs vous ont dit vrai sur M. d'Argenson. Je le trouve rempli d'attention pour tout ce qui vous regarde et avec l'envie que vous soyez content de lui. Il est vrai qu'il désire que l'on s'adresse à lui, et vous ferez très bien d'en user ainsi dans toutes les choses que vous désirerez qui réussissent. Je ne m'éloignerois pas de croire

____

1. Commissaire des guerres.

qu'il est bien aise que vos courriers arrivent directement à lui, quoiqu'il m'ait bien assuré du contraire quand je le lui ai demandé à nos premières entrevues. Il faut servir les gens à leur mode, et, comme vous dites très bien, vous en serez quitte pour donner un peu plus de peine à vos copistes.

« Quant au maréchal de Noailles, vous n'avez rien à désirer et vous y êtes tout au mieux. Je ne néglige aucune occasion d'échauffer encore son affection.

« Tout ce que vous me dites sur l'affaire de Bissy m'étonne, et j'avoue que je suis toujours tout neuf sur ces sortes de matières et sur pareille conduite. Il est vrai que je m'y intéresse parce que je n'ai jamais imaginé rien de pareil. J'ai conseillé de laisser les choses comme elles sont, que les éclaircissements étoient plus que suffisants et qu'il seroit ridicule d'aller plus loin. M. d'Argenson, qui lui a parlé en ma présence, vous écrira sans doute en détail ; mais à tous égards je voudrois que cette affaire n'eût point été entamée et que, les marchés une fois cassés et ceux que vous avez améliorés constatés, il n'eût été question de rien de plus. Mais, en partant d'où l'on est, le mieux est de laisser tomber tout cela, que Lenfant (?) et ses compagnons reviennent et qu'il n'en soit plus question. M. d'Argenson m'a assuré n'en avoir parlé à personne, et je suis persuadé que vous en avez usé de même de votre côté.

« Vous avez bien raison de penser qu'il eût mieux fait de ne point envoyer vos courriers à Gênes ; il ne m'en avoit rien dit, et je l'aurois empêché.

« Je vois que vous êtes occupé du siège de Savone, et vous avez raison. Il est nécessaire d'avoir tout ce qu'il faut prêt pour la mécanique du siège, afin de n'être pas arrêté si la circonstance de le pouvoir faire se présente. Je vous mande dans ma dépêche que, dès que nous aurons eu des réponses de Madrid et que je verrai ce que veut faire l'Espagne, je vous envoierai un mémoire sur cet article en particulier, ce que je ne puis faire auparavant qu'en suppositions, et c'est du temps perdu.

« Tout est ici dans l'état que vous connoissez, c'est-à-dire qu'on y est peu occupé des absents et que les affaires ne vont qu'après le courant ordinaire. Je laisse à vos amis résidant ici à vous faire part des détails, qu'ils savent mieux que moi.

« Je ne vois aucune apparence de paix, ni qu'on fasse rien pour y parvenir, quoique l'on la désire. La finance va incessamment devenir bien stérile, et je crains que, excepté l'armée du Roi, qui absorbera toujours tout, les autres parties ne souffrent considérablement, et plus ceci durera et pire ce sera.

« Je ne puis vous rien dire sur moi jusques à ce que je sache ce que veut (*illisible*), puisque c'est lui qui donne l'ordre. Je suis cependant avec M. de Mirepoix, lequel presse pour qu'il fasse l'expédition des retranchements de la Roya, dont je sens toute l'utilité. Cevallos lui a refusé d'y concourir avec les bataillons espagnols, qui sont néanmoins à ses ordres dans le comté de Nice. Vous voyez que tout est uniforme. Cevallos a dit qu'il lui falloit des ordres de M. de la Mina, qui est à Madrid. Jugez du délai et de ce que l'on peut projeter. Je n'ai pas négligé de saisir cette nouvelle difficulté pour exciter, etc. Il m'a paru qu'on prenoit la chose plus vivement ; Dieu veuille qu'elle soit suivie de même. J'y ferai ce que je pourrai. »

A Paris, ce 24 février 1748.

« Je suis persuadé de vos besoins et j'ai si fort à cœur d'y faire pourvoir, que je me suis donné des mouvements que j'aurois peine à vous exprimer. J'en ai sûrement une bonne tracasserie ; mais je ne m'en embarrasse point. L'on a cherché à épiloguer vos états, et l'on en a épluché chaque article. L'on a surtout relevé celui des felouques et bâtiments porté à quarante mille francs, et on a encore plus critiqué celui des dépenses secrètes, porté par mois à 40.000 livres, et vous jugez d'où vous êtes toutes les paraphrases. Nota que l'on a supprimé du texte le mot *et dépenses extraordinaires*, qui est collectif avec celui de *dépenses secrètes*, d'où il résulte une sérieuse différence ; car l'article de dépenses extraordinaires n'a point de bornes et se multiplie à l'infini, même en reconnoissant, etc. Comme j'ai su que ce fait avoit été cité au Roi et redit par tout le ministère et de là ailleurs, j'ai pris la précaution. J'ai mis dans ma poche le double de l'état que vous m'avez envoyé, et je l'ai fait voir d'abord à tous les ministres séparément, avec lesquels j'ai traité la matière, et je vous assure que je n'ai rien omis de tout ce qu'il y a à dire en pareil cas, et, comme j'étois tout aussi fâché et piqué pour vous que je le serois pour moi, je n'ai rien laissé en arrière. Je me propose de mettre cet article sur le tapis dans une visite que je ferai exprès à Mme de Pompadour, pour qu'elle voie ce que c'est que la malice, ou la négligence de ne pas faire attention, etc.

« Il résulte de tout cela que nous avons une besogne bien amère dans toutes ses circonstances ; car, comme je presse pour toutes les parties qui manquent à la fois, je me fais autant d'ennemis, et vous savez le gré que l'on vous sait du motif qui fait agir. J'espère pourtant que de tout ceci il arrivera que l'on vous fera passer des fonds, et que l'on acquittera enfin ce qui est dû de vivres de l'année 1747. Il restera à constater la dépense par mois et d'en faire le fonds un mois d'avance. C'est à quoi je tâche de parvenir ; soyez assuré que je n'y néglige rien.

« Le contrôleur général est embarrassé et croit gagner beaucoup de retarder les paiements par quelque difficulté ou objection bonne ou mauvaise ; mais je lui ai fait voir les conséquences funestes et irréparables qui pourront résulter par des retardements, et je veux croire que, quand il sera bien persuadé de la nécessité, comme il doit l'être, il y fera une plus prompte et plus efficace attention.

« A l'égard du détail des dépenses.....

« Pour ce qui est de M. de la Humada, je n'ai rien à ajouter à ce que j'en ai dit et écrit à Madrid et ici à

M. d'Huescar[1] et à nos ministres et au Roi lui-même. Je souhaite que vous puissiez avoir M. le marquis de Croix ; car vous en seriez content. Il ne faut pas se flatter d'obtenir de Madrid d'ordre net ni de décision claire et précise.

« Nous n'avons point encore de réponse de Madrid sur le plan d'opérations. Que voulez-vous qu'on dise et qu'on pense ? Nous voilà au mois de mars tout à l'heure, et cependant le Roi a eu la complaisance de laisser le roi d'Espagne maître du choix. De notre côté, le marché des vivres n'est pas encore signé et les fourrages point assurés ; je ne finirois point sur tout ce qu'il y auroit à dire.....

A Versailles, ce 25 février.

« Je sors d'une assemblée chez M. d'Argenson avec MM. de Monmartel et de Boullongne, que j'y ai menés, et le sieur Ségent, pour confronter les états de vos demandes avec leurs registres. Il est vrai que tout cela ne cadre pas et que cette différence provient de la manière de compter, parce que l'on a confondu à Gênes dans les dépenses extraordinaires des achats de subsistances qui devroient être séparés, tout ce qui est vivres, viande, riz, bois, paille et fourrage faisant partie de la subsistance ; au lieu que, mettant ces choses sous le nom de dépenses extraordinaires, l'on grossit cet objet et l'on révolte le contrôleur général. Je ne finirois point si je vous disois tout ce qu'il a fallu avoir de débats là-dessus ; mais enfin j'ai lieu de croire que la confrontation que j'ai faite non sans peine de tous les personnages ci-dessus produira son effet et que vous aurez enfin ce que vous demandez. M. d'Argenson s'est chargé de vous écrire une lettre détaillée à ce sujet à la sortie du Conseil, et je compte qu'enfin votre courrier partira et qu'à l'avenir vous aurez vos 460.000 francs par mois en comptant rétroactivement du 1er janvier dernier. Je vous assure qu'il a fallu de la patience et de l'activité

1. Ambassadeur d'Espagne à Paris de 1746 à 1749.

pour conduire les choses à ce point, et je serai bien aise de voir arriver les états que l'on vous demande dans la forme marquée, afin qu'il n'y ait plus de prétexte de reculer. L'on a envoyé un courrier à M. de la Thuilerie pour se rendre ici et vous le faire passer tout de suite. Comme il est du choix du contrôleur général, il faut espérer que ce ministre aura pleine confiance en sa besogne et qu'il sera plus disposé à envoyer l'argent qu'il demandera. Je voudrois que vous l'eussiez déjà à Gênes.

« M. d'Argenson doit vous mander qu'enfin il est venu une réponse de Madrid, qui n'est pas satisfaisante. Je ne sais encore aucun détail ; M. de Puyzieulx m'ayant dit qu'on la déchiffroit, il ne m'a donné rendez-vous qu'à demain. Je vous informerai en détail de ce que j'y apprendrai ; car tout cela porte à plomb sur les affaires de Gênes, qui doivent faire le principal objet de notre campagne. Je vois que la cour de Vienne met tous ses moyens à rétablir son armée d'Italie, que les Anglois et le roi de Sardaigne sont plus vifs que jamais contre Gênes, et je vois en même temps que l'Espagne ne s'en soucie point et que nous sommes les très humbles serviteurs de la cour de Madrid. Je vous laisse faire sur cela vos commentaires ; j'en fais de fort tristes, et voudrois bien, et pour vous et pour moi, que d'autres que nous fussent chargés d'une besogne aussi mal arrangée. Il faut néanmoins, puisque nous y sommes, faire de notre mieux, redoubler de courage et faire provision de patience. Sur ce, je vous embrasse, Monsieur le duc, et c'est assurément de tout mon cœur. »

A Versailles, ce 25 mars 1748.

« Vous ne me devez aucun remerciement de tous les mouvements que je me donne pour vos affaires ; car en vérité je les regarde comme les miennes, et je n'y ai aucun mérite. Mon zèle pour le succès général est lié avec le vif intérêt que je prends à ce qui vous regarde. Ainsi tout concourt et coule de source. Je sais que l'on tâche de vous indisposer.

L'on fait jouer les mêmes ressorts auprès de moi ; mais en vérité, c'est bien peine perdue pour les malintentionnés. Rien ne peut m'effleurer, et je suis convaincu qu'il en est de même de vous. Ainsi il n'y a qu'à aller son train et laisser dire et faire.....

« M. d'Argenson vous envoie le consentement du Roi pour l'affaire de Savone. Je voudrois qu'il en coûtât le double et qu'elle fût accomplie. Ce seroit le coup le plus important dans la circonstance présente et qui déconcerteroit tous les projets des ennemis et donneroit de la consistance aux nôtres. Je ne veux pas me laisser aller à une idée aussi agréable, et il faut en attendre l'événement avant tout, et je sais que ce n'est que par des miracles qu'ils arrivent ; mais la bonne conduite les facilite.

« Il n'est pas possible que la neige universelle qui a tombé partout n'arrête les projets des Autrichiens, et je compte qu'ils ne pourront rien faire ce mois-ci ni peut-être plus tard. L'on mande que le projet de la Corse s'affoiblit ; mais à tout événement assurez-vous de Calvi et de Capraïa.

« Je ne vous mande point les nouvelles de ce pays-ci, parce que, outre que je ne suis point dans le sanctuaire, je sais que l'on vous en informe plus d'original.

« Le maréchal de Saxe est parti, piqué au jeu et quasi forcé à tenter le siège de Maëstricht. Il y a pour cela bien des difficultés réelles, qu'il n'avoit pas quand il n'a pas voulu y songer. Si cependant il n'agit qu'à contre-cœur ce n'est pas le moyen de réussir, et, s'il ne fait rien, nous aurons détruit une partie de nos troupes par le mouvement prématuré qu'on leur fait faire par une saison bien rude et bien mauvaise. Vous saurez directement l'entrevue du convoi de Berg-op-Zoom et de M. de Vault, ainsi que nos désastres maritimes. C'est cet article de la mer qui me fait craindre la durée de la guerre ; car, sans l'espérance qu'ont les Anglois d'achever de détruire notre marine et notre commerce, ils ne seroient pas si difficiles ; car leur crédit s'épuise et leurs souscriptions perdent 4 %, dès le troisième payement ; que sera-ce **aux** derniers jusqu'à dix, si nous nous soutenons cette campagne et qu'il n'arrive rien de fâcheux contre l'état de Gênes.

« Je vous fais de tout mon cœur mon compliment sur l'affaire de Voltri, parce qu'elle fait honneur à votre prévoyance et activité, et je vous assure que je les ai mis dans tout leur jour devant gens qui auroient bien désiré que je n'en eusse pas tant dit. Le parti que vous prenez pour la défense de la rivière du Levant ne vous fera pas moins d'honneur ; votre plan général est tout au mieux, et il ne tiendra assurément pas à mes soins de vous y fortifier et vous procurer tous les moyens qui sont à ma disposition. »

A Versailles, ce 13 avril 1748.

« Je commence par l'article de votre santé..... Je crains que la fatigue de corps et d'esprit, qui est excessive, ne vous échauffe le sang et ne vous fasse succomber..... Je ne me console pas plus que vous du manquement des patrons génois ; car je vois clairement que, si on avoit débarqué à minuit, votre affaire étoit certaine. Elle vous fera toujours honneur dans l'esprit de ceux qui seront instruits et capables d'en juger. Vous avez bien raison d'envier le sort de ceux à qui les alouettes tombent toutes rôties.....

« Je savois bien quelque chose du discours tenu sur les dépenses secrètes. Je l'ai d'abord méprisé, et, l'entendant répéter, je l'ai contredit avec chaleur et la preuve à la main par les états de dépenses que l'on citoit et qui ont démontré le contraire. Après quoi l'on n'a plus rien dit. Je traitai dans le temps cette matière à fond avec Monmartel et Boullongne, que je laissai très persuadés. Mais je n'ai rien entendu dire au contrôleur général. Il est vrai que je n'ai pas été à portée qu'il me tînt un pareil discours, et je l'eusse relevé tout aussi vivement que vous le faites. Mais je suis persuadé qu'il n'a pas réfléchi, s'il a tenu ce propos. Je vous promets qu'il ne se passera pas quatre jours que je ne lui en parle. Je me concerterai avec M. le cardinal de

Tencin et avec M. de Puyzieulx, qui pensent (car je leur en
ai déjà parlé) que vous prenez l'affaire trop au tragique.
Je réponds qu'il faut commencer par voir d'original M. de
Machault et ce qu'il dit et se conduire en conséquence. Je
ne perdrai point cette affaire de vue jusques au bout......

« Je ne comprends pas plus que vous ce qui oblige
M. d'Argenson à se mesurer autant qu'il le fait avec M. de
Machault. Ce dernier et du Verney font la moitié de sa
besogne, et je ne vois pas que le contrôleur général ait les
mêmes ménagements pour M. d'Argenson. Je vous citerois
sur cela plusieurs faits graves ; mais ce n'est pas le lieu, et
je viens au dernier article de votre lettre, où vous me parlez des plaintes que le roi de Sardaigne a portées contre
vous sur la vivacité dont vous avez usé avec M. de Pallavi-
cini, etc. J'en ai ouï dire quelque chose à M. de Puyzieulx,
qui n'y a fait aucune attention, et la preuve en est qu'il ne
vous en a rien mandé. Mais je puis vous assurer en même
temps que Mme de Carignan n'y a aucune part. J'ai même
lieu de croire qu'elle n'en a pas de connoissance. Quant au
cardinal de Rohan, à qui j'en ai parlé, il ne savoit rien du
tout ; ainsi il n'a fait aucune démarche certainement ni tenu
aucun propos. Il est en assez mauvais état, ayant une fièvre
lente et crachant du pus. Ce sont des tubercules, à ce qu'on
dit ; mais pour moi je crains bien que cette maladie ne soit
funeste. Je vous conseille donc de ne pas vous embarrasser
de ce qui a pu être dit à ce sujet. Vous avez depuis arrangé
vos échanges à la commune satisfaction ; ainsi il n'y a plus
rien à dire ni à faire à cet égard.

20 avril.

« Le train que vous connoissez a entraîné M. d'Argenson
à une infinité d'occupations qui ont empêché le renvoi de
votre courrier. J'espère pourtant qu'il partira ce soir ; j'y
ferai du moins ce qui pourra dépendre de moi.

« J'ai vu le contrôleur général, qui nie d'avoir tenu
aucun propos sur les dépenses secrètes, ni autre qui puisse

14

vous désobliger. M. le cardinal de Tencin, qui est à portée d'entrer avec lui dans un plus grand détail, vous en rendra compte plus d'original que je ne pourrois faire. Il est certain que la négative absolue est déjà une principale réparation, et, s'il a parlé, ce que je ne sais pas sûrement, il connoît l'avoir fait légèrement, et c'est le cas où l'on n'a d'autre parti à prendre que de nier. Je vous réponds qu'il est bien persuadé du contraire de ce qui a été avancé à ce sujet, et j'en ai pris occasion de reparler très fortement à Boullongne avec le ton qui convient à un homme tel que vous ; mais, tout cela fait, je pense que vous devez mépriser de pareils propos et n'y plus songer.

« M. le duc de Modène, qui est ici depuis trois jours, m'a dit que M. de la Mina n'étoit attendu à Chambéry que vers le 20 mai. Je n'ai jamais pu tirer de lui quand il seroit à Nice, ni quand les troupes espagnoles, qui sont encore en Catalogne et en Languedoc, se mettroient en marche. Cela n'empêche pas que je n'aie fait toutes mes dispositions pour que celles du Roi soient sur le Var au 15 de mai. Bien est-il vrai que la neige ne permettra pas encore alors de se porter dans les montagnes au-dessus de Levenzo (?), que vous connoissez et qui est le seul endroit par où l'on puisse tourner les retranchements des ennemis.....

« Mme de Belle-Isle me charge de vous faire mille remerciements et compliments ; elle se flatte que, quand je ne serai plus à Paris, vous la traiterez mieux. »

A Paris, ce 3 mai 1748.

« J'ai attendu au dernier moment à répondre à votre lettre particulière, M. d'Argenson me remettant d'un jour à l'autre ; encore ne répondrois-je pas que ce soit pour aujourd'hui. Il est vrai qu'il a bien des affaires ; car le siège de Maëstricht est si mal conduit par M. de Lowendal, qui n'y entend rien et qui, pour cette fois-ci, a voulu s'en mêler lui-même, ce qu'il n'avoit pas encore fait aux autres, que l'on a déjà perdu un tiers du temps ; à quoi s'est joint un temps affreux de pluie, de neige et de froid. Le pauvre commissaire vient d'y avoir une jambe fracassée, qu'il a fallu lui couper......

« J'ai vu M. le duc d'Huescar, à qui j'ai dit que, étant autant de ses amis que vous l'êtes et comptant de même sur son amitié, vous m'aviez chargé de lui parler de ce qui vous étoit revenu, et que c'est parce que vous ne le croyez pas que vous étiez bien aise de vous en expliquer avec lui, ce que l'on ne fait qu'avec les personnes que l'on estime, etc. Il m'a extrêmement remercié de cette marque d'attention et d'amitié de votre part, et, après s'être répandu en éloges sur vous, il a nié avec serment d'avoir jamais rien dit ni pensé de pareil...... Je lui ai parlé de M. de Moya. Il m'en a dit beaucoup de bien, que c'étoit son ami et qu'il alloit lui écrire tout ce qu'il falloit. Il convient que La Humada est un bon militaire, mais sans usage du monde et n'entendant point le françois, et assez naturellement opposé à nos vues ; il pense qu'il en faudroit un tout autre que lui à Gênes. J'en parlerai bien encore à M. de la Mina ; mais vous savez le peu de crédit que j'ai sur lui.....

« Je ne demande pas mieux que vous ayiez un état-major ; mais ceux qui disent qu'il y en a dans les corps subordonnés à M. de Saxe n'accusent pas juste. Je vous jure que je voudrois de tout mon cœur que vous fussiez à la tête d'une armée de cinquante mille hommes en Italie et pouvoir vous la faire passer. Je pense qu'elle seroit en de très bonnes mains..... Je ne suis actuellement chargé de la besogne que malgré moi, et, si cela duroit, je serois comblé d'en être déchargé et vous la remettre.... »

A Bizy, ce 8 mai.

« Si j'avois été à Paris ou à la cour, je vous aurois dépêché un courrier sur le champ pour vous apprendre la signature des préliminaires ; mais je les savois trop imparfaitement, et il falloit savoir ce que pensent le Roi et le ministère..... Voici ce que je sais des articles.

« 1° La paix est signée entre nous et l'Angleterre et la Hollande. Les Anglois nous rendent le Cap Breton et généralement tout ce qu'ils pourroient avoir pris sur nous en quelque lieu que ce soit des Indes orientales ou occidentales, et les traités de commerce et de navigation rétablis comme avant la guerre. Nous laisserons subsister les ouvrages de fortification que nous avons faits à Dunkerque du côté de la terre et du côté de la mer, et le port comme avant la guerre.

« 2° La Hollande se remet à notre égard comme avant la guerre, et nous réciproquement, pour les traités de commerce, etc.

« Les places que nous avons rasées resteront comme elles sont, et, dans la restitution générale que nous nous engageons de faire à la reine d'Hongrie des Pays-Bas que nous avons conquis, nous ne sommes tenus d'aucun dédommagement pour les fortifications détruites et autres sommes exigées, etc.

« L'Infant doit avoir Parme, Plaisance et le duché de Guastalla, le tout reversible à la reine d'Hongrie dans le cas que l'infant devienne roi de Naples. Je crois que Guastalla sera pour le duc de Modène, qui doit être rétabli dans tous ses états et dédommagé des pillages, etc.

« Le roi de Sardaigne doit restituer Final et Savone aux Génois, qui rentreront dans tout ce qu'ils possédoient avant la guerre. C'est aux cours de Londres et de Vienne à dédommager le roi de Sardaigne de ce que l'on lui ôte du Plaisantin et de tous les avantages que lui procuroit le traité de Worms[1].

« L'on stipule pour l'Espagne qu'elle laissera jouir l'Angleterre du vaisseau de permission pendant les quatre ans qui restoient encore à écouler, quand la guerre a commencé ; après quoi il n'en sera plus question ; et c'est là

1. Traité du 13 novembre 1743 entre l'Empereur, l'Angleterre et la Sardaigne, assurant à celle-ci Final, Plaisance et une partie du Milanais.

ce qui fait le grief de l'Espagne, qui est contente de l'établissement de l'Infant ; mais elle ne veut pas céder ces quatre années du vaisseau de permission. Je ne sais ce qu'il y a sur l'assiento des nègres, dont elle n'est aussi pas contente ; car d'ailleurs on lui rend Portobello et tout ce qui lui a été enlevé dans les Indes pendant la guerre, et quant au commerce et à la navigation on remet tout sur le pied des anciens traités comme avant la guerre.   .

« Les deux puissances maritimes ont stipulé, je crois, un délai de deux mois pour que Vienne et Turin acquiescent au traité ; après quoi elles n'y prendront plus de part, et le Roi sera libre de faire d'autres conditions à leur égard, et, en attendant, il est expressément convenu que le Roi demeurera en possession de la totalité des Pays-Bas et des places, pour en jouir comme pendant la guerre.

« Voilà en substance ce que je puis vous dire des préliminaires signés à Aix-la-Chapelle ; d'où nous concluerons, je crois, que notre guerre ne durera pas longtemps en Italie, et, dès que les Anglois nous laisseront la mer libre, vous ne serez plus guère embarrassé. Je vous dépêcherai un courrier, dès que j'aurai été à Versailles et que je serai encore instruit plus correctement que je ne le suis..... »

A Nemours, ce 13 mai 1748.

« Ce n'est assurément pas ma faute si le courrier de la république ne m'a pas trouvé en chemin. Le Roi, sachant que M. de la Mina étoit encore en Espagne et que les Espagnols de Languedoc n'ont aucun ordre, n'a pas jugé que je fusse à Nice pour y être les bras croisés et encore moins que j'agisse, tant que M. de la Mina et ses troupes n'y seroient pas, puisque c'est leur projet que l'on doit suivre.....

« M. de Saint-Séverin a fait plusieurs balourdises dans sa négociation. Celle d'oublier que le Roi a un gros corps à Gênes, qui ne communique que par mer, en est une incroyable ; car il n'a tenu qu'à lui de faire expédier sur le champ l'ordre à l'amiral Byng de cesser toute hostilité. Dans le désir et l'impatience qu'on avoit à Londres et à la Haye de voir cesser nos opérations en Flandre, tout eût passé. Mais enfin il faut partir d'où l'on est, et j'espère qu'il n'y aura pas de difficulté et que nous en serons quittes pour trois semaines de retard ; mais elles pourront être bien périlleuses pour vous, et je vous assure que j'en suis dans une colère et une impatience qui égalent celles que vous aurez, quand vous serez instruit du fait.

« Au surplus je fais tout marcher, et, quoique nous ne devions rien faire sans M. de la Mina, je ne laisserai pas de faire toutes les démonstrations et nous tirerons le canon de reste sur la Roya. Mais, tant que les neiges rendront les montagnes de notre gauche inaccessibles, le roi de Sardaigne ne prendra pas le change. Je compte bien plus à son égard sur sa déférence pour l'Angleterre, et, quelque désolé qu'il soit de perdre Final, je serai bien trompé s'il ne se met pas incessamment en suspension d'armes.....

« M. le cardinal de Tencin et sa sœur m'ont fait part de ce que vous leur mandez des tracasseries que l'on voudroit faire pour nous brouiller. Je sens comme je dois cette marque d'amitié de votre part ; mais je vous prie de croire que, quand je suis une fois livré comme je vous le suis, rien n'est capable de m'ébranler....

« Je dois, avant de finir, vous faire part qu'en prenant congé du Roi, S. M. m'a fait pair, souhaitant que je n'en parlasse à qui que ce soit qu'après que je serois sorti de Paris. Ainsi, excepté Mme de Belle-Isle, M. d'Argenson et M. le cardinal de Tencin, à qui je l'ai confié sous le plus grand secret, personne n'en sait encore rien, et je ne le dirai qu'après l'avoir appris à M. de la Mina, qui vient de me faire part de sa grandesse. »

A Nemours, ce 14 mai[1].

« Il eût été à désirer que M. de Saint-Séverin se fût

---

1. Lettre placée par erreur au fol. 108, avant sa date.

avisé plus tôt de ce qu'il fait à présent ; car, s'il eût bien
voulu songer, en signant les préliminaires, que nous avions
des armées en Provence, à Nice et à Gênes très gênées
par les escadres angloises, il auroit épargné bien des
embarras. Je souhaite que la lettre de mylord Sandwich
fasse tout l'effet nécessaire et qu'elle nous rende la navigation libre et fasse cesser les secours des Anglois aux Autrichiens. J'écris à l'amiral Byng, qui est mon ami, tout ce
qui peut faciliter, mais, en cas pareil, l'amitié ne peut rien.
M. de Mirepoix vous fera sur le champ savoir sa réponse [1]. »

Au camp de Nice, ce 28 mai 1748.

« ..... M. de Saint-Séverin peut être, je crois, un très
bon ambassadeur pour un fait particulier ; mais il n'est
pas assez instruit. De vous à moi, je crois cette besogne
beaucoup au-dessus de ses forces, d'autant qu'il n'a avec
lui aucun conseil ni secours.

« Je pense tout comme vous sur le roi de Sardaigne ;
il est trop lié à l'Angleterre pour s'en détacher et a trop de
motifs pour ne pas marcher avec la reine d'Hongrie, pour
croire qu'il veuille faire la guerre seul avec elle. Il peut
même trouver son compte à se dépêcher le premier ; mais,
pour l'y déterminer plus promptement, je vais rassembler
toutes mes forces et me porter sur les postes les plus voi-
sins et qui l'inquiéteront le plus. Je viens de donner
l'ordre très publiquement pour que toutes les troupes passent
le Var, et tout va être en mouvement dès demain. »

Au camp de Nice, ce 31 mai [2].

« Je partage toutes vos peines et surtout par rapport à
M. de la Humada ; car c'est là le point le plus embarrassant. J'ose pourtant espérer qu'il vous secondera pour la
défense de votre poste, et, s'il ne le veut pas, vous n'aurez

---

1. Au dos : « Pour vous seul, Monsieur. »
2. Lettre placée au fol. 136, avant sa date,

que le chagrin de voir péricliter la besogne sans en être la
cause, et tout le blâme retombera sur lui seul....

« Je ne saurois croire que le roi de Sardaigne veuille
soutenir la guerre. L'on doit penser la même chose à
Vienne, et est-il vraisemblable qu'avec cette méfiauce la
reine d'Hongrie ose enfourner son armée dans l'entreprise
de la rivière du Levant, n'ayant plus le secours des Anglois ?
Il est impossible de le penser, et c'est encore un motif de
plus pour que vous conserviez votre poste autant que cela
se pourra avec sagesse ; car que ne diroit-on pas si vous
l'abandonniez et que, peu de jours après, le roi de Sardaigne
s'explique. Ce seroit peut-être un moyen de l'en empêcher,
s'il voyoit des partis trop timides de notre part.... »

Au camp de Nice, le 3 juin.

«.... Les nouvelles dont vous me faites part paroissent
bien positives. Cependant je crois qu'il n'y avoit encore eu
rien de nouveau le 31, ce qui me fait espérer qu'il n'y
aura rien eu de plus et que les régiments de Bourgogne,
d'Escars et Flandre vous auront joint à temps..... Plus
M. de Brown diffère et moins il y a lieu de croire qu'il
puisse entreprendre ; car enfin voilà l'époque de l'armistice
des Anglois qui se rapproche, et que peuvent faire les
Autrichiens dans la rivière du Levant sans le secours de
la mer ? Méneront-ils leur artillerie par terre, et tout ce
qui en dépend ? Ont-ils des équipages pour cela ? et vous
sentez mieux que personne tout ce qu'il y a à dire là-
dessus..... M. Chauvelin me mande qu'il croit notre convoi
passé en Corse ; je serois bien aise que Curzay pût arriver
à temps pour délivrer Bastia. »

Au camp de Nice, ce 4 juin.

« Je suis charmé de voir que M. de la Humada vous ait
mis plus à votre aise ; car j'ai regardé ce point comme le
plus essentiel pour la conservation de votre poste, que je
serois bien fâché de vous voir forcé d'abandonner par cette

raison..... A la façon dont vous me parlez de votre poste, je doute que les Autrichiens, qui ne sont pas bien vigoureux dans leurs attaques, en viennent à bout, et je ne puis me persuader que M. de Brown hasarde une pareille entreprise, à la veille de voir les Anglois devenir simples spectateurs, et presque assuré que le roi de Sardaigne accédera et se séparera par conséquent de sa maîtresse.....

« P.-S. — Je reçois à ce moment mes lettres de la poste, et M. le cardinal de Tencin me mande les mots suivants, que je vous rends tels qu'ils sont : *L'accession de la reine d'Hongrie aux préliminaires met fin à toutes vos peines et à toutes vos inquiétudes. Je vous en félicite, et M. de Richelieu, de tout mon cœur.*

« Cela ne me paroît pas équivoque, et m'est encore mandé par plusieurs personnes et Mme de Belle-Isle. Mais admirez qu'aucun ministre ne m'en dit mot, et vous conclurez du peu de cas qu'on fait de la situation. C'est la tranquillité de ceux qui, comme vous et moi, sont chargés au loin de la besogne. Cela étant ainsi, il n'est pas possible que M. de Brown n'ait actuellement des ordres. »

Au camp de Nice, ce 11 juin 1748.

« Je reçois à ce moment une lettre de M. de Leutrum, dont je joins ici copie. Vous voyez que ce que j'ai prévu est arrivé et que la crainte d'être attaqué d'un moment à l'autre a obligé son maître à parler..... Je vais répondre à M. de Leutrum et lui serrer le bouton pour savoir sur quoi compter avec certitude, et lui faire entendre que, sans cela, je vais agir. Il faut seulement que je puisse obtenir le consentement de M. de la Mina de parler en nom collectif ; car vous savez que seul je ne puis exercer d'hostilités contre les Piémontois, parce qu'il n'y a point eu de guerre déclarée..... Voilà la poste qui vient d'arriver et j'y trouve le paquet ci-joint de M. de Puyzieulx, qui presse pour l'accession de la République. Cela est fait. Vous trouverez comme moi bien à réfléchir et à dire sur ce qui se passe à

Versailles et à Aix-la-Chapelle ; mais ce n'est pas ici le lieu de s'étendre sur tout cela. »

Au camp de Nice, ce 12 juin 1748.

« Je crains bien que toutes vos représentations et les miennes sur l'établissement de l'Infant et sur ce qui concerne les arrangements pour la république soient non seulement inutiles, mais même désagréables, parce qu'on n'aime pas les vérités que l'on ne veut pas suivre. L'on me mande que M. de Puyzieulx est dans l'enthousiasme sur M. de Saint-Séverin et qu'il dit qu'il n'y a point de grâce, quelque éminente et considérable qu'elle soit qu'il n'ait mérité, et qu'il est le plus capable du royaume de remplir sa place, de lui Puyzieulx. J'aime M. de Puyzieulx ; je compte sur son amitié depuis longtemps, et j'ai vu avec plaisir qu'il étoit réellement de vos amis ; mais je suis fâché qu'il soit prévenu et ébloui à cet excès. Ce n'est ni à vous ni à moi à y apporter le remède. Le cardinal me marque que c'est un [crime] de rien blâmer de ce qu'a fait Saint-Séverin, même sur l'article des hostilités de la mer Méditerranée. Cela étant, nous sommes bien criminels, et moi surtout, qui ne puis déguiser ce que je pense dans de pareilles circonstances, et ce qu'il y a d'admirable est que nos deux ministres m'écrivent uniformément tous deux que toutes hostilités cessent de droit, en vertu des préliminaires, au bout des six semaines, et par conséquent au 11 juin, tandis que l'ordonnance de Versailles du 25 mai et la proclamation de Londres disent le contraire et ne font aucune exception. M. de Maurepas a envoyé ses ordres en conformité dans tous les ports et y fixe la liberté de naviguer au 24 juillet. Mais c'est à nous à tâcher de finir notre mission favorablement et je l'espère bien. Mais je ne vois pas clair encore pour la fin et pour l'exécution de toutes les conditions, qui nous retiendront nécessairement ici. Dieu veuille que ce ne soit pas nous qui soyons chargés de la conduite et introduction de l'Infant dans ses états, conjointement avec les Espagnols, M. de la Mina m'ayant déjà dit que l'Espagne l'exigeroit ainsi.

« Vous me ferez part sur tout cela de vos réflexions. J'en userai de même et penserai tout haut avec vous, autant que l'on le peut faire dans une lettre. »

Au camp de Nice, ce 15 juin 1748.

« Vous voilà donc soulagé d'une situation aussi critique qu'inquiétante, à cause de toutes les circonstances. Je vous en fais mon compliment..... Il s'agit maintenant de voir si M. de Brown aura prétendu de rester *in statu quo* et en conséquence d'occuper les lieux de l'état de Gênes où il se trouvoit le jour que vous réglerez la suspension d'armes. Il est difficile d'accorder cette condition avec la cessation d'hostilités contre la république ; mais ils diront que nous nous demeurons bien en possession et puissance des Pays-Bas..... Vous en tirerez le meilleur parti qu'il en sera possible en conservant du moins le bord de la mer libre dans toute son étendue pour les communications par terre depuis Gênes jusques à Sarzane et à tous ces quartiers pour éviter les querelles dans les chemins, et pour cela il est à désirer que les Autrichiens se retirent assez en arrière....

« A l'égard des Espagnols, le plus court est, je crois, de les faire rapprocher de Gênes et de les placer en seconde ligne, pour prévenir toute occasion d'hostilité, d'insulte ou de querelle avec les Autrichiens. Vous en sentez la conséquence, et combien il vous importe que l'on ne puisse pas vous faire les mêmes reproches qu'à M. de Noailles, qui les exposa à être enveloppés et à fuir pour l'éviter, avec scandale.....

« Je crains que tout ceci ne soit encore bien long ; car il faut que les parties contractantes commencent par être d'accord. Ce n'est qu'au congrès que les remontrances et prétentions réciproques se peuvent faire et se décider. Combien de délais ! Combien de courriers ! et quelles distances ! .... L'Infant passera-t-il dans ses nouveaux états

avant cet arrangement des parties ? Comment y ira-t-il ?
Par quel chemin ? Qui est-ce qui l'y conduira ? M. de la
Mina veut que ce soit la France, ou tout au moins les deux
couronnes, et que lui et moi en soyons chargés. Ce n'est
pas là mon compte ni, je crois, le vôtre, qui pouvez, suivant la route, être plus à portée. Je suis venu ici malgré
moi ; je voudrois déjà en être dehors et prendre un repos
dont ma santé a grand besoin et que mon âge exige. Vous
aurez bien aussi vos raisons d'exception. Enfin tout cela
me déplaît et je voudrois voir plus clair. Pourrez-vous
retirer les troupes du Roi avant que Gênes soit mise en
possession de ses places ? Et par dessus tout les Espagnols
accèderont-ils bientôt, et comment ? Monsieur de Rennes
m'écrit qu'au 1er juin, date de sa lettre, la cour de Madrid
est décidée de ne point accéder purement et simplement,
et vous avez vu par ma lettre de Londres, qui vient de
très bon lieu, que le roi d'Angleterre ne veut rien changer
aux préliminaires..... »

Au camp de Nice, le 20 juin 1748.

« Vous vous trouverez bien éclairé par les réponses
que je vous fais passer. M. de Puyzieulx vous remet
à votre retour à Versailles pour discuter ce qu'il y auroit
à faire à présent sur l'état de Gênes et pour l'établissement
de l'Infant dans ses nouvelles possessions, et M. d'Argenson
vous renvoie dans Gênes pour le défendre dans le cas d'in-
fraction à la signature des préliminaires de la part de
l'Impératrice. Ce que l'on me mande est dans le même
goût. L'on convient que, si, contre toute attente, il falloit
que j'agisse pour votre secours, je n'ai rien de ce qu'il
faut pour faire seulement deux marches en avant. L'on me
parle d'arrangements et de sûretés à prendre en ce cas
avec le roi de Sardaigne ; mais on ne m'envoie ni instructions ni pouvoirs, et tout se termine en raisonnements
vagues sans conclusion. A tout cela j'en reviens à mes mou-
tons : finissons le plus tôt que nous pourrons, et n'ayons

aucune part aux affaires publiques. Voilà aussi une lettre du cardinal ; je souhaite qu'il soit en état de vous mieux instruire.

« Je ne sais pas comment je me tirerai d'affaire avec M. de la Mina, qui veut absolument renvoyer ses troupes en Espagne. Il me paroît tant d'indécence et d'autres inconvénients dans cette démarche que je ne puis y acquiescer. Mais que puis-je faire, quand notre cour ne fait rien du tout et ne se décide sur rien ?

« Vous pouvez cependant vous arranger pour votre voyage de Rome. J'ai écrit de façon que j'espère que l'on y consentira, et je vous le ferai savoir sur le champ. J'espère que d'ici à cette époque la réponse de M. de Brown sera revenue de Vienne..... »

Au camp de Nice, ce 22 juin 1748.

« Je vous fais de tout mon cœur mon compliment d'être quitte de M. de Brown ; car, malgré notre très juste méfiance, je ne puis croire qu'il ose violer ce qu'il a arrêté par écrit avec vous. L'accession du roi d'Espagne, que l'on me mande encore plus positivement dans une lettre particulière et sur laquelle l'on me demande encore le secret, sans doute à cause de M. de la Mina, va mettre le dernier sceau à la consommation de la paix. Mais je crains bien que cela ne soit long pour l'exécution, et la plus longue sera l'évacuation de l'état de Gênes et le retour de nos troupes en France, soit par terre, soit par mer. J'ignore si l'Infant sera conduit par le Piémont ou par mer ; mais, quoi qu'il en soit, c'est à vous et à moi à arranger en projet et à l'avance ce que nous imaginerons qui pourra le plus faciliter et accélérer le retour des troupes de Gênes et le transport de tous vos effets.

« Je viens à ce qui vous regarde personnellement. Je vois que vous avez demandé votre congé ; mais vous sentez bien que l'on ne peut, j'ose même dire, que l'on ne doit pas vous l'accorder, du moins jusques à ce que les choses soient plus avancées. Qui voulez-vous qui puisse vous remplacer et suivre ce qu'il y aura, et prévenir une infinité de cas qui peuvent survenir, et remédier aux événements imprévus? Il faut un homme de dignité et au fait, et, sans entrer dans un plus grand détail, vous conviendrez vous-même que vous ne pouvez être suppléé par personne. Il ne faut pas que vous gâtiez par une vivacité déplacée tout ce que vous avez fait de bien. Vous vous êtes acquis beaucoup d'honneur et de réputation ; vous avez fait voir que vous êtes capable de conduire les affaires les plus épineuses et militaires et politiques. Vos envieux en enragent. Il ne faut pas que vous leur donniez prise sur vous en insistant trop sur votre retour, et vous connoissez trop la cour pour ne pas savoir les tournures malignes que l'on donne sur les gens à qui l'on veut nuire. Vous me direz à cela que vous ne vous en souciez guère et y ajouterez bien d'autres motifs que je devine et ne répète point par écrit. Mais je vous répliquerai que ce n'est point ici le cas de faire usage de vos connoissances et qu'il faut se soumettre aux bienséances, quand on est dans les premières places. Je vous parle comme je ferois à mon frère..... Soyez persuadé que je m'ennuie tout autant que vous ici et que j'ai tout autant d'envie d'être chez moi..... »

Au camp de Nice, ce 5 juillet 1748.

« Vous trouverez, je crois, comme moi nos ministres fort inconséquents dans leurs lettres et dans leurs ordres. Pour moi, je ne puis croire les Anglois aussi légers, et je suis persuadé qu'ils exécuteront les préliminaires et ce qui en résulte de bonne foi ; au moyen de quoi, la mauvaise volonté de la cour de Vienne ne peut pas nous redonner la guerre.....

« Vous ne serez pas étonné, les choses étant dans cet état, que l'on ne vous ait pas accordé votre congé, et je voudrois de tout mon cœur que vous ne l'eussiez pas demandé ; mais le mal est médiocre si vous vous en tenez

là sans revenir à la charge. Je vous dirai franchement que
je veux qu'avant votre retour à la cour le Roi vous donne
quelque marque distinguée de la satisfaction qu'il a de vos
services. M. de Boufflers en a eu une bien grande en la
personne de son fils ; ce que vous avez fait depuis a été
d'une tout autre difficulté, et c'est bien le cas de vous
faire maréchal de France plutôt que M. de Löwendal et
bien d'autres qui rendent cette dignité bien inférieure à ce
qu'elle a été et qu'elle devroit être. Mais c'est le cas du
discours du cardinal Mazarin sur les maréchaux de camp,
qu'il en feroit tant qu'il seroit honteux de l'être et de ne
l'être pas[1]. Quoi qu'il en soit, je vous suis trop attaché pour
ne pas désirer que vous receviez de manière ou d'autre la
récompense qui vous est due. J'en ai écrit tout au plus fort
partout où j'ai cru que cela pouvoit faire cet effet.....

Au camp de Nice, ce 7 juillet 1748.

« Il faut espérer que ce sera pour cette fois la dernière
variation de notre ministère et que l'accession de l'Espagne
coupera court aux prétextes qu'auroit pu prendre la cour
de Vienne ; car l'accession qu'a fait M. de Sotomayor est
pure et simple et sans restriction. J'en ai la copie. J'ai vu
aussi l'article secret par lequel il est dit que l'on conviendra
à l'amiable au congrès d'un équivalent que donnera
l'Espagne pour tenir lieu de dédommagement aux Anglois
des années de non-jouissance de l'assiento des nègres et
du vaisseau de permission. Cet article m'a surpris ; mais
je l'ai lu. Il ne restoit plus de difficulté que sur les délais
de la cessation des hostilités par mer, et elle a été partagée,
et convenu que ce seroit au bout de six semaines, à compter
de la date de l'accession qui est du 28 juin. Ainsi je ne
vois plus de queue à discussion essentielle. Il est vrai que
la continuation de la marche des Russes dans l'Empire est

---

1. Les souvenirs de M. de Belle-Isle sont inexacts : c'est des
ducs que parlait Mazarin.

fort extraordinaire ; mais on dit que les puissances maritimes y sont engagées et ne peuvent pas les renvoyer, qu'après leur avoir donné un quartier d'hiver. Reste à savoir quels seront les malheureux hôtes où ils hiverneront.....

Au camp de Nice, ce 11 juillet 1748.

« Si je me laissois aller à l'humeur, j'en aurois, je vous assure, pour le moins autant que vous, quand je vois et quand je réfléchis sur tout ce qui se passe. Mais ne connaissons-nous pas, vous et moi, les gens à qui nous avons à faire, et devons-nous en être surpris ? Il faut donc s'armer sur tout cela de patience, faire pour le mieux, et le bien pour le bien et pour soi-même, et puis attendre la fin de cette besogne et tâcher de n'avoir plus de part aux affaires publiques. Pour moi cela est tout simple à mon âge ; mais vous êtes encore trop jeune pour vous refuser à ce que votre patrie exigera de vous. Il faut qu'il y ait des citoyens qui se livrent successivement pour la chose publique, quand ils ont des talents et des lumières, et vous êtes de ce nombre, surtout quand cela se trouve joint avec un rang aussi distingué que celui que vous tenez dans l'État. Mais je pense en même temps qu'il faut en recueillir les fruits aussi bien mérités, et je ne puis me persuader que le Roi ne vous donne pas la récompense qui vous est si justement due, surtout après ce que nous voyons depuis quelque temps. Je sais que notre maître a besoin d'être avisé ; mais vous avez plus de moyens et d'amis que personne pour cela. Je vous assure que dans ma vade je ne m'y épargnerai pas, et je le ferois bien mieux de bouche que je ne suis à portée de le faire par écrit.....

12 juillet 1748.

«..... J'ignorois que M. de Saint-Séverin me mît avec M. le maréchal de Saxe dans ses propos, parce qu'ils n'ont aucun fondement. Je n'ai jamais dit que j'irois à Milan. J'ai dit au Roi et à tous nos ministres que M. de

la Mina, dont on devoit suivre le projet, ne passeroit
seulement pas la Roya, et je le soutiens encore ; qu'il
falloit, sur la nécessité des conjonctures, le laisser faire et
attendre qu'il ne sût plus ou donner de la tête, et cependant se préparer à son insu pour tirer parti des frais
immenses de la campagne, et alors être prêt à entrer dans
la vallée de Sture et dans la plaine du Piémont, et obliger
le roi de Sardaigne à rappeler tous les Autrichiens à son
secours et délivrer de nouveau Gênes par cette diversion.
Ainsi M. de Saint-Séverin ne peut pas citer avec la moindre
apparence de vérité un pareil fait. Mais, s'il disoit que je
blâme son peu d'attention pour les affaires d'Italie, il auroit
raison, et sur bien d'autres points dont je ne parle pas,
parce qu'il faut épargner les ministres tant que le Roi les
emploie, du moins dans le public.....

A Nice, ce 29 juillet 1748.

« ..... Je vous envoie la réponse de Mme de Tencin et du
cardinal au paquet que vous m'aviez adressé pour eux, que
mon courrier vient de me rapporter. Ils vous parleront
sans doute de votre projet de voyage de Rome. M. de
Puyzieulx en fait un monstre à cause des circonstances ; il
prétend que, commandant une armée qui a fait tant de
bruit surtout en Italie, chacun a les yeux ouverts sur vos
démarches, et que, si l'on vous voit aller rendre visite au
roi Jacques, les Anglois de Londres en prendront de l'om-
brage ; que l'on ne croira point que ce soit une affaire simple,
et que cela fera un très mauvais effet. M. d'Argenson m'en
écrit dans une lettre particulière de sa main sur le même
ton, et m'ajoute que, ne voulant point vous déplaire ni
vous contredire, il ne vous en mande rien. Pour moi qui
vous aime pour vous-même, je vous dis les choses telles
qu'elles sont, et je conclus que, si ce voyage vous fait un
extrême plaisir et que vous l'ayez fort à cœur, vous pouvez
vous satisfaire, en prenant le temps que vous jugerez le
plus convenable pour que rien ne puisse péricliter en votre
absence.....   15

« M. le cardinal me mande aussi que tout est bien disposé pour vous procurer la marque publique de la satisfaction que le Roi a des services que vous lui avez rendus dans l'état de Gênes, et moi je dis qu'il n'y en a point de convenable que le bâton, et qu'il ne suffit pas de ces bonnes dispositions. Il faut agir, et c'est ce que l'on ne fait pas..... »

A Nice, ce 2 août 1748.

« Je comprends toute l'importunité que doivent vous causer les compliments de M. de la Humada. J'espère aussi que cet exemple pourra être un véhicule pour déterminer le Roi. Je le crois tout décidé à vous faire maréchal de France, et il est bien fâcheux que, dans la situation où vous vous trouvez, et après tout ce qui s'est passé, il faille avoir besoin de quelque chose de plus, et que le maître ne sache pas mettre le prix et la grâce dans ce qu'il fait. Mais vous connoissez le terrain mieux que personne ; ainsi il faut bien en passer par là et mettre en œuvre ceux qui sont à portée de faire dire le oui.....

« Il est bien vrai que Saint-Séverin fait ce qu'il peut à présent pour réparer ses premières sottises et regagner par l'accélération de la paix, et, pour y parvenir, il estropiera encore toutes les autres parties, et vous savez qu'il y en a une infinité qui ont chacune leur importance. M. de Puyzioulx voit, je crois, qu'il n'a pas fait un bon choix ; mais il le soutient par honneur et par politique ; mais je crois bien savoir qu'il est triste et affligé de sa besogne. J'en suis fâché, parce que je lui crois de très bonnes intentions et qu'il m'a toujours marqué de l'amitié..... »

A Nice, ce 6 août 1748.

« Je vois que vous avez abandonné le projet de votre voyage de Rome. J'en suis bien aise, puisque cela s'est tourné si de travers dans la tête de M. de Puyzieulx ; car M. d'Argenson l'avoit trouvé tout aussi simple que moi.

Mais, sur ce que m'en a mandé M. le cardinal de Tencin, j'ai cru que le plus sage étoit de faire ce sacrifice, autant qu'il ne vous coûteroit pas trop. Mais vous poussez trop loin votre complaisance en vous privant d'aller à Lucques, qui est si à portée que c'est pour ainsi dire être dans votre district, Lucques touchant à Sarzane et à la rivière du Levant. Je vous conseille de ne vous en pas contraindre, pour peu que cela vous fasse plaisir.

« Je pense tout comme vous sur les sentiments du Roi à votre égard, et qu'il a besoin d'être décidé. Mme de Pompadour ne le peut-elle pas ? Je sais que celui qui tient la plume seroit plus convenable. M. d'Argenson m'a paru penser là-dessus comme il faut. Je sais bien qu'il désire que tout ce qui est de son département passe par lui ; mais c'est précisément par cette raison qu'il doit être empressé d'obliger essentiellement un homme tel que vous, de pareilles occasions étant rares..... »

A Nice, ce 8 août 1748.

« Vous avez très bien fait de parler franchement à M. de Puyzieulx sur les propos de M. de Saint-Séverin tenus à M. Doria. On n'a jamais parlé avec cette dureté à un ministre public, quel qu'il soit, surtout dans les circonstances où se trouve la république vis à vis du Roi. Que peut-on espérer d'un pareil plénipotentiaire, et que n'en doit-on pas craindre ? Je sais que la cour palatine a encore des sujets plus graves de mécontentement dudit Saint-Séverin, et j'avoue que je suis assez sot d'en être affligé pour l'honneur de notre maître et le bien de la chose publique. Au surplus, vous êtes trop prévenu en ma faveur de croire qu'il n'y eut que moi propre à la place qu'occupe Saint-Séverin. Je crois bien que j'y aurois mieux fait que lui ; mais n'est-ce pas se priser trop haut ? et je crois bien d'ailleurs que je manque de bien des connoissances nécessaires, quoique les circonstances m'aient mis à portée d'en avoir beaucoup. Comptez, Monsieur le duc,

que nous ne sommes occupés que de parvenir à la paix, de
quelque manière que ce puisse être, et, quand elle sera
faite mal, on cherchera à replâtrer comme on pourra les
sottises, et on évitera la guerre à quelque prix que ce soit.
Je suis trop vieux pour la revoir jamais, du moins en personne ; mais je n'y prends pas moins d'intérêt. Je vous
loue de penser qu'il faut toujours parler vrai aux ministres,
quand on est à portée de le faire, et surtout quand ils sont
de nos amis. J'ai pratiqué cet évangile toute ma vie, et mes
amis me l'ont reproché. Je ne me suis pas corrigé, et j'en
userai de même jusqu'au bout, même avec le Roi, quand
il me fera l'honneur de m'interroger ou me donnera occasion de lui parler seul..... »

A Nice, le 19 août 1748.

« L'inquiétude où vous me paroissez être sur la santé
de Mademoiselle votre fille [1] me fait bien de la peine,
quoique, à son âge, ce soit peut-être bien que d'avoir la
petite vérole, tant pour la sûreté de la vie que pour la
conservation de la figure ; mais je sens qu'il est impossible
de n'être pas agité. Mme de Belle-Isle ni le cardinal de
Tencin ne m'en ont rien mandé ; cependant leurs lettres
doivent être de plusieurs jours plus fraîches que celle où
Madame votre sœur [2] vous a écrit. C'est du moins une
marque qu'il n'y a eu rien de plus considérable depuis.....

« Je n'aime point à apprendre ces nouvelles rechutes
de coliques d'entrailles. N'y a-t-il point un peu de votre
faute ? Je vous exhorte à éviter ce qui peut y donner lieu.
La santé est précieuse en tout temps et à tout âge, mais
surtout dans la position où vous vous trouvez. Il faut être
malade chez soi, quand on doit l'être.... »

1. Jeanne-Sophie Élisabeth-Armande-Septimanie, née à Montpellier le 1er mars 1740, fille du second mariage de M. de
Richelieu ; elle épousa plus tard M. d'Egmont.

2. Mme de Clermont du Châtelet, ou l'abbesse du Trésor, dont
il a été question ci-dessus, p. 198.

A Nice, le 20 août 1748.

« Je trouverois bien plus extraordinaire le silence de nos ministres à votre égard, si je ne connoissois depuis longtemps cette négligence. Quant à la nouvelle du roi de Prusse, je ne la crois pas, à cause de mes correspondants en Allemagne qui n'en disent rien ; mais, pour la nouvelle de la convention pour le renvoi des Russes et d'une réforme de trente-cinq mille hommes de notre part, elle est certaine, et les ministres n'en ont parlé qu'à présent..... Je doute beaucoup aussi de la négociation du Roi avec l'Impératrice par le canal et l'entremise du Pape. Mais de quoi je suis certain, c'est que M. de Saint-Séverin entasse omissions sur omissions, et que nous nous ressentirons longtemps des fautes énormes qui auront été faites dans ce traité de paix. Je crois que M. de Puyzieulx n'est pas à se repentir de son choix ; encore ne voit-il pas tout, et il auroit lui-même besoin de plus de connoissance et de plus de secours que je ne lui en connois.

« Je pense tout comme vous sur l'abbé Grimaldi, dont j'ai beaucoup ouï parler sur le même ton que ce que vous m'en dites. Mais, dans l'aigreur qui règne actuellement entre notre ministère et celui de Madrid, comment pouvoir empêcher ce choix ? Ce seroit peut-être un motif de plus à l'Espagne de le mettre auprès de l'Infant pour nous contrecarrer et avoir un espion auprès de ce prince, dont on connoît le « genio francese. » Il y a bien à gémir quand on réfléchit sur tout cela, et avec d'autant plus d'amertume qu'il n'y a presque point de remède..... »

A Nice, ce 28 août 1748.

«.....Je ne ferai point de commentaires sur tout ce que vous mande M. de Puyzieulx. Tout cela répond au reste de ce qui se passe à Aix-la-Chapelle. Je sais d'ailleurs que l'on a été tout près au conseil du Roi de signer le traité définitif sans l'Espagne. Je ne dis pas qu'elle se conduise bien, et vous en savez sur cela autant que moi ; mais il y a pourtant bien des points où elle n'a pas tort et où elle peut nous faire des reproches bien fondés. Je ne vois pas encore bien clair à la fin de tout ceci, et je crains bien que mon séjour ne se prolonge furieusement.... »

A Nice, ce 4 septembre 1748.

« J'ai lu les deux lettres particulières que vous écrivez à MM. de Puyzieulx et d'Argenson, que vous avez bien voulu me communiquer. Je les ai cachetées bien proprement, et il n'y paroîtra sûrement pas. Je les trouve très bien en vérité. Pour peu que ces Messieurs veuillent, le Roi ne tiendra sûrement pas. Vous savez encore mieux que moi comment ces choses-là se mènent. Celle-ci est encore plus du ressort de M. d'Argenson. Je lui ai écrit une lettre particulière de quatre pages là-dessus, et une autre ostensible, où je crois n'avoir rien omis, et assurément j'en ai le succès aussi à cœur qu'aucune chose que j'aie désiré en ma vie. Je vais attendre le retour du courrier avec la plus vive impatience. J'écris aussi un mot à Mme de Tencin, en lui adressant votre paquet, et j'adresse celui de l'abbé Blet à M^mo de Belle-Isle. Il est si tard, et je suis si excédé de tout ce que j'ai fait aujourd'hui depuis cinq heures du matin, que je finis en vous embrassant, Monsieur, et assurément de tout mon cœur. »

A Nice, ce 23 septembre 1748.

« Je suis tout aussi en colère que vous du tour que vient de vous faire M. de Maurepas. Il est étonnant qu'un ministre ose compromettre la dignité du Roi pour faire pièce à un particulier. Mais, après ce que j'ai éprouvé à Prague, je ne dois être surpris de rien. On vouloit perdre et détruire l'armée entière et la tête des troupes du royaume pour se défaire de moi. Vous faites bien d'en écrire à M. de Puyzieulx et de demander votre congé, toujours sous la condition, s'il vous plaît, de ne rien faire sur tout cela que conditionnellement à ce que nous rapportera le courrier que j'attends.....

« Vous croyez bien que Monsieur de Rennes ne me laisse pas ignorer l'indisposition de l'Espagne, et M. de la Mina me parle ici tout de même. Il fait passer en Catalogne son infanterie en détail depuis que je lui ai déclaré nettement que je ne donnerois point de routes à ses bataillons. Il en embarque journellement des piquets à Villefranche et à toutes les rades de la côte de Provence. »

A Nice, ce 24 septembre 1748.

« Mon courrier est arrivé cette nuit, et je suis comblé de satisfaction de ce que j'y ai trouvé. M. d'Argenson m'a fait de sa main une réponse charmante à celle que je lui avois écrite, et, quoiqu'il me demande un secret qui se prescrit de lui-même, il me marque en propres mots, après avoir repris ce que je lui ai mandé : « J'ai tout lieu de « croire que les démarches que je viens de faire en dernier « lieu pour M. de Richelieu auront leur succès et que le « moment de la décision n'est pas éloigné. Le Roi étant « convenu avec moi qu'en prenant ce parti c'étoit à Gênes « où il falloit le déclarer, il n'a donc pas pu être question « en ce moment de congé. Il faut que la chose, si elle a à « se faire, éclate avant qu'il soit peu de jours. Vous êtes la « seule personne avec qui je m'en ouvre ; ainsi je n'ai « pas besoin de vous recommander le secret sur tout ceci, « etc. » Vous voyez que M. d'Argenson a marché de bon pied, et j'ai lieu de le croire pour tout ce qu'il m'a écrit avant et depuis que je suis cette affaire avec l'affection que j'y ai mise..... Il faut que vous..... rendiez justice à M. d'Argenson, qui certainement pouvoit l'empêcher, s'il avoit été mal intentionné, et n'a peut-être pas trouvé la même facilité à vous servir..... »

A Nice, ce 1er octobre 1748.

« Je suis ravi que M. d'Argenson vous ait écrit encore

plus précisément que moi pour la proximité de l'époque ; car, pour la chose, il m'en parle d'une manière à laisser toute espérance. J'en attends, je vous assure, l'exécution avec une émotion que je ne puis exprimer, y ayant fort peu de choses que j'aie plus désiré en ma vie.

« Je ne crois pas que vous songiez à faire aucun usage de vos lettres de recréance avant la décision de votre affaire, et, puisque M. d'Argenson n'a pas cru devoir parler de votre congé, il faut nécessairement attendre la consommation. Il n'est pas possible que cela tarde. La nécessité de finir avant que vous quittiez Gênes, dont le Roi est convenu, est une raison pour prendre patience. J'ai trouvé moyen d'en écrire à Mme de Pompadour. Vous me trouverez peut-être bien hardi ; mais cela est venu tout naturellement. Je suis assuré que le Roi lira ma lettre, et c'est tout ce que j'ai désiré.....

« Vous me ferez plaisir de me mettre au fait de vos tracasseries de l'Opéra. Nous n'avons pas ici seulement de quoi en exciter, et tout y est dans l'ennui le plus complet ; c'est l'état le plus triste et le plus fâcheux. Cependant je me porte à merveilles, et c'est beaucoup. Je souhaite qu'il en puisse être incessamment de même de vous. Vous en ferez un usage plus agréable que moi ; je suis vieux et vous êtes encore jeune. »

A Nice, ce 5 octobre 1748.

« Vous me comblez de satisfaction en m'apprenant l'agréable nouvelle dont le Roi a voulu vous faire part lui-même le premier. C'est ajouter tout le mérite à la grâce. Je la partage de tout mon cœur avec vous, et au-delà de tout ce que je puis en exprimer.....

« Il ne faut pas douter que c'est la goutte de M. d'Argenson qui a retardé l'expédition. Il me mande du 26 qu'il étoit dans son lit avec la goutte à l'épaule et que c'est ce qui l'a empêché de pouvoir rendre au Roi de mes lettres, etc. Je suis un peu moins pressé de voir arriver le courrier ;

car c'est l'usage d'en envoyer toujours un pour pareille
grâce, dès que la chose est faite. J'en garderai, je vous promets, le plus profond secret jusques au bout. Je vois par
une lettre du cardinal de Tencin qu'il n'étoit pas encore
bien instruit ; voilà une lettre de lui pour vous. La date de
la lettre du Roi cadre à ce que M. d'Argenson m'a mandé
et à vous, et sûrement c'est la maladie du ministre qui est
cause de ce retardement. Il vous parlera apparemment de
votre congé en même temps. Je vous attendrai ici de pied
ferme, et je suis bien aise d'avoir fait auparavant mon
voyage de Toulon..... »

A Nice, ce 15 octobre 1748.

« Je suis tout aussi imbécile et aussi neuf que vous sur
les affaires d'intérêt domestique, dont je n'ai jamais été
occupé ; aussi n'y a-t-il rien qui n'y paroisse dans l'état de
mon bien. Ce que vous me demandez m'étoit absolument
inconnu quand je suis venu prendre le commandement de
cette armée. J'ai trouvé établi que les munitionnaires de
l'armée d'Italie fournissoient la farine en nature au boulan-
ger du général, et en effet ils n'ont pas voulu, l'année passée, qu'il leur en fût tenu compte en argent, et il en a simplement été donné un reçu par mon maître d'hôtel, pour
en constater la quantité. Sans doute que ces munitionnaires
en font mention dans leurs états de consommation, et en ce
cas il n'y a rien à dire, et il ne seroit que juste que le Roi
fasse cette petite gratification à ceux qui commandent ses
armées, comme il le fait pour les fourrages. Je ne crois
pourtant pas que l'on l'ait fait pour moi quand j'ai commandé
dans le Hundsruck, mais bien en Bohême, où les blés
étoient fournis par le pays ennemi. Voilà tout ce que je sais
et que je puis vous dire, sur cette matière qui m'est fort
étrangère.

« C'est certainement la maladie de M. d'Argenson qui
a retardé la consommation de votre affaire. Il n'a pas travaillé avec le Roi depuis le 18, qui est précisément le

jour de la date de la lettre que le Roi vous a écrite. Il est
fâcheux que ce contretemps soit arrivé aussi mal à propos,
et j'en suis excédé d'impatience. Dès que j'entends un
homme botté dans mon appartement ou un cheval qui
galope, je crois toujours que c'est le courrier de M. d'Argenson qui m'apporte le paquet de la nouvelle. Mais enfin
l'essentiel est fait, et il faut bien que cela finisse, et j'en
suis chaque jour plus satisfait ; car c'est de cette occasion
qu'il faut être maréchal de France, et non comme le plus
grand nombre de vos camarades, sur lesquels vous savez
tout ce qu'il y a à dire..... »

A Nice, ce 16 octobre 1748.

« Voilà donc enfin ce courrier tant attendu qui arrive,
Monsieur, et je vous fais le compliment le plus sincère que
vous puissiez recevoir ; car, sans exception, qui que ce soit
ne l'a plus désiré. Je ne veux pas retarder le départ du
courrier de M. d'Argenson, qui n'attendra guères ; car
j'allois faire partir une felouque pour vous porter le paquet
ci-joint que je rouvre. Il ne put partir hier, comme je le
voulois.

« Je vous prie de me mander en détail quels vont être
vos arrangements et combien vous séjournerez encore, etc.
Ce n'est pas à présent le moment de vous parler d'autre
chose que de ma joie et de mon inviolable attachement. »

A Nice, le 22 octobre 1748.

« Les lettres de Fontainebleau du 15 ne font aucune
mention de votre nouvelle dignité, et le cardinal de Tencin
me mande que c'est encore un secret, et qu'apparemment
on ne l'apprendra que par les lettres de cette armée. Cela
est singulier ; mais vous en serez moins surpris qu'un autre.
Au surplus, peu vous importe ; cela sert à être encore plus
content que la chose soit faite ; car, quelque bien que
soient fondées les espérances, rien n'est assuré que ce qui
est fait. J'en ressens chaque jour une nouvelle satisfaction.
J'attends à présent celle de vous embrasser..... »

A Nice, ce 23 octobre 1748.

« Je vois par votre lettre du 20 que vous comptez partir de Gênes après le 5 ou le 6 novembre et me donner ici le plus long séjour que vous pourrez. Vous ne sauriez douter du plaisir que j'aurai de vous posséder le plus longtemps qu'il sera possible. Nous aurons bien des articles à traiter, et principalement celui de Corse, sur lequel il est bien important que notre ministère prenne un bon parti. C'est pourquoi nous devons les y conduire par tout ce qui dépend de nous, et votre réplique à la lettre de M. de Puyzieulx que je vous fais passer, ne peut être trop décisive. La mienne confirmera ce que vous manderez, et, comme vous n'avez plus le temps d'attendre des réponses, il faut marquer à ce ministre que vous allez toujours faire ce que vous croyez convenable, etc. C'est là ce que vous avez d'essentiel à mettre en train avant votre départ de Gênes ; car tout le reste peut se suppléer quand vous n'y serez plus, mais non pas l'affaire de Corse et ce qui y a rapport.

« Je ne vois aucun inconvénient que vous fassiez aux nobles génois le galanterie d'aller vêtu comme eux pendant deux fois vingt-quatre heures, ce qui doit leur être aussi agréable que si vous l'étiez pendant un mois[1], et un aussi court intervalle ne change rien au commandement. Chauvelin donnera le mot pour ces deux jours ; car l'épée est une condition indispensable pour donner l'ordre. Je sens mieux qu'un autre le mérite de l'attention que vous désirez de marquer à la République, et je n'y vois aucune espèce d'inconvénient quelconque. Il n'y a qu'à se moquer de ceux qui critiqueront ; car il est impossible de plaire à tout le monde. »

A Nice, ce 1er novembre 1748.

« Tout ce que vous me dites sur la conduite qu'on laisse

1. M. de Richelieu avait été inscrit par le gouvernement génois sur les registres de la noblesse.

tenir au Roi sur votre promotion n'est malheureusement
que trop vrai. J'ai cependant peine à croire que l'on ajoute
personne, et je le souhaite pour le bien de la chose.

« Vous voyez par tout ce que je vous ai envoyé que je ne
suis pas plus instruit de ce que j'ai à faire ; que M. de
Puyzieulx, en m'envoyant les feuilles des articles du traité
définitif que je vous ai fait passer, me renvoie à M. d'Argenson pour en recevoir les instructions relatives, et que
ce dernier me dit positivement que M. de Puyzieulx ne lui
a rien communiqué. Il faut croire qu'ils se concerteront
pour me mander ce que j'ai à faire ; car je vois plusieurs
points sur lesquels il y aura certainement des contestations
et des partis à prendre.

« Je suis ravi d'apprendre que votre santé aille mieux ;
j'attends avec impatience de pouvoir en juger par moi-
même. Mais je juge par ce que vous me mandez que vous
ne serez guère ici avant le 9 ou le 10. Je recevrai encore
de vos nouvelles. Je vous ai écrit plusieurs lettres qui exigent
des réponses. La mer devient à présent fort équivoque ;
mais, je vous conjure, renvoyez-moi des felouques ; car
celle qui a mené ici votre valet de chambre passe outre à
Marseille avec lui. Ainsi je n'en ai plus du tout d'aucune
espèce, et voilà la seconde de celles du Roi que je fais
partir.

« J'ai remis à mon fils la réponse dont vous l'avez honoré ;
il est élevé dans les sentiments qu'ont pour vous le père
et la mère, et c'est tout dire ; car personne sans exception
ne vous est plus tendrement attaché. »

V

MÉMOIRE

pour servir d'instruction

AU SIEUR DUC DE RICHELIEU, PAIR ET MARÉCHAL DE FRANCE,

*gouverneur général du gouvernement de Guyenne,
allant dans sondit gouvernement* [1].

15 mai 1758.

« La nécessité d'en imposer aux protestants et de réprimer leurs entreprises est aussi instante dans la Guyenne qu'en Languedoc. Le projet de les rendre tout à coup dociles aux lois de l'Église et de l'État seroit trop vaste et même dangereux. Il paroît dans le moment présent plus judicieux de se borner à l'objet de les ramener au point dans lequel se sont jusqu'ici contenus les autres protestants dans le reste du royaume, où on n'a point encore entendu parler d'assemblées privées ou consistoires, d'assemblées générales, ni de mariages ni de baptêmes dans le Désert. L'objet du conseil une fois déterminé, il a été jugé nécessaire pour le remplir de former un plan fixe d'opérations, réglé par une sagesse prévoyante et avec des ménagements compatibles avec l'autorité, mais suivi avec fermeté et sans variations. Il est en même temps à considérer que ce qui pourroit réussir en Guyenne n'auroit pas le même succès en Languedoc. Il en est de la fermentation des esprits comme des

1. Archives nationales, K 144, n° 8 ; minute corrigée de la main d'un secrétaire d'État et signée par le Roi. — M. de Richelieu, gouverneur de Guyenne depuis 1755, avait été invité à se rendre dans son gouvernement pour y mettre ordre à des troubles et à des conflits suscités par les protestants. Ces instructions montrent clairement combien était hésitante la politique du gouvernement de Louis XV en cette matière.

maladies populaires : quoiqu'elle soit la même dans les différents sujets qui en sont atteints, les mêmes remèdes ne réussissent pas pour tous. On attend de la sagesse du médecin qu'il les varie suivant la constitution du malade, et qu'il étudie les circonstances et les accidents pour les appliquer à propos.

« L'illusion de la tolérance est née dans le Languedoc ; les prédicants l'ont insinuée aux plus accrédités d'entre les protestants, et la multitude l'a saisie avec avidité. Elle a reçu de l'accroissement d'où l'on devoit attendre sa ruine : le sieur maréchal de Mirepoix avoit cru tenir comme dans sa main les protestants du Languedoc par la voie de la persuasion, en entrant en correspondance avec les principaux, en composant avec eux sur les assemblées plus ou moins nombreuses, sur la manière de former leurs consistoires, dont le nom ne le choquoit point, et en leur laissant et en pensionnant même leurs ministres, pourvu qu'ils fussent nés dans la province. Ce système d'administration n'est pas nouveau ; il fut malheureusement celui du gouvernement dans la naissance du calvinisme, qui dut ses progrès à l'audace qu'eurent les premiers protestants de proposer des conditions à leur souverain, et à la complaisance qu'on eut alors de les entendre dans des pourparlers, d'entrer avec eux dans des négociations, où ils parurent d'abord gagner peu, mais qui furent le germe de tous les maux qui ont affligé la France pendant les règnes de Charles IX et de tous ses successeurs jusqu'au milieu de celui du feu roi. Une expérience si bien acquise doit convaincre qu'il est dangereux de laisser les protestants se permettre des espérances, et faire voir combien ils sont capables d'abuser des plus petites correspondances. C'est ce qui fait croire que le mal sera plus difficile à réparer dans le Languedoc, où le maréchal de Mirepoix en a eu pour eux, que dans la Guyenne, où la barrière des lois leur a toujours été constamment opposée. Il y a bien plus de distance de la résistance à la soumission, quand pour soumettre il faut commen-

cer par faire perdre des espérances qu'on a laissé prendre,
que quand il ne s'agit que d'entretenir ou d'ajouter à une
fermeté qui ne s'est point démentie.

« L'illusion de la tolérance est venue du Languedoc en
Guyenne ; mais elle n'a pas eu le temps d'y prendre de
fortes racines. En toute occasion et en tout lieu, on a présenté aux protestants la constante volonté du Roi pour le
maintien des lois, et, pour la rendre sensible par les effets,
il a été donné avec choix des ordres d'exil et d'emprisonnement contre les plus accrédités. On en reconnut l'avantage immédiatement après les premières assemblées : elles
devinrent moins fréquentes et moins nombreuses, et ce
remède auroit pu suffire seul, si on avoit donné à ces fruits,
qui n'étoient que précoces, le temps de mûrir. Mais, sur
des avis motivés de ces belles apparences, et de l'espoir
d'un changement prochain dans la conduite des protestants,
ces ordres étoient presque aussitôt révoqués que donnés.
Les protestants, dont le caractère distinctif est de se pré-
valoir de tout, prenant ces actes de clémence pour un commencement de retour vers eux, en devenoient plus hardis
et plus entreprenants.

« Le sieur maréchal de Thomond éclaira cette conduite
des protestants. Leurs assemblées, jusque sous ses yeux,
dans une province où il commandoit, lui parurent intolé-
rables. Il conçut que le moyen le plus naturel de les faire
cesser étoit de remettre en vigueur les règlements qui les
défendoient indistinctement à tous les sujets du Roi, ainsi
que le port d'armes aux non-nobles ; il l'exécuta par deux
ordonnances qu'il rendit les 18 septembre et 12 octobre.

« Peut-être que, s'il eût communiqué son projet, le Conseil, en l'approuvant au fond, parce qu'il n'avoit rien que
de conforme aux ordonnances du royaume, mais balan-
çant les circonstances, en auroit remis l'exécution à un
autre temps. Mais ces deux ordonnances sont rendues ;
elles font avec l'arrêt du parlement de Bordeaux du 21 novembre 1757 le dernier état de la religion protestante dans

la province de Guyenne. On ne craint point de dire que ce seroit causer un grand mal, on ne dit pas de les révoquer, mais seulement de laisser entrevoir aux protestants que le Conseil n'en approuve pas les dispositions, et qu'il trouve l'arrêt du parlement de Bordeaux trop rigoureux. Il est permis d'en juger par ce qui s'est déjà passé ; il est justifié par des relations authentiques envoyées au Conseil qu'aussitôt après la publication des ordonnances du maréchal de Thomond et le désarmement, les protestants demeurèrent consternés, les assemblées cessèrent totalement pendant plusieurs mois, les protestants envoyèrent leurs enfants aux instructions et les églises des paroisses se trouvèrent remplies. Dans tous les temps les clameurs ont réussi aux protestants, et ils n'ont jamais manqué d'émissaires. On sut en Guyenne que le Conseil n'avoit pas entièrement approuvé les ordonnances du maréchal de Thomond et l'arrêt du parlement de Bordeaux. Les assemblées particulières recommencèrent dans les communautés ; le souffle du Languedoc y parvint ; on y forma les plans des assemblées au Désert ; des députés partirent pour les Cévennes et en amenèrent des prédicants. Leur présence rendit les assemblées plus nombreuses qu'auparavant. Ils y publioient comme certaine la tolérance de la religion. La clémence du Roi y fut exaltée ; on y déclama contre la tyrannie des commandants et des juges, et cet artifice des prédicants a été suivi d'un tel progrès, que les nobles et les bons bourgeois, qui, par crainte pour leur fortune, n'avoient osé jusque là assister aux assemblées, ne font plus de difficulté de paroître au Désert. Plusieurs ont été vus armés dans une assemblée nombreuse qui s'est tenue près de Clairac le 6 avril dernier.

« De la soumission qui avoit suivi immédiatement les ordonnances du maréchal de Thomond, et des désordres que la simple nouvelle, quoique fausse, du désaveu de ces ordonnances a causés, on peut tirer deux conséquences : l'une, que les protestants ont regardé ces ordonnances

comme leur portant un coup mortel, auquel ils ont échappé ;
l'autre qu'en leur faisant perdre la confiance qu'ils ont mise
dans l'inexécution de ces ordonnances, ils perdront en même
temps leur hardiesse.

« Puisqu'il est inutile et qu'il seroit même dangereux,
comme on l'a démontré, de tenter de ramener les protestants à l'obéissance par la persuasion, il faut y parvenir
par la crainte. On ne parle pas de cette sorte de crainte
qui imprime la terreur et qui conduit au désespoir, ce qui
peut arriver quand on déploie toute la sévérité des lois et
qu'on les applique à la fois à la multitude des coupables
sans distinction ; mais on entend parler de la crainte qui
vient de l'impression des exemples de sévérité.

« C'est sur ces principes que S. M. a fixé un plan d'opérations, en lui donnant pour base, comme il vient d'être
dit, l'objet borné quant à présent à ramener les protestants
de Guyenne au point de ceux des autres provinces, où les
assemblées, les mariages et les baptêmes au Désert sont
inconnus.

« On doit penser que les protestants de la province de
Guyenne, instruits de la prochaine arrivée du gouverneur,
ont déjà formé des projets, et que, attentifs à ses démarches
et à ses moindres paroles, ils croiront y trouver matière ou
à rabattre de leur indocilité, ou à fortifier leurs espérances.
Ainsi le sieur maréchal de Richelieu ne laissera voir à
l'extérieur qu'inflexibilité pour le maintien de l'autorité du
Roi dans l'exécution de ses ordonnances et des arrêts de
son parlement de Bordeaux sur le fait de la Religion prétendue réformée. Il applaudira à tout l'appareil de la justice contre les contrevenants, et il se rendra impénétrable
aux religionnaires quant aux vues de prudence et de ména-
gement dont il sera à propos d'user dans l'exécution.

« Comme il n'y a plus à délibérer sur l'ordonnance du
maréchal de Thomond du 18 septembre pour le désarmement, et qu'elle est exécutée, que cependant le prétendu
désaveu de cette ordonnance a produit un très mauvais

16

effet parmi les religionnaires, il n'y a point de meilleur moyen de les en dissuader que de donner des ordres pour faire mettre les armes dans un ou plusieurs dépôts où elles soient en sûreté, s'il n'y a pas déjà été pourvu ; d'en faire faire des états et inventaires, d'affecter d'en faire prendre un grand soin, et de ne pas permettre qu'elles soient rendues en tout ou partie à aucun des particuliers non-nobles ou non-privilégiés auxquels elles ont été ôtées, ni aux gardiens de les prêter ou de s'en dessaisir sous quelque prétexte que ce soit. Il sera même bon, pour plus grande marque d'approbation, d'envoyer de temps en temps faire quelques désarmements, — chez gens obscurs, — et de le faire remarquer.

« A l'égard de la seconde ordonnance du 12 octobre concernant les attroupements, son but principal étant confondu dans l'arrêt du Parlement du 21 novembre qui sévit contre les assemblées, le sieur maréchal de Richelieu peut, en la louant extérieurement, la laisser cependant à l'écart, d'autant mieux que le Roi se réserve de donner immédiatement ses ordres particuliers pour les exils et les emprisonnements sur les avis qui lui seront donnés dans les cas qui requèrreroient plus de célérité qu'on ne peut en attendre des formalités de justice.

« L'illusion de la tolérance est le nerf des assemblées ; elle en est l'âme parce qu'elle en est le plus puissant véhicule ; et réciproquement les assemblées donnent l'aliment à cette illusion par l'artifice des prédicants, qui sentent bien qu'ils ne peuvent se soutenir qu'à l'ombre de ce simulacre. L'arrêt du Parlement tend bien à le faire disparaître, et peut en effet y contribuer beaucoup ; mais il embrasse trop de parties. Ce sera toujours en vain qu'on entreprendra d'empêcher les mariages et les baptêmes au Désert, et de forcer les parents à envoyer les enfants aux instructions de l'église, tant qu'il y aura des assemblées. Il faut donc s'attacher principalement à les détruire. La possibilité ne s'en trouve que dans les moyens à pratiquer pour retrancher aux religionnaires et à leurs prédicants toute présomption de tolérance accordée ou à espérer.

« Ces moyens se trouveront dans le concert du sieur maréchal de Richelieu avec le parlement de Bordeaux dans les matières concernant les protestants, pour faire instruire sans relâche tous les procès qu'il trouvera avoir été commencés, avant son arrivée, contre les protestants en matière de contravention aux règlements concernant la religion, quel que soit le délit. Cette rigueur est de nécessité. Si on recule ou s'adoucit, l'idée de tolérance reprend ses forces, et c'est elle qu'il faut abattre. Rien n'y paroît plus propre que de laisser voir tout naturellement aux religionnaires que le gouverneur de la province, dépositaire de la volonté du Roi, provoque lui-même l'exécution des arrêts du parlement. C'est ainsi qu'on parviendra à porter dans les esprits la conviction que le Roi approuve tout ce que le parlement a ordonné contre les protestants, et ce sera un grand échec pour l'idée de tolérance.

« Si le Roi s'est déterminé à laisser ainsi agir la sévérité de la justice pour le passé, c'est-à-dire à l'égard des procès déjà commencés, ce n'est, et on l'a déjà fait entendre, que parce qu'on ne peut pas empêcher que les plaintes n'aient été rendues et que les décrets n'aient été décernés, et qu'il faut être en garde contre toute modération que les religionnaires pourroient approprier à leur idée de tolérance. Mais, pour l'avenir, S. M. désire qu'il soit apporté à l'exécution de l'arrêt du parlement du 21 novembre des restrictions, quant à certaines dispositions qui peuvent être suspendues ou différées, et, à l'égard des autres, qu'on use des ménagements qui, sans blesser son autorité, pourront par des jugements sévères, mais moins multipliés, faire rentrer les protestants dans l'obéissance aux lois du royaume par la crainte de s'exposer aux peines qu'ils auront vu infliger à leurs pareils.

« L'intention de S. M. est que ses édits et ordonnances, déclarations et règlements, et l'arrêt du parlement de Bordeaux du 21 novembre soient exécutés en toute rigueur contre les ministres ou prédicants.

« A l'égard des religionnaires qui auront reçu chez eux les ministres ou prédicants ou qui les auront accompagnés dans les chemins, dont il aura été donné avis à l'intendant ou qui seront dénoncés au procureur général, ou dont le sieur maréchal de Richelieu aura connoissance par lui-même, le procès ne sera fait suivant la rigueur de l'arrêt du 21 novembre, pour raison de la même contravention commise par plusieurs, qu'à un seul de ces contrevenants. Le sieur maréchal de Richelieu, le sieur intendant de la généralité, le sieur premier président du parlement et le procureur général s'assembleront à l'effet de délibérer sur le choix. Il devra toujours tomber sur le plus distingué par son état et qualité, ou sur le plus riche. Ils en informeront S. M., et, sur leur avis, elle donnera immédiatement ses ordres contre les autres suppôts et hôtes des ministres ou prédicants, si elle le juge à propos.

« Il en sera usé de même à l'égard des personnes qui se trouveront dans le cas de l'arrêt du 21 novembre pour avoir prêté leurs maisons, granges et autres bâtiments et possessions pour y tenir des assemblées.

« On prendra les moyens possibles pour être informé des noms des principaux protestants qui auront assisté aux assemblées, et il sera convenu avec le sieur premier président de ceux contre lesquels on prendra la voie de l'instruction, et S. M. ordonnera à l'égard des autres ce qu'il appartiendra.

« En ce qui regarde les mariages faits au Désert, le sieur maréchal de Richelieu se concertera avec le sieur premier président et lui fera entendre que S. M. ne juge pas à propos que les poursuites se fassent à cette occasion dans le cours ordinaire de la justice, à cause de la conséquence des condamnations qui en résulteroient, et qu'elle se réserve, sur le compte qui lui sera rendu de ces mariages, d'en faire des exemples plus prompts et qui ne feront pas moins d'im-

pression. L'intention de S. M. est d'en user de même à
l'égard des enfants baptisés au Désert.

« Le procureur général du parlement se fera remettre
par ses substituts, et l'intendant de la généralité par ses
subdélégués, des états qui contiendront les noms et qualités
des juges royaux et seigneuriaux, greffiers et autres officiers de justice, des notaires, tabellions, procureurs et avo-
cats, huissiers et sergents, arpenteurs et autres ayant serment en justice, qui sont nés de parents protestants et qui
ne font pas profession publique de la religion catholique.
Ces états seront envoyés au secrétaire d'État du département
pour en rendre compte au Roi et recevoir les ordres de
S. M.

« L'intendant se fera pareillement remettre par ses subdélégués, et envoiera aux mêmes fins au secrétaire d'État
du département, des états qui contiendront les noms et
qualités des maires, lieutenants de maire, consuls, jurats,
procureurs-syndics, greffiers, prudhommes ou conseillers
de ville, valets de ville et autres ayant charge et emploi dans
l'administration municipale des villes, bourgs, villages et
communautés, qui, comme il est dit ci-dessus, sont nés de
parents de la Religion prétendue réformée et qui ne font
pas profession publique de la religion catholique.

« Les assemblées de religionnaires qui se font dans des
maisons privées, en chaque paroisse ou étendue de juridic-
tion, déjà connus en Languedoc sous le nom de consistoires,
auxquelles président des zélateurs, que les prédicants ont
l'artifice de décorer des titres de lecteurs et d'anciens pour
leur donner autorité, étant les plus pernicieuses, parce
qu'elles sont le principe des assemblées au Désert, et que
c'est dans ces petites assemblées que les ministres et prédicants réussissent par leurs émissaires à insinuer la fausse
idée de tolérance et à souffler l'esprit de vertige qui entraîne
la multitude au prétendu Désert, S. M. désire que, sans
négliger aucun des objets qui sont recommandés à la vigilance du commandant et du commissaire départi, ils portent

principalement leur attention à déranger ces petites assemblées. Ils s'appliqueront à acquérir une connoissance certaine des personnes chez qui les petites assemblées se tiennent le plus communément, et des lecteurs et anciens.

« Quoique les premiers ne soient pas moins coupables que les autres, cependant, comme les lecteurs et anciens sont plus dangereux, les propriétaires du lieu de l'assemblée seront condamnés à l'amende seulement, et il sera envoyé au secrétaire d'État du département des états des noms des lecteurs et anciens, de leurs qualité, profession et facultés, pour en rendre compte à S. M., qui les fera punir suivant les circonstances plus ou moins aggravantes par la prison, par le renfermement dans des hôpitaux ou maisons de force, dans des châteaux et citadelles, ou par l'exil en des lieux non suspects et hors de portée de nuire.

« Il sera tenu un état exact des amendes qui seront prononcées et du recouvrement qui en aura été fait. Les frais d'exécution et de recouvrement qu'il échoiera de prendre sur le produit seront taxés modérément et payés comptant, dont il sera fait mention sur l'état. Il ne sera fait aucun emploi du surplus du produit des amendes que de l'ordre exprès du Roi et de la manière que S. M. trouvera nécessaire d'en disposer, sur l'avis qui lui sera donné en envoyant au secrétaire d'État du département les états de ces amendes et frais du recouvrement.

« Il ne sera prononcé aucune amende en termes généraux contre les protestants de tel ou tel canton, ville, bourg, village ou communauté, pour quelque cause et sous quelque prétexte que ce soit, sans l'exprès commandement de S. M.

« Les troupes qui seront envoyées dans la province de Guyenne seront réparties dans les cantons de Tonneins, Clairac, Nérac, Agen, dans le Condomois et autres quartiers où la fermentation s'est le plus fait remarquer. On se servira des brigades de maréchaussée pour observer.

« Il y a lieu d'espérer que la présence des troupes, jointe à la pratique des moyens qui viennent d'être détaillés, contiendra les religionnaires et qu'il n'y aura plus d'assemblées au Désert.

« Fait à Versailles, le 15 mai 1758.

LOUIS. »

VI

LETTRE DE SOULAVIE A NECKER

[Il a été tant parlé de Soulavie et de ses travaux historiques dans l'Introduction du présent volume, que nous croyons intéressant d'imprimer ici la lettre suivante, quoiqu'elle n'ait pas de rapport avec les Mémoires du maréchal de Richelieu. Elle fut adressée par l'écrivain à Necker, au commencement de septembre 1789, pour le supplier de ne point quitter le ministère, et M. Mazon, l'historien de Soulavie, n'a pas dû la connaître. Elle a passé en vente naguère, chez Étienne Charavay, sous le n° 28212.]

« A Monsieur Necker, à lui seul.

« Lundi soir [septembre 1789].

« Monsieur,

« Occupé de former un corps d'histoire des événements qui ont préparé, depuis Louis XIV, la chute du despotisme, je ne puis voir, Monsieur, sans une douleur profonde le projet de votre retraite.

« Se peut-il bien, Monsieur, que celui qui nous a conduits, pas à pas, à un nouvel ordre de choses, nous laisse en ce moment, et que cette âme toujours fière, qui a combattu tous les ennemis, un à un, de l'ordre futur, se laisse attrister? Votre sensibilité pourroit-elle l'emporter sur la conviction où vous êtes de la nécessité d'un honnête homme à votre place et d'un homme très éclairé? Sans doute que, si vous l'avez occupée, jusqu'à cette circonstance, avec tous ses désagréments, vous avez reconnu cette nécessité et, si d'autres que vous, Monsieur, ont porté ce même jugement, en étudiant la marche des choses, reconnaissez au moins quels blâmes ils vous donneront, même de votre vivant, d'abandonner nos finances.

« Des personnes passionnées, de tous partis et états, vous jugent chacun à leur manière ; mais des paisibles observateurs vous jugent aussi ; et, au milieu de tous ces jugements, se trouve déjà le véritable, celui de la postérité. Et que voulez-vous que dise de vous, et même de votre vivant, cette partie incorruptible de vos juges, qui ne peut pas ne pas exister, si votre retraite entraîne des maux à la France ? Vous aurez, un jour et tout à la fois, le déplaisir de voir vos ennemis poursuivre votre repos, les indifférents vous blâmer et les amis de vos principes déplorer l'ascendant de votre sensibilité sur la conviction où vous êtes qu'il nous faut un honnête homme et que le salut de la France peut-être en dépend, nonobstant toute responsabilité. Veuillez vous ressouvenir que, au sein de nos montagnes, je vous prophétisai la nécessité prochaine de votre retour à la cour ; ma prophétie était-elle intéressée ? Je ne vous ai rien demandé. Et fasse le bon génie du royaume que je ne sois point, pour l'avenir, un prophète de malheur, comme je l'ai été du bonheur de la France ; et que cette lettre-ci, conservée dans un dépôt de papiers très précieux sur la Révolution, ne soit pas, un jour, un de vos jugements. Il n'est rien sans doute de plus cruel que le déplaisir de ne pas voir vos principes avoués justes et irréprochables ; mais, Monsieur, les orages sont passagers en France ; celui-ci ne peut durer ; les vérités pures dont vous avez alimenté et formé l'esprit national sont dans nos cœurs. Il s'élève d'autres Français ; il se prépare d'autres générations ; tous savent et verront que vous avez eu dans vos mains leur destinée, que la révolution est le signal de la résurrection de tous les peuples, qui, tous ensemble, témoignent, en

Europe, chacun à leur manière, leur sensibilité ; et vous verrez encore, Monsieur, que tous avoueront ce qu'ils vous doivent, parce que jamais humain n'avait autant préparé et opéré de choses. L'orage lui-même que vous essuyez n'est-il pas une suite, un des anneaux de la chaîne ? Et vous nous abandonnez, lorsqu'il gronde et qu'il ne peut vous frapper ? Soyez donc sensible aux alarmes de vos amis sur les suites de votre retraite, si vous l'êtes aux cris de vos ennemis, et, si l'ingratitude actuelle vous offense, soyez touché du moins, et du bien que vous pouvez faire, et du mal que vous pouvez empêcher, et de la récompense que l'histoire, de votre vivant, vous prépare. Vous en jouirez, Monsieur, avec d'autant plus de vérité que ni le besoin, ni la flatterie, ni aucun appât n'y auront aucune part. Mais, si votre retraite est suivie de maux, songez à vos regrets. Je la regarde comme un malheur ; mais, si vous l'effectuez, accordez-moi le plaisir, la grâce et l'honneur de vous voir avant votre cruel départ. Vous m'éviterez le voyage des eaux et je serais désolé de n'avoir pas vu un homme qui m'occupe depuis si longtemps.

« J'ai l'honneur d'être avec respect,

Monsieur,

Votre très humble et très obéissant serviteur.

Soulavie,
rue des Bernardins, n° 26. »

En apostille : Rép. de remerciement en billet, 12 septembre.

TABLE ALPHABÉTIQUE

DES NOMS PROPRES.

Elevé avec le comte d'Argenson, 133. Ses divers séjours à la Bastille et leurs causes, 168-170. Ses trois mariages, 170-172. Liaison prétendue avec la duchesse de Bourgogne, 170. Son duel avec Gacé (1716), 169. Liaison avec Mlle de Valois, duchesse de Modène, 170. Ambassade à Vienne (1725-1728), 1-36. Accusé de sorcellerie à Vienne, 30-31. Lettre à Mme de Prye, 33-36. Il est question de l'envoyer ambassadeur en Espagne (1727), 29. Fait chevalier du Saint-Esprit (1728), 8. Brouillé avec Mlle de Charolais, 38. Son commandement en Languedoc (1738), 37-42. Tient les états de cette province, 41, 44, 69, 96. Perd sa seconde femme (1740), 43. Lettres au comte de Chatte (1740), 181-183. S'entremet entre le Roi, Mme de Mailly et Mme de la Tournelle (1740-1744), 43 et suiv. Son intimité avec Mmes de la Tournelle et de Flavacourt, 51. Confident de la liaison de Louis XV et de Mme de la Tournelle, 61 et suiv. Intrigue pour l'envoyer en disgrâce en Languedoc (1742), 49 et suiv. Ses relations avec le cardinal de Fleury, 53 et suiv. Mêlé à la négociation secrète avec la Prusse (1744), 71 et suiv. Voyage à Metz ; maladie du Roi ; départ de Mme de Châteauroux, 79 et suiv. Le Roi lui montre des lettres de celle-ci, 97-98. Au siège de Fribourg (1744), 94-96. Son rôle à Fontenoy (1745), 99-109. Mission à Dresde (1746), 113-115. Envoyé pour commander à Gênes ; séjour dans ce pays (1747-1748), 117-121. Lettres que lui écrit le comte d'Argenson, 190-195. Lettres du maréchal de Belle-Isle à lui pendant son séjour à Gênes, 195-236. Fait maréchal de France (1748), 119, 121, 226 et suiv. Expédition de Minorque (1756), 123-138. Malade en 1756, 132. Revient à Paris ; embarras du Roi avec lui, 132-133. Obtient pour M. d'Argenson une faveur du Roi, 142-145. Manière dont il apprend la disgrâce de ce ministre, 145-147. D'abord mal avec Mme de Pompadour, 119, 143, 144. Commencement de ses relations avec elle, 154. Relations avec l'abbé, puis cardinal de Bernis, 149 et suiv. Contribue à le faire nommer ministre, en conseillant à M. Rouillé de démissionner, 158-159. Affaire de Closter-Seven, 161-167. Cause de l'inimitié de l'abbé de Bernis pour lui, 164-163. Lettre que lui écrit le roi de Prusse pour demander la paix (1757), 165-166. Envoyé en Guyenne (1763) ; instruction qui lui est donnée relativement aux protestants, 237-240. N'a pas procuré Mme du Barry à Louis XV, 172-173. Son inimitié pour Maurepas, 65. Amitié pour le maréchal de Noailles, 118. Parenté avec Mme de Rochechouart, 149. Relations avec un alchimiste, 176, 179.

Richelieu (la duchesse de), née de Noailles, 168-169, 170.

— (Elisabeth-Sophie de Lorraine-Guise, duchesse de), deuxième femme du précédent, 43, 170-171.

— (la duchesse de), née de Lavaulx, 171-172.

— (Mlle de), 228.

— (la terre de), 58.

Ripperda (le duc de), ambassadeur d'Espagne à Vienne, 2, 3, 6, 14-16, 17, 18.

Roche-Aymon (Charles-Antoi-

ERRATUM

Page 44, note 2, ligne 3 : au lieu de *comte de Châteaupéage*, lire *comte de Chatte, au Péage*. Voyez p. 182 et note 2.

TABLE DES MATIÈRES

MACON, PROTAT FRÈRES, IMPRIMEURS.

9 782019 991807